人物叢書

新装版

今《いま》川《がわ》義《よし》元《もと》

有光友學

日本歴史学会編集

吉川弘文館

今川義元木像

（臨済寺蔵，静岡県立中央図書館歴史文化情報センター提供）

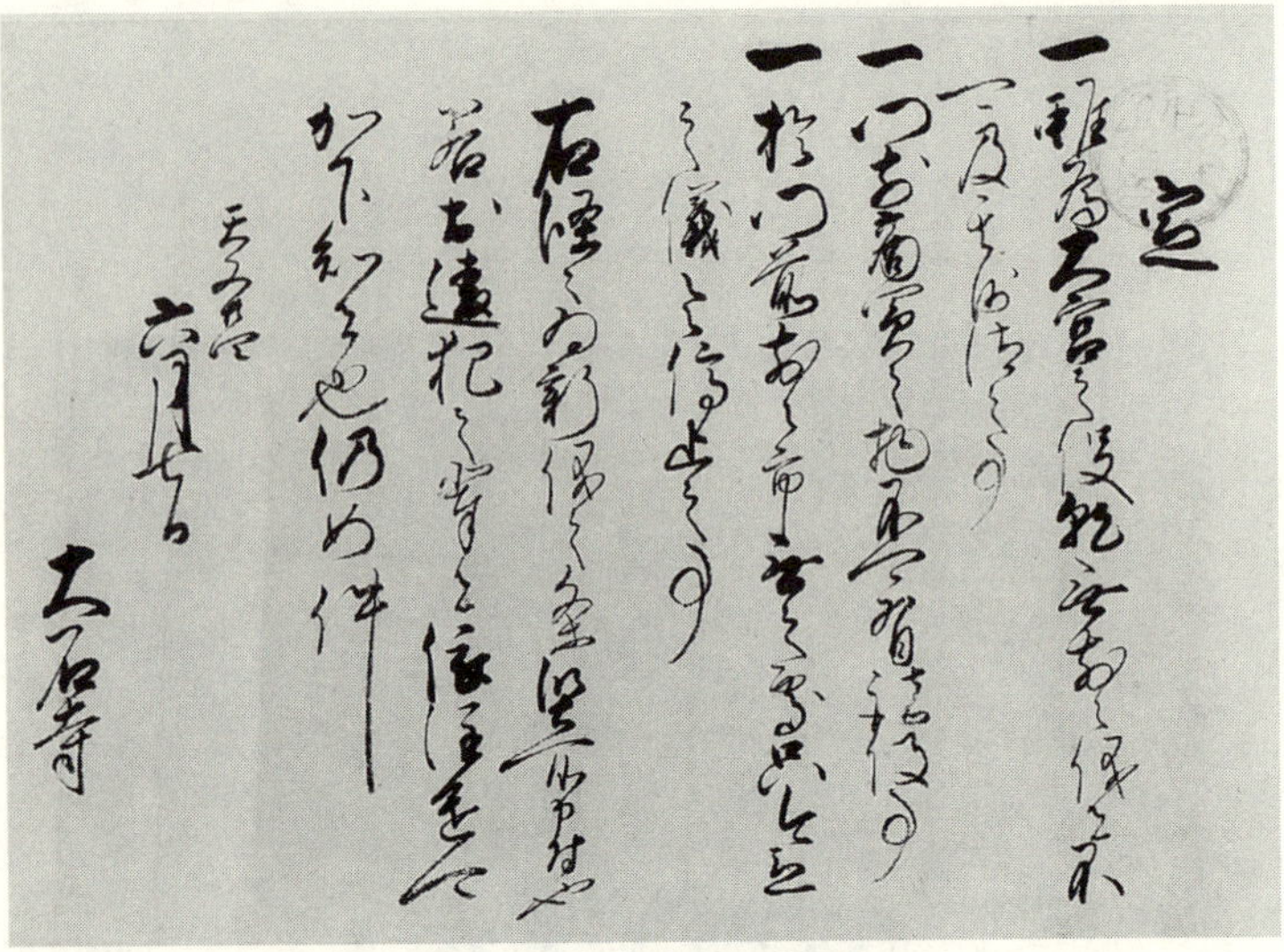

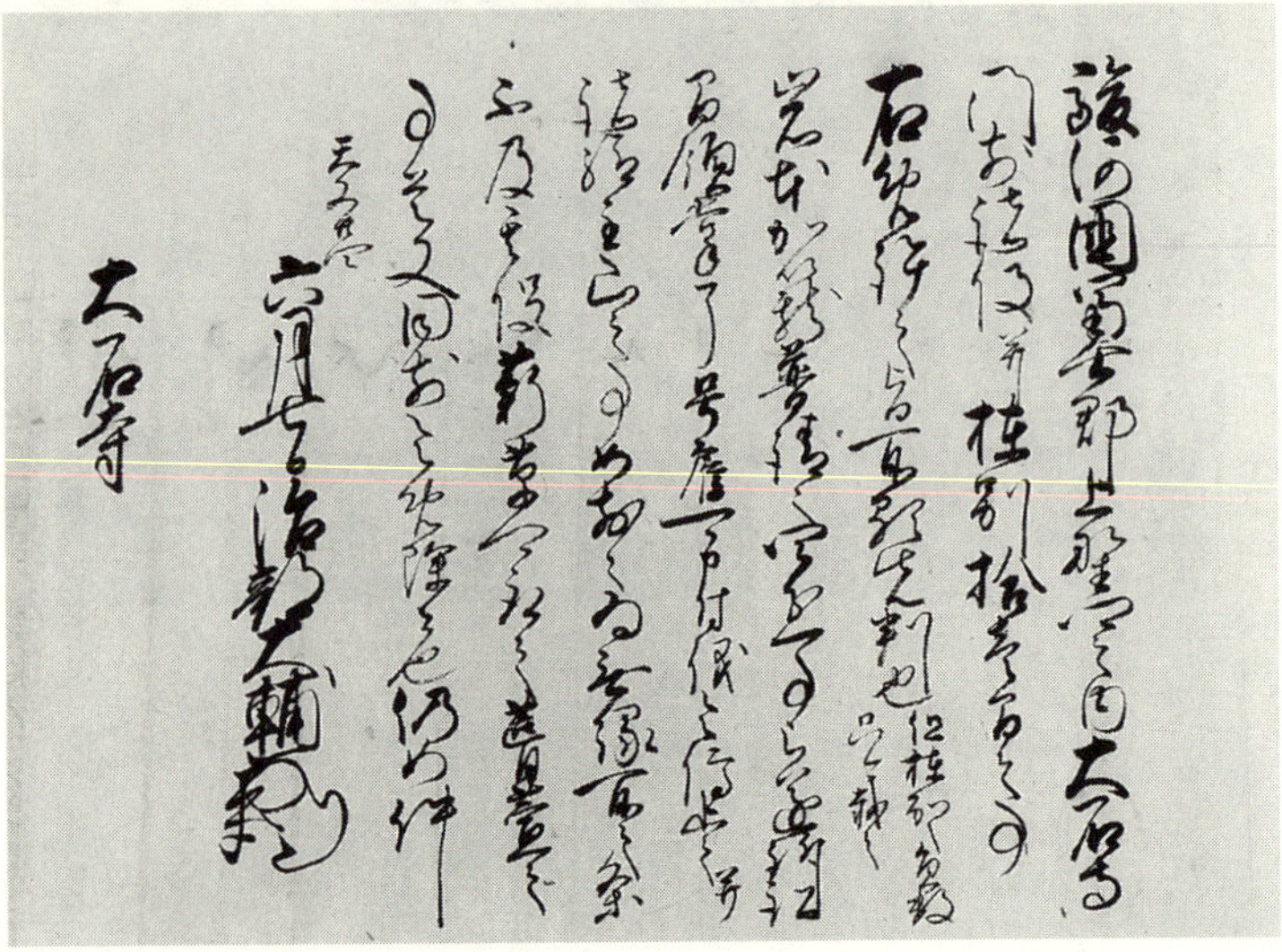

今川義元の発給文書

天文24年6月7日付で大石寺宛に出された義元の朱印状(上，印文「如律令」)と判物(下)（大石寺蔵，静岡県立中央図書館歴史文化情報センター提供）

はしがき

本書は、私が四〇年近くにわたって行ってきた戦国大名今川氏研究の集大成ともいうべきものである。一九六八年に縁あって静岡大学人文学部に助手として赴任したことによって、はじめて『静岡県史料』全五輯を手にした。それまでの学生生活では、身近に存在した史料や課題によって近世畿内村落の研究や、その延長線上に位置した豊臣政権、その最大の外交政策である朝鮮侵略、そしてその前提である中世後期の日朝関係といったテーマの研究に取り組んできた。しかし、次々と変転するテーマに自省するとともに、新しい生活や研究の場で可能なテーマは何かと模索していた時に、目の前にあったのが『静岡県史料』であった。

その頃の私の今川義元像といえば、やはり一般の人が持っていたイメージとそれほど変わらなかったといえる。戦国動乱の最中《さなか》、上洛の意気に燃え、駿河《するが》、遠江《とおとうみ》、三河《みかわ》の大軍勢を率いながら、尾張《おわり》に侵攻したばかりの桶狭間《おけはざま》で、緒戦の勝ちに気がゆるみ酒宴を開いていたところを織田信長《おだのぶなが》の奇襲作戦にまんまと嵌り、あえない最期を遂げた公家風の軟弱、凡庸な大名といったイメージである。その後あれよあれよという間に天下人になった信長の引き立て役、いうならば信長英雄譚の刺身のツマ的存在であった。こうしたイメージは、近世の儒家や戦前の日本軍が作り上げたもので、講談や浪曲、小説、芝居で繰り返され、映画やテレビドラマなどでもしばしば見受けられ、人々の脳裏に焼き付けられていた。

しかし、『静岡県史料』を繙くと、そこにはそれぞれが簡潔であり形式化された様式でありながら、内容的に豊かで意味の深い今川氏発給文書が数多く収載されている。ところがその頃までの今川氏や今川義元を主題とした研究は、そうした豊かな史料集が用意されているにもかかわらず細々としたものであった。

そうした中で安良城盛昭氏の「太閤検地の歴史的前提」で、戦国大名権力の基礎の一例として取り上げられた今川氏の記述は刺激的であった。今川氏親・義元父子の制定した「今川かな目録」と「かな目録追加」に規定されている奴婢《ぬひ》・下人《げにん》等の条文から、今川氏は、「家父長的奴隷制としての名体《みよう》制の維持に腐心こそすれ、その解体の上に成立する封建的権力と見做し難い」という主張である。その魅力的な切り口と視点に魅せられて、改めて太閤検地と対比させながら今川氏の検地のことを考え、その結果、世に問うたのが

「戦国大名今川氏の歴史的性格―『公事検地』と小領主支配について―」であった。一九七四年のことである。その時、私はすでに静岡の地を離れ横浜国立大学に勤務していたが、論文は意表外に注目され、ついで、満身創痍の状態になるほどまでに、多くの先学や同学の諸氏から批判を受けることとなった。研究者冥利につきることであるが、それ以降、『静岡県史料』、そこに収載されている今川氏発給文書とより一層格闘することとなった。私が今川氏研究をライフワークとすることになった第一の要因である。

その第二の要因は、一九八五年から始まった『静岡県史』編纂事業の中で、中世部会の専門委員として参画したことである。この事業は、一三年間の長きにおよぶが、その間に中世部会では一冊一一〇〇頁から一五〇〇頁におよぶ資料編四冊、通史編一冊を刊行するというかなりハードな仕事であった。全体の編さん委員会副会長であり、専門委員会委員長でもある今枝愛眞中世部会長のもと、私を含めて五名の専門委員および必要に応じ委嘱された参与や特別調査委員、さらには数名の調査委員たちとともに、県に関係する中世資料の悉皆調査、編年収載を目途に、調査、編集が進められた。

ここでの経験と得られた知見は、その後の私の研究に決定的な道筋を与えたといってよい。とくに資料編の第三巻・四巻は戦国時代にあてられ、私はその編集を委ねられた結果、今川氏関係、とりわけ義元関係の史料に精通することができた。判物《はんもつ》・朱印状《しゅいんじょう》など史料の一点一点を点検し、部会の皆さんと検討しながら要文をつけて行くに従って、次第に義元の足跡が浮かび上がってきた。その結果、それまで先学が作り上げてきた義元像に物足りなさを感じ、いずれ義元伝記をものにしたいと心密かに期するようになったのである。幸いなことに日本歴史学会から伝統のある「人物叢書」の一冊にというお話があり、即座にお引き受けした。それは県史編纂事業も終わる一九九八年のことであった。爾来《じらい》一〇年目にしてようやく本書を形にすることができた。

本書を執筆するに当たって、私がもっとも意を用いた点は、一点一点の史料を点や線で捉えるだけでなく面的に位置付けることによって新たな意味が見いだせないかということであった。要するに複眼的、総合的に捉え直すことである。本書で展開した義元家督相続をめぐる三つの謎解きがまさにその手法によったものである。しかし、それによってすべてが解き明かされるというわけではなく、むしろ疑問点、不明点が次々と現れて来るのである。私たちは、戦国大名今川氏は、家督争いといった内部的に一時的な対立抗争はあっても、その前後の時期においては一枚岩的盤石な権力であったと考えてきたふしはなかったであろうか。しかし、領国が拡大し、権力機構が肥大化するにともなって、そこに潜む矛盾も深刻化するのが権力の常道ともいってよい。私は、本書を執筆しながら、義元政権の背景、基盤にそうした亀裂が潜んでいるのではないかと考えつつ、それを顕在化させ、文章化できない焦燥感にとらわれた。読者が、そうしたことを念頭に置きながら読み進めていただければ幸いである。

末筆ながら、四〇年近くの長きにわたって、無骨に気ままな研究を続ける私を気長に見守り、許していただいた静岡大学と横浜国立大学の学生を含めて私を支えていただいた皆さんに感謝の意を表したい。また、私の研究の転機ともなった『静岡県史』編纂事業の関係者、とりわけ中世部会に参画された皆さんに感謝の言葉を捧げたい。

二〇〇八年五月

有光友學

目次

口絵

挿図

挿　表

第一　戦国大名への道

一　今川氏の流れ

足利氏一門

今川氏は、室町幕府《むろまちばくふ》将軍家足利《あしかが》氏の支族の一家である。足利氏は、一二世紀以降の源氏の隆盛を導いた八幡太郎義家《はちまんたろうよしいえ》の孫義康《よしやす》を始祖とする源氏の庶流である。鎌倉幕府を興した源　頼朝《みなもとのよりとも》は、源氏の直系で義家から五代目にあたる。足利氏は、始祖義康の孫にあたる義氏《よしうじ》が、承久《じょうきゅう》の乱（一二二一年）における功績によって三河国《みかわのくに》守護および同国吉良庄《きらのしょう》（愛知県吉良町周辺、以下現在地は、静岡県内の場合は県名を省略し、県外の場合は県名から記述する）地頭《じとう》職《しき》に補任《ぶにん》され、それを契機に同庄に居住したと伝えられ、東海の地にその一族が地歩を築くこととなった。

吉良庄

吉良庄は、後白河《ごしらかわ》天皇より崇徳《すとく》天皇の皇后皇嘉門院《こうかもんいん》（藤原忠通《ただみち》娘）に譲与された庄園で、その後藤原氏の分かれである九条家・一条家へと相伝されていたが、義氏の地頭職補任によって次第に公家の支配から武家の支配へと移っていった。そして義氏は、長子の長《なが》氏《うじ》に吉良庄を譲り、次子の泰氏《やすうじ》に足利氏の宗家を継がせた。吉良庄を受け継いだ長氏は吉良姓を名乗り吉良氏の始祖となる。

それに対して、泰氏が譲り受けた宗家は、代々下野国《しもつけのくに》足利を本拠として宿老《しゅくろう》格として幕府を支えた。しかし、泰氏から数えて五代目の高氏《たかうじ》（尊氏）が、後醍醐《ごだいご》天皇の建武《けんむ》の新政に新田義貞《にったよしさだ》らとともに与同し、鎌倉幕府打倒に参画、ついには自ら室町幕府を興すのである。

今川氏初代範国

一方、吉良庄を受け継いだ長氏は嫡子満氏《みつうじ》に家督を嗣がせ、弟の国氏《くにうじ》に吉良庄内の今川（愛知県西尾市）の地を与えたとされる。ここに今川氏が生まれるのである。今川の地は、現在の愛知県西尾市今川町に比定され、居館のあった場所とされているところに「今川氏発跡地」の石碑が建てられている。国氏の孫範国《のりくに》が、足利氏一門として尊氏およびその弟直義《ただよし》の軍勢の重要な一翼をになって、建武新政期から室町幕府開幕にかけて東奔西走して貢献した。その戦功によって建武三年（一三三六）に遠江国《とおとうみのくに》の守護に任ぜられ、続いて暦応《りやくおう》元年（一三三八）に駿河国《するがのくに》の守護となり、ここに東海の雄今川氏が始まるのである。それゆえ一般に最初の守護となった範国を今川氏の初代とし、本書の主人公今川義元はそれから数えて九代目の当主となる。今川氏は範国以降、駿遠両国や三河国の各地に一族が根づき勢力を広げていった。それらのことを示したのが次頁の「源氏・足

源氏・足利氏・吉良氏・今川氏関係図

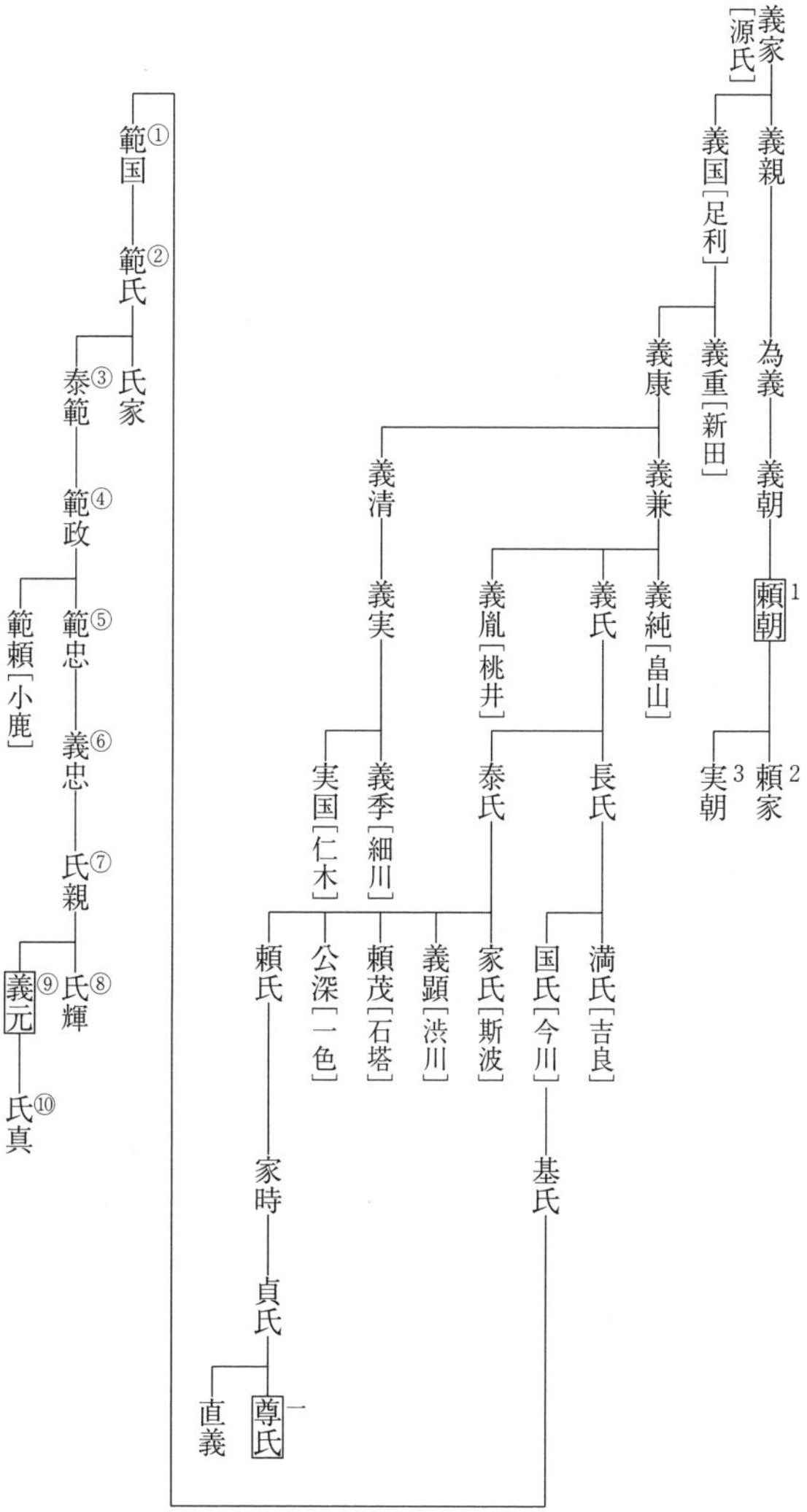

注　アラビア数字は鎌倉幕府三代将軍代数、漢数字は室町幕府将軍代数、丸数字は駿河国守護今川氏代数。

利氏・吉良氏・今川氏関係図」および巻末の「今川氏一家略系図」（三〇一頁）である。

名家今川氏

以上のように、今川氏は鎌倉幕府および室町幕府を樹立した源頼朝や足利尊氏といった中世におけるそれぞれの時代の最高権力者の血筋につながり、建武新政から南北朝時代に足利氏一門として数々の戦功を挙げ、幕府有数の名家の一つとして成立したのである。

今川氏の役割と活動

その後、室町時代を通じて、今川氏は、二代範氏《のりうじ》、三代泰範《やすのり》、四代範政《のりまさ》、五代範忠《のりただ》、六代義忠《よしただ》と一貫して駿河国守護に任ぜられ、また、三代泰範までは範氏兄弟の貞世《さだよ》（了《りょう》俊《しゅん》）や仲秋《なかあき》を交えて遠江国守護も勤め、東海道の有力大名として幕府を支えてきた。その歴史的な役割と活動を整理すると次の三点にまとめられよう。

中央政治における役割

その第一は、足利氏一門として室町幕府の開創から南北朝の内乱期にかけての激しい歴史的展開の中で、つねに足利氏宗家に寄り添いながら政治的・軍事的に重要な役割を果たしてきたということである。それは、初代範国が一時的にしろ将軍の執事的役割を果たしていたり、幕府引付方頭人《ひきつけかたとうにん》（訴訟機関の責任者）を勤めており、貞世は侍所《さむらいどころ》頭人（御家人の統制などを行う機関の長官）を勤め、その後九州探題《たんだい》として幕府の九州統治に多大の功績を挙げ、遠江今川氏の祖となっている。また、三代泰範も侍所頭人を勤めているように、中央政治における役割はきわめて大きかったといえよう。続いて遠江・駿河国守護としては、そのおかれた位置が関東との国境の地であることにより、東国を統治する鎌倉府に対する監視・防御の使命を与えられ、鎮撫のための尖兵とも位置づけられるように政治的・軍事的に重要な役割を果たしていた。

守護大名化

第二には、そのはじめは三河国に始まるが、遠江・駿河国の守護に補任されて以降は、両国の国人《こくじん》層との間で、時には軍事的にしのぎを削り、あるいは政治的に懐柔しつつ管国の掌握につとめ、一五世紀以降は駿河国に限ってではあるが領国化を果たし、守護大名として一円的支配を目指し、地域的権力として重きをなしていったことである。

文芸活動

第三には、了俊（貞世）に代表されるように代々の当主や一族は武家として政治的・軍事的に活動するだけでなく、中央の公家や僧侶・文化人と交わり、自らも幅広い文芸活動を行ってきたことである。

足利尊氏の遺言

以上の経緯が示すように、今川氏は、足利尊氏の遺言になぞらえて、「室町殿（足利氏）の御子孫たへなば、吉良につがせ、吉良もたへば今川につがせよと仰せ置かれたり」（『今川記』、『静岡県史』資料編7中世三史料番号三四九七、以下『静岡県史』資料編中世よりの注記は巻数と史料番号で略記する）と伝えられているように、室町時代の名家として自他共に幕府永続のために名を馳せたのである。

二　父氏親の家督相続と北条早雲

今川義忠の急逝

氏親《うじちか》の父義忠は、応仁《おうにん》・文明《ぶんめい》の乱に際し、東軍の細川氏方に属していたこともあって、西軍に属する遠江国守護斯波義廉《しばよしかど》と敵対し、しばしば軍勢を派遣したり、自ら出陣などして遠江国の攻略を策していた。そして、文明八年（一四七六）二月、同国の国人横地《よこち》・勝《かつ》田《また》両氏を破り、守護斯波氏に打撃を与えて凱旋する途次、同国塩買坂《しおかいざか》（菊川市高橋）で在地の一揆勢に襲われ不慮の戦死を遂げてしまった。その時嫡子氏親は未だ六歳前後で幼名竜王丸《りゅうおうまる》を名乗っていた。竜王丸の母は、当時幕府申次衆《もうしつぎしゅう》の一人であった伊勢《いせ》盛定《もりさだ》の娘であり、のちの北条早雲《ほうじょうそううん》となる伊勢新九郎盛時《もりとき》の姉である。しかし、竜王丸が幼少であったことにより、今川氏の家督相続は順調には行われず、文明の内訌と呼ばれる家督争いが引き起こる。

文明の内訌

争ったのは嫡男竜王丸を擁立する勢力と一族の範満《のりみつ》を擁立する勢力との間で、国を二分する争いとなった。範満とは、五代範忠が家督を継承した際に兄弟間で永享《えいきょう》の内訌とも呼ばれる家督争いが行われたのであるが、その争いに敗れた末弟範頼《のりより》の子で、母は堀越公方《ほりごえくぼう》の重臣扇谷《おうぎがやつ》上杉政憲《まさのり》の娘である。当時、駿府（静岡市中心部）南部の小鹿《おしか》（静岡市駿河区）に居住していたことより小鹿範満と呼ばれていた。ただ、「今川家譜」によれば、嫡男竜王丸が幼少であるということで、まずは範満を代行者とすることで今川一門は一致していたようである。ところが、文明十一年十二月二十一日付で、将軍足利義政《よしまさ》から「亡父義忠遺跡所領」を竜王丸が相続することを認める御判御教書《ごはんのみぎょうしょ》（三—一）が出された。これは竜王丸の叔父に当たる北条早雲が将軍申次として働きかけたことによるものと考えられている。

北条早雲の調停

この結果、両派の争いが表面化し、そこに関東管領《かんれい》扇谷上杉定正《さだまさ》の家宰《かさい》太田道灌《どうかん》や堀越公方家臣上杉政憲などが介入し、事態はますます紛糾することとなる。折から下向していた早雲が、両陣の間に立って、調停につとめ、両者が「惣社浅間《そうじゃせんげん》（駿府浅間社、静岡市葵区）の神前にて神水を呑み」（「今川記」二—二六三五）、和談が調う。和談の内容は、竜王丸が成人するまでは小鹿範満が今川氏の家督を継承し、成人後は範満は隠居し、竜王丸に譲るということであったようである。

氏親の家督相続

しかし、ことは約定通り進まなかったようで、最終的には、早雲が、「窃《ひそか》ニ今川普代《ふだい》ノ族ヲ催シ、御館《おやかた》へ攻メ入リケル間、新五郎殿（範満）幷ビニ甥ノ小鹿孫五郎ト共ニ防戦、終《つい》ニ叶ワズシテ、二人共ニ生害《しょうがい》有シカバ、氏親ハ丸子《まりこ》（静岡市駿河区）ヨリ御館ニ移リ玉フ」（「今川家譜」二—二六三六）と、軍事的にも範満方を打倒して、氏親の今川氏七代当主としての家督相続が実現したのである。

北条早雲の出自

ところで、北条早雲の出自については、長い間さまざまな説が出され議論が喧《かまびす》しくなされてきたが、近年はほぼ幕府政所《まんどころ》執事伊勢氏の一門で幕府申次衆の伊勢盛定の子の新九郎盛時であろうとされている。盛時は、姉が今川義忠の妻（北川殿）である関係から、応仁年間に駿河国に下向し、同国益津《ましづ》郡《ぐん》石脇《いしわき》（焼津《やいづ》市）の地を与えられ（四―六四六）、今川氏の客将として幕府との架け橋の役割を果たしていたと考えられる。

北条早雲画像（早雲寺蔵）

その呼称

なお、北条早雲という呼称については若干の説明が必要であろう。というのは、いわゆる戦国大名後北条氏とは、早雲の次代の氏綱《うじつな》が、鎌倉時代の執権《しっけん》北条氏に因んで伊勢氏から北条氏に改姓したことによって、遡って早雲の時代から後北条氏と通称されているものである。それ故早雲自身は終生伊勢氏を名乗っていた。また、その早雲という名乗りの由来は、早雲が後述するように明応《めいおう》二年（一四九三）に伊豆国《いずのくに》を攻略することによって戦国大名化の一歩を印した頃に出家して、早雲庵宗瑞《そうずい》と号したことによる。ただ、早雲自身は伊勢宗瑞と名乗っており、早雲を称したことはなかった。ということで北条早雲という呼称は、後世に呼び慣わされたものであるが、今日ではむしろその方が人口に膾炙《かいしゃ》していることから、本書でもそのように表記する。

早雲の所領

さて、早雲は、その後も京都と駿河国を行き来していたようであるが、前述した義忠死後の今川氏の家督相続争いに際して、甥の竜王丸を擁して奔走し、無事竜王丸を今川氏の当主に据えたのである。「今川家譜」「今川記」とも、その功績として富士郡下方《しもかたの》庄《しょう》（富士市）一二郷と駿河郡（一般に近世の郡名である駿東《すんとう》郡と表示されているが、中世では古代以来の駿河郡の郡名が使われているので、本書では駿河郡と表示する）興国寺《こうこくじ》城《じょう》（沼津市）を与えられたと記している。このことについては所領である下方庄一二郷と居城である興国寺城とは郡を異にしており、記述通りであるかどうか疑問が出されている。

興国寺城

なによりも興国寺城の存在が確かな史料に現れるのは、天文《てんぶん》十八年（一五四九）の義元の判物《はんもつ》（三―一九二二）が最初である。早雲の居城した城は、善得寺《ぜんとくじ》城《じょう》（富士市）ではなかったかという説も唱えられている（見崎闋雄「善得寺城について」『駿河の今川氏』一〇、一九八七年）。

善得寺城

善得寺は、後述するように富士郡に存在した古くからの名刹で、義元が出家、修行し、今川氏滅亡に至るまで存続した由緒ある寺院である。そして、この後河東一乱《かとういちらん》の終息段階の天文十四年に、義元が北条氏追却のために出兵した際、善得寺に着陣しており、何らかの軍事施設が併置されていたことを窺わせる。

しかし、それが、文明年間まで遡りうるかどうかについては確かな史料は存在しない。また、明応二年（一四九三）に、早雲が今川氏の軍勢や駿河郡の国人葛山《かずらやま》氏の助けを得て伊豆国の堀越御所（伊豆の国市韮山《にらやま》）を急襲して公方足利茶々丸《ちゃちゃまる》を攻略した際、一般には興国寺城を足がかりとしたとされている。それが善得寺城ということになれば、かなり遠方からの出撃ということになり、善得寺城であったというのも問題が残る。今後の検討課題といえよう。

氏親の統治始め

今川氏七代目の当主となった氏親は、長享《ちょうきょう》元年（一四八七）十月二十日付で駿河国志太《しだ》郡《ぐん》東光寺（島田市）に次のような黒印状《こくいんじょう》（三―一〇五）を発給《はっきゅう》している。

今度御宿願に就き、東光寺給主《きゅうしゅ》諸公事等、悉《ことごと》く先々の旨に任せ差し置かれ候。同山屋敷境迄、諸給主其分たるべし。もし此の上において違乱の族あらば、大衆《だいしゅ》速やかに急度《きっと》注進申さるべく候。堅く御成敗有るべき者也。仍って執達《しったつ》件の如し

長享元年丁未《ひのとひつじ》
十月廿日　竜王丸（印文未詳）

東光寺

印判状の初見

書かれている内容は東光寺の配下にある諸給主に対して諸公事を免除し、それぞれの給地を安堵《あんど》したものである。ただ、書出の「御宿願」とは何かということと、書き止め

文言が「仍って執達件の如し」となっており、これは奉書《ほうしょ》形式であることなど、その解釈や性格付けには難しい問題が残されている。ただそれにもましてこの文書が氏親の初見文書であり、戦国大名が使い始めた印判状《いんぱんじょう》の初見でもあるということで注目されている。これ以降、今川氏は勿論、北条・武田・上杉氏といった東国の戦国大名は数多くの印章を使って文書を発給するようになる。

氏親の元服

なお、氏親が翌々年の延徳《えんとく》元年（一四八九）の正月に、駿河国建穂寺真光坊《たきょうじしんこうぼう》（静岡市葵区）に与えた同国服織荘《はとりのしょう》今宮浅間社（同前）別当職の安堵状（三―一一八）は、署名と花押《かおう》を据えた判物で出されている。ということは、この時までに元服して実名氏親を名乗ったということになる。氏親十八か十九歳の頃である。当時の元服年齢としてはやや遅すぎるといえよう。ここに至る家督相続争いなどがこうした結果を生んだのであろう。

元服して名実ともに今川氏の当主の地位についた氏親の最初の課題は、国を二分するような家督争いという駿河国内の分裂状

今川氏親木像
（増善寺蔵，静岡県立中央図書館歴史文化情報センター提供）

文書の宛先

況を統一し、安定させることであった。氏親が父義忠の意志を継いで遠江国の攻略に手を付け出す明応五年（一四九六）七月までに発給した文書は、合計八通が現在知られている。いずれも駿河国内の寺社や家臣宛のものであり、とくに家臣宛のものは、由比《ゆい》氏、興津《おきつ》氏、岡部《おかべ》氏宛のものであり、重臣とはいえないが今川氏譜代の家臣として、このあと戦国の世が深まっていくにつれ重要な働きをする者たちである。寺社宛のものも、駿府浅間社の社家宛や前記した今宮浅間社に関するものなど、今川氏が代々崇敬していた浅間社関係のものがみられ、当主の立場を鮮明にする意味も込められていたといえよう。

一元的支配の確立

また、明応四年九月二十六日付の駿府安西寺《あんざいじ》（静岡市葵区）住持師阿弥陀仏宛の住持職と寺領の安堵状《あんどじょう》（三―一二〇）では、「義忠判形の旨に任せ」と記されており、前当主義忠の判物を支証として、その効力を認め安堵したものである。これは、少なくともこの寺院に対しては義忠の判物が最高の公的保証力をもつものであることを示したものであり、それ以前の公権力の効力を一旦断ちきって、領国における最高の権力者として一元的支配を確立していく方式といえる。これ以降、今川氏においては、このような方式の安堵形態を領国全体に及ぼしていくが、この文書はその先駆けともいうべきものである。このようにして、氏親は駿河国における新たな支配者として歩み出すのである。

遠江国への文書発給

氏親は、明応五年（一四九六）七月十八日付で、遠江国山口郷奥野の長松院《ちょうしょういん》（掛川市）に対して甲乙人《こうおつにん》らの濫妨狼藉《らんぼうろうぜき》を禁じた禁制《きんぜい》を下し、同年九月二十六日には同国金屋《かなや》郷（島田市）・山口郷（掛川市）・下西《しもさい》郷（同前）内の地を寄進している（三―二一七・二二二）。残されている氏親発給文書で遠江国内へ出されたものとしてはこれらが初めてのものである。そして、その後着々と同国の攻略を進めていく。そればかりか氏親は、そのことと併行するように関東や三河国・甲斐国《かいのくに》へと休む暇もなく軍事行動を続けた。

斯波氏領国遠江の攻略

遠江国攻略としては、すでに明応三年に早雲が、同国守護斯波氏に連なる国人原氏の居城であったといわれている高城（佐野《さや》郡殿谷城《とんのやじょう》、掛川市本郷）を落城させている（三―一九三）。その後、氏親は、明応九年五月には由比氏に対して「遠州一途の間、万《よろず》失墜すべからず。但し武具等嗜《たしな》むべし」と記した判物（三―二八〇）を出しているように、同国の攻略を強めていった。こうした氏親の行動に対して守護である斯波氏は、幕府中枢の細川氏などに働きかけながら、信濃国《しなののくに》の守護であった小笠原氏の一族に再三にわたって支援を要請している（三―二八七他）。そして事実文亀《ぶんき》元年（一五〇一）には、要請に応じて松尾小笠原氏の定基《さだもと》・貞忠《さだただ》父子や深志《ふかし》小笠原氏の貞朝《さだとも》などが、遠江国天竜川中流域の二俣《ふたまた》（浜松市）に出陣している（三―三〇〇～三〇二）。こうして今川勢と斯波勢とが全面的に雌雄を決する状況となる。

今川勢の優勢

氏親に近侍した連歌師《れんがし》宗長《そうちょう》の書き残した日記である『宗長手記《しゅき》』や、氏親が家臣に与えた感状《かんじょう》などから（三―三〇三他）、この時の戦闘は、周智郡《しゅうちぐん》の蔵王《ざおう》城（袋井市）・天方《あまがた》城（森町）、山名郡の馬伏塚《まむしづか》（袋井市）、豊田郡の二俣、敷智郡《ふちぐん》の堀江・黒山・村櫛《むらくし》（以上浜松市西区）といった地で行われており、広範囲にわたっていることがわかる。しかも天竜川の西側、浜名湖周辺にまで及んでいる。戦闘は、両者が一進一退を繰り返していたが、全体的には今川勢の優勢のもとに進んだようである。

氏親の遠江国守護補任

その後氏親は、幕府に働きかけ永正《えいしょう》五年（一五〇八）七月には遠江国守護に補任される（三―四七六）。これに対して斯波氏は、直属軍である武衛《ぶえい》衆と、西遠江の要地である引間《ひくま》城（浜松市中区）に盤踞《ばんきょ》していた大河内《おおこうち》氏を中心とした引間衆、さらには浜名湖北岸の深《み》嶽《たけ》城（同北区）の国人井伊次郎の井伊衆などを擁して（三―五六三）、同国支配を回復するために強力な軍事行動を起こし、今川勢との戦闘は永正七年から同十年にかけてほぼ西遠江の全域で行われることとなる。

遠江国併呑

永正十三年冬には大河内氏が再び引間を取り返し、斯波氏も尾張国より合流して引間城に籠城する事態となる。そこで今川勢は、天竜川に船数三〇〇艘の船橋をかけ、また、駿河国安部山（静岡市葵区）の金掘《かなほり》職人を動員して引間城の水源を断つといった戦法を用いて攻撃し（三―六五三～六五八）、遂に「大河内兄弟父子、巨海《おおみ》・高橋其外楯籠る傍輩数輩、あるは討死に、あるは討捨て、あるは生捕り、男女落行体目もあてられずぞ有し。

武衛（斯波義達《よしみち》）又子細ありて出城。ちかき普斎寺《ふさいじ》（浜松市中区）と云う会下寺にして御出家、供の人数をの〳〵出家、尾張へ送り申されき」と宗長は記し（三―六五五）、今川勢が勝利し、遠江国を併呑することとなる。

周辺諸国への介入

この間、氏親は、文亀元年（一五〇一）頃より断続的に早雲を派遣して三河国にも侵攻し、永正元年（一五〇四）には、扇谷上杉朝良《ともよし》の救援の要請に応じて関東にも出陣している。さらには、永正十二年から十四年にかけて、甲斐国における武田氏の内紛に介入して同国にも出兵している。このように、氏親は家督を相続し、元服してからほとんど連年のごとく、叔父早雲と一体化した軍事行動によって東奔西走していたのである（秋本太二「今川氏親の遠江経略」『信濃』二六―一、一九七四年）。その結果として、今川氏は駿河に加えて遠江国をも領国とする東海道筋の強大な大名に成長し、北条氏は、伊豆国から相模国へ進出して関東制覇へ歩み出すのである。

三　氏親の治世

検地政策

今川氏親の領国経営として注目すべきことは、検地《けんち》の実施である。永正十五年（一五一八）三月九日付で、氏親は、遠江国相良庄《さがらのしょう》般若寺（牧之原市）に対して寺社領を安堵し、諸役を免除する五か条の判物（三—六八一）を発給している。その一条目は次の通りである。

一寺社領田畠山林、往古の如く地頭・代官の綺《いろい》を停止し、彼の寺社領の内本増分共ニ寄進せしむるの条、縦《たと》い向後庄内検地有りと雖《いえど》も、聊《いささか》も不入として諸役免許の事

本増分

ここに見える「本増分」とは、検地以前の本年貢と検地によって新たに見出された増分との合計を表す言葉で、これ以降今川氏発給文書で頻繁に登場する文言である。そしてこうした記載が見られれば、当該地域で検地が実施されていたことがわかる。ここではさらに、今後相良庄内を検地するとしてもそのことによって生じる諸役は免除すると記されており、この検地が相良庄内を対象としていたことが知られる。これが氏親の検地実施を示す史料の初見である。氏親が遠江国から斯波氏の勢力を追い払い同国を完全に手中に入れた直後に、検地を実施し始めたといえる。

永正年間の検地

このあと、永正十七年に同国笠原庄高松社（御前崎《おまえざき》市）の神田を検田して、一六筆の田地について所在・面積・作人・斗代などを記した上で、「はなつらがさき二反四丈　壱貫百四十六文　ふミ出し新寄進」と書き加えられた神田注文を今川氏奉行人三名の署判で高松社神主に与えている（三—七五四）。その記載から、検地がかなりきめ細かく行われていた

ことが窺える。同年十二月二十七日には、今川氏重臣である松井宗能《むねよし》に「遠江国榛原郡《はいばらぐん》拝淵の内領家方、庚辰《かのえたつ》（永正十七年）年相改む新田の事。右、新給恩として充行《あてが》うところ件の如し」（三―七六〇）と、「相改」、すなわち検地を行って新たに見出された新田を新給恩として宛行っている。大永《だいえい》四年（一五二四）八月二十六日には、今川氏奉行人によって、家臣尾上正亮《おのうえまさすけ》に、百姓の忌避にもかかわらず遠江国宇苅郷《うかり》（袋井市）検地の強行を命じている（三―八四六）。翌大永五年には今川氏一門の瀬名氏貞《せなうじさだ》が遠江国蒲東方《かばひがしかた》竜泉寺（浜松市南区）に対して、前年の地検によって生じた増分を含めて本増分を寄進している（三―八九〇）。

大永年間の検地

氏親時代の検地実施例は以上の五例であるが、すべて遠江国での実施であり、その東端の相良庄（牧之原市）から次第に西方に進み、天竜川を越えて蒲御厨《かばのみくりや》（浜松市東区周辺）に及んでいる。軍事的な平定が進むに従って、在地と家臣・寺社の所領掌握のために検地が順次実施されていったことが知られる。

今川氏の検地と周辺大名

東国の諸大名はいずれも検地を実施しているが、その嚆矢《こうし》は少なくとも永正三年に実施していたと考えられる北条氏の検地である。武田氏の検地が永禄《えいろく》年間に入ってからと考えられることから、氏親の検地は比較的早くから進められたといえる。また、北条氏の検地は新征服地において始められ、その後当主の代替わりとか税制改革に伴って行われたとされているが、氏親の場合も上述したように新征服地である遠江国から始められており、両者は共通しているといえよう。ただ、その後義元時代になって頻繁に実施された検地については、後述する公事《くじ》検地といった極めて特色のあるものとなっていく。

「今川かな目録」の制定

氏親は、その最晩年の大永六年（一五二六）四月十四日に、東国の戦国大名としては最初の分国法《ぶんこくほう》となる「今川かな目録」全三三か条（三―九一六）を制定している。氏親は、同年六月二十三日に死去していることから、わずかその二か月余り以前の制定となる。宗長によれば、氏親はおよそ一〇年以前から中風に悩まされ、「御成敗の様も、調儀の御思案も、いかにぞやと承り及び候」（三―九二二）という状態であり、領国統治について苦慮していたことが窺える。氏親自身も、「今川かな目録」の制定理由として「右条々、連々思い当るにしたがひて、分国のため、ひそかにしるしをく所也。当時人々こざかしくなり、はからざる儀共相論《そうろん》の間、此の条目をかまへ、兼てよりおとしつくる物也」と記しており、後継者の嫡男氏輝《うじてる》がいまだ十四歳の若年であり、死後における領国の混乱を予見してのことと思われる。

全三三か条の構成、条文の内容、それらの歴史的意味や分国法としての歴史的意義などについては、勝俣鎮夫氏（「『今川かな目録』の制定」『静岡県史』通史編2中世）による当を得た説明がすでになされているので、それによっていただきたいが、ここでは、私の関心に従って、蛇足ながら二、三のことを付け加えておきたい。その一つは、次の第一条である。

第一条

一譜代の名田《みょうでん》、地頭意趣なきに取放つ事、これを停止し畢《おわんぬ》。但し年貢等無沙汰におゐてハ、是非に及ばざる也。兼ねて又彼名田年貢を相増すべきよし、のぞむ人あらバ、本百姓に、のぞミのごとく相増すべきかのよし尋る上、其の儀なくば、年貢増しに付きて、取放つべき也。但し地頭本名主《みょうしゅ》を取かへんため、新名主をかたらひ、相増すべきのよし虚言を構へバ、地頭においてハ、かの所領を没収すべし。新名主に至りてハ、罪科に処すべき也。

所務紛争

この条文の意味は、勝俣氏の説明通り、名主・百姓の名田所持権を認めつつ、地頭（領主）による年貢増徴の契約を認めた規定ということができる。問題は、一つ目の但し書きや二つ目の但し書きの部分である。荘園公領制がそれなりに安定的に実現されていた時代と異なって、自らの力によって土地に対する領有権が左右されるこの時代にあっては、年貢を納めない名主や、年貢請負を条件に他人の土地を望む名主が出現し、また、そうした事態に乗じて地頭と名主が虚言を構えるといった在地における所務紛争が絶え間なく引き起こる状況となっていた。

在地掌握の根幹

こうした紛争を解決するためには、在地における領主的土地所有と名主・百姓レベルの土地保有の実態を調査し、その上で年貢量を確定する方法、すなわち検地を実施する以外方法はなかったといえよう。氏親のこの規定はそこまで言及したものではなかったが、これ以降とくに義元時代になると、この規定が現実的に作用し、在地における所務紛争の解決手段として公事検地が実施されていくことになる。そういう意味では、その後の今川氏の在地掌握といった領国支配の根幹に関わる規定ということができよう。

喧嘩両成敗法

第二の問題は、第八条に規定されている「喧嘩に及ぶ輩、理非を論ぜず、両方共に死罪に行うべき也」という喧嘩両成敗法である。この条文についても、勝俣氏の論ずるように、中世社会における自力救済観念に基づく私戦・私闘を否定し、法によって解決するという規定は、室町幕府法の故戦《こせん》防戦法や、地域の平和を目的として当事者双方を同等の刑に処することを定める国人一揆《こくじんいっき》の法、あるいは、在地における両者の主張の中をとってことを収めようとする「折中《せっちゅう》」・「中分《ちゅうぶん》」といった法理の流れをより徹底させるなかで生まれてきたものといえる。それは、さまざまな抵抗勢力を軍事的に圧倒しつつ築き上げてきた領国の安定を維持する方策といえよう。

法理の継承

こうした喧嘩両成敗法は、伊達《だて》氏の「塵芥集《じんかいしゅう》」や「結城氏新法度《ゆうきししんはっと》」、「六角氏式目《ろっかくししきもく》」など、他の分国法でも、不徹底の面も見られるが、一様に規定されている。そしてこの法理は、この後、全国統一戦争を展開した豊臣秀吉《とよとみひでよし》政権が生み出した、大名間の国分け戦争を私戦・私闘と規定し、両者の停戦を命じ、聞き入れなかった者（大名・領主）に対しては公儀の名において豊臣政権が成敗するという「惣無事令《そうぶじれい》」に引き継がれていくのである。こうした意味で、この喧嘩両成敗法は注目すべき規定といえよう。

下人規定

第三の問題は、第五・六・七条に規定されているいわゆる下人《げにん》規定である。第五条では、長年召し抱えていた「古被官《こひかん》」が、他の主人に仕えていることが判明した時、元の主人が取り戻すことが出来るというものであり、第六条は、逃亡した譜代下人などの取り戻しの時効を二十余年と定めたものであり、第七条は、主人や傍輩に知らせず他人の下女に夜中に妻問婚《つまどいこん》した下人を殺害に及んでも咎がかからず、また、主人の異なる下男・下女が結婚していることが露顕した場合には分国から追放するというものである。ここでは、下男・下女の所有権が主人にあり、主人が生殺与奪権を持っていたことが示されている。

この時代になると下人・所従《しょじゅう》・被官などと呼ばれる奴隷身分のものが、主人の下から「逐電《ちくでん》」・「欠落《かけおち》」したり、他人のもとに「走入《はしりいり》」といった自己解放の動きが頻繁に見られるようになる。多くの戦国大名はこうした事態に対して、欠け落ち先を探索してあくまで元の主人の下に召し返すことを命じる「召返令《めしかえしれい》」を発して、「主人─奴隷」といった家内奴隷制の維持に腐心していた。氏親の定めた条文もそうした建前を堅持したものといえよう。

家内奴隷制の維持

このあと、義元の制定した「かな目録追加」でも、下人の子の帰属権を規定しており、氏親の規定がより整備されていくのである。今川氏をはじめ戦国大名の多くは、家内奴隷制の維持を前提として在地秩序を構築しようとしていたことが窺え、その歴史的性格が依然として中世的権力であったことを示すものといえよう。

今川氏の戦国大名化

一般に、今川氏にあっては、氏親の代より守護大名から戦国大名化したとされている。戦国大名とは、その支配する領国において政治・経済・社会などの諸側面にわたって、最高の公権力者として君臨し、領土と人民を支配する唯一の主権者、専制君主とされている。

氏親以前

氏親以前の段階では、当主が将軍から守護に補任され、管国を統治していた権力であって、それ自体将軍を上位者とする存在であり、管国内においても守護から自立した国人領主や権門勢家《けんもんせいけ》による荘園支配が存在し、管国における唯一最高の権力者とはいいがたい存在であった。これに対して、戦国大名は継承し獲得した領国においては、原則的に他の主権者の存在を認めない一円的、一元的支配を目指したものである。

氏親の治世

氏親は初期の治世において、先述したように駿府の安西寺への寺領などの安堵に際して、前当主義忠の判物が最高の公的保証力をもつものであることを明らかにしているが、永正六年（一五〇九）の同じく駿府の宝樹院《ほうじゅいん》（静岡市葵区）宛の判物（三―四九九・五〇〇）においても、足利尊氏や今川氏歴代当主によって寄進されてきた寺領について、「先証に任せて領掌の所、相違あるべからず」などとして、前代の将軍や守護といった公権力を継承した上で、自らの判物によって安堵し新たな効力を加え、領国内のすべての土地の主権者として自らを位置づけていくのである。

大福寺領年貢の大名請

そのことは、氏親が死去した直後に出されたものであるが、大永六年十二月二十六日付で浜名《はまな》政明《まさあき》成繁《なりしげ》が作成した遠江国大福寺（浜松市北区三ケ日）領における伊勢神宮への上納年貢算用状《さんようじょう》（三―九五五）からも知られるところである。これは、伊勢神宮の荘園であった浜名神戸《かんべの》御厨《みくりや》（同前）内に存在した大福寺領内における伊勢本年貢三貫七五三文の算用（収支決算）を記したものである。

それによると、伊勢本年貢はこの時期今川氏家臣長池《ながいけ》親能《ちかよし》が城主を勤める鵜津山城《うづやまじょう》（湖西市）に一旦納入され、その上で今川氏の手によって伊勢神宮へ納められるという流れがつくられていたことが判明する。すなわち、一種の年貢の大名請けであるが、実態としては荘園の直接支配を排除したものであり、領国内のすべての土地の主権者といいうる状況である。氏親が始めた検地政策も、まさにそのことを実現するための方策であったといえよう。分国法「今川かな目録」の制定もこうした領国の一元的一円的支配体制を維持存続させるための重要な方策ということができる。

新たな支配体制の構築

以上、激烈な家督争いの末、当主の地位に就いた氏親は、北条早雲の補佐を受けながら軍事的には遠江国を攻略して、領国を駿遠両国に拡大し、政治的には「今川かな目録」を制定し、領国経営の面では検地を実施するなど、それまでの当主には見られなかった新しい一元的一円的支配体制を構築しつつあった。氏親の戦国大名化といえよう。

氏親の結婚

ところで、氏親は、永正二年（一五〇五）頃に、京都の公家中御門《なかみかど》宣胤《のぶたね》の娘と結婚している。中御門家は藤原氏北家《ほっけ》勧修寺家《かじゅうじけ》庶流で、公家の家格でいえば羽林家《うりんけ》で中位の家柄である。宣胤は、当時六十四歳前後で権大納言《ごんだいなごん》正二位《しょうにい》に昇り翌年には神宮伝奏《じんぐうてんそう》を勤め、その日記『宣胤卿記《のぶたねきょうき》』には、衰微する朝廷の様子や荒廃する京都の様子とともに、その復興の志を克明に記している。当時田舎とされていた東国の一戦国大名が京都公家の娘と結ばれることには、この時代の公家の生活が逼迫し地方の富裕な大名家の経済力に依存したという背景を考える必要があろう。

婚姻の年次

米原正義氏によれば、氏親と宣胤娘との結婚の年次については、『宣胤卿記』の永正元年七月二十日条に、「駿河より使、瓮祝言五百疋これを上る」とあり、その前後にも両家の使者が頻繁に往き来している様子が記されていることから、この時期に結婚の準備が行われ、翌年の永正二年に実現したのではないかということである（「駿河今川氏の文芸」)。この女性が、本書の主人公である義元の実母である。彼女は、夫氏親の死後落飾《らくしょく》して寿桂尼《じゅけいに》と名乗り、次節で見るように「女戦国大名」ともいわれる活躍をする。戦国大名今川氏を考えるに際して欠かすことのできない女性の一人である。

三人の女性

こうして氏親の結婚によって、今川氏と京都の公家社会や幕府とを結びつける三人の女性が揃うのである。その内の一人は氏親の母北川殿で、先述したように幕府政所執事伊勢氏の庶流で将軍申次である伊勢盛定の娘であり、北条早雲の姉に当たる女性である。二人目は氏親の姉で、公家の家格としては中上位に相当する大臣家の家柄の正親町三条《おおぎまちさん》公治《じょうきんはる》の息実望《さねもち》と結婚している。三人目がこの氏親の妻宣胤娘である。これら三名の女性を媒介として、氏親をはじめとする今川氏の一族や家臣、領国内の寺僧や文人など と、京都を中心として活躍していた歌人や文人など多彩な人々との交わりが生まれ、駿府における文化サロンといった場が形成されていくのである。

氏親と公家

氏親は、当時天皇家の侍従《じじゅう》を勤め、朝廷内のみならず武家にも重んじられ、当代随一の学者・歌人・能書家であった三条西実隆《さんじょうにしさねたか》をはじめ、義父の中御門宣胤や姉婿の正親町三条実望などと書状や音物《いんもつ》(贈答品)のやりとりによって活発な交流を行っていた。氏親が今川氏当主になってから義元が家督を継ぐまでの五十数年の間(文明十一年から天文五年まで)に、駿河や駿府に下向し滞在した者を挙げれば、以下のような多彩な面々であ

今川氏と公家との縁戚関係図

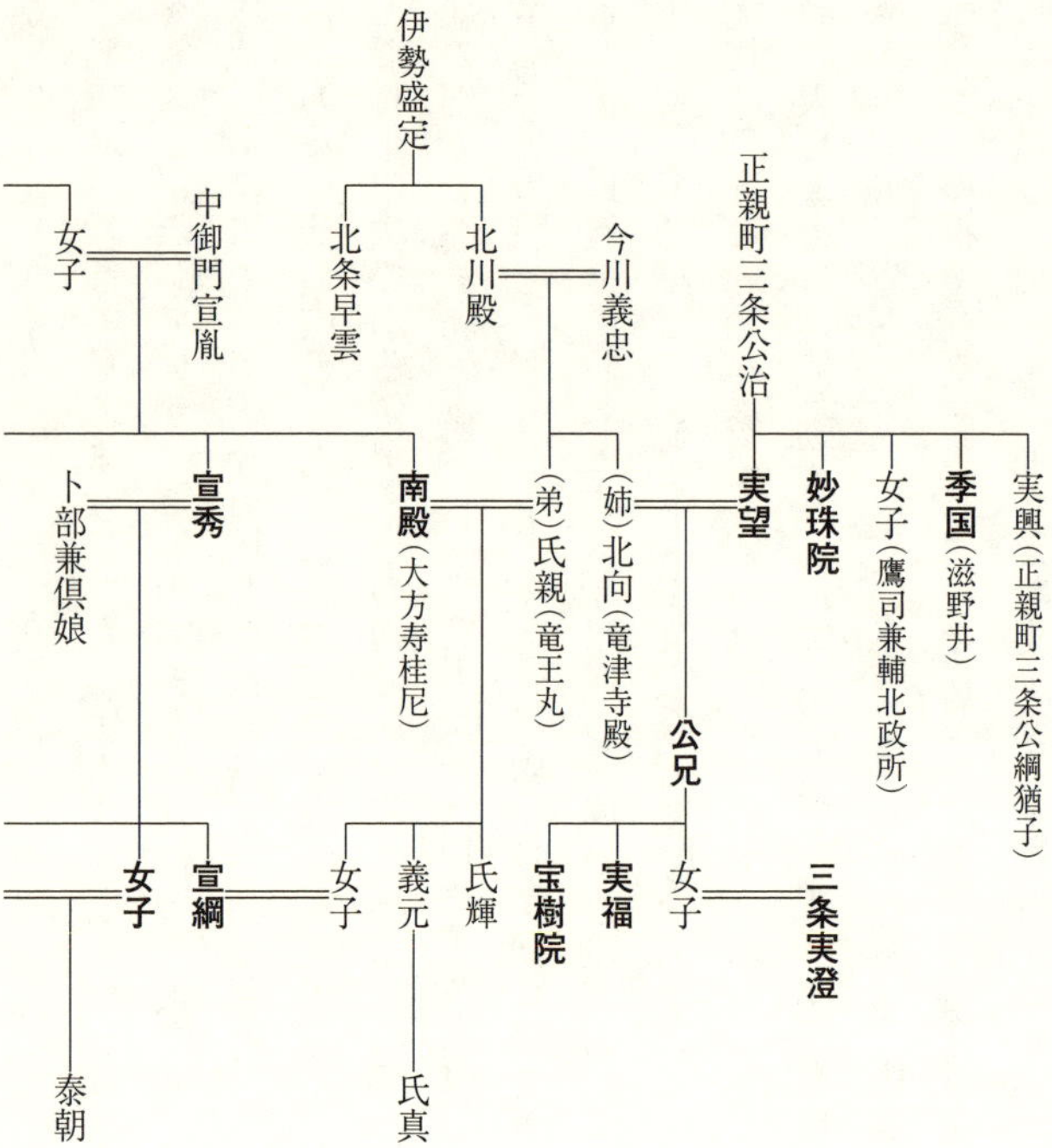

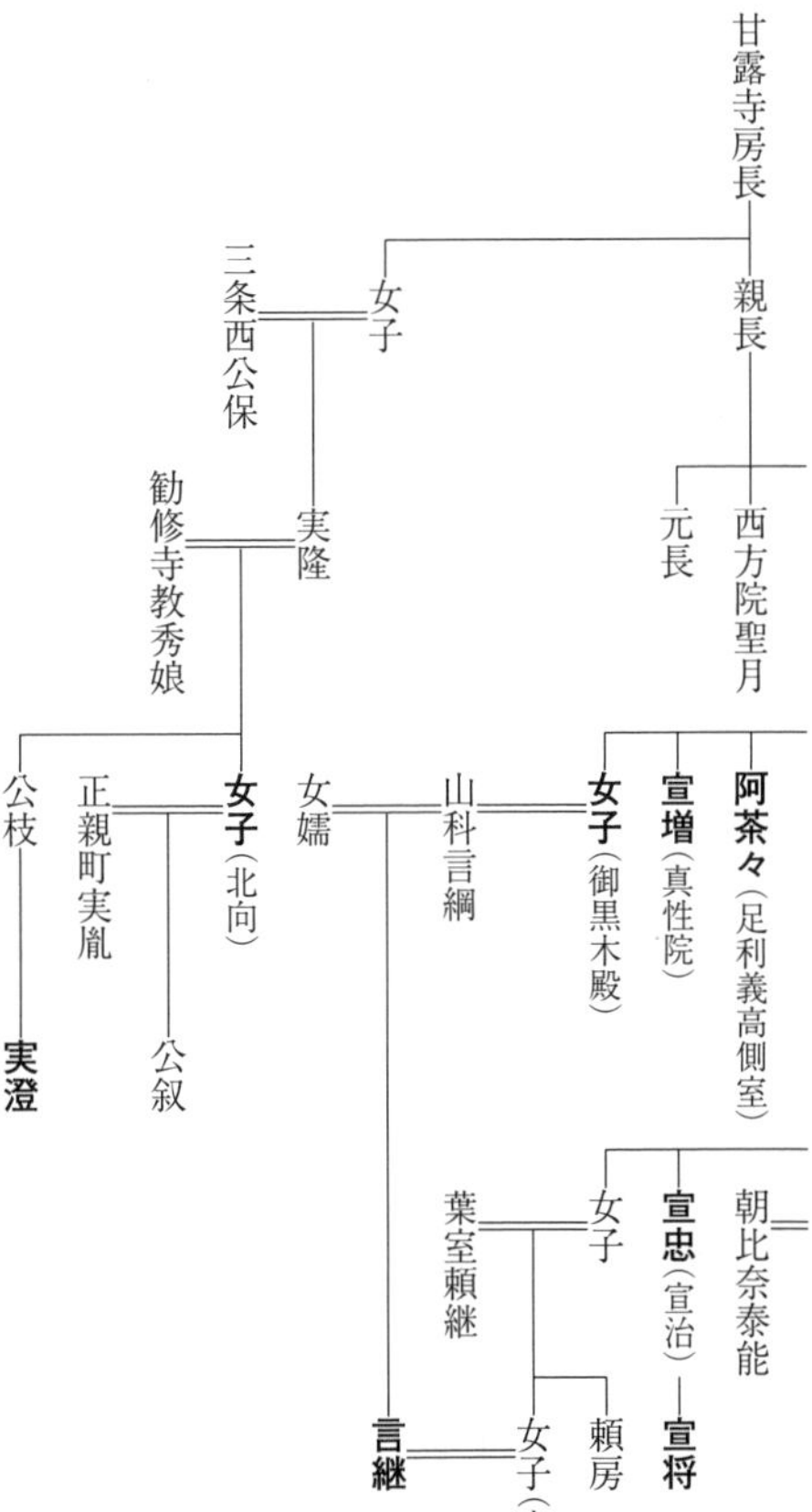

注　ゴチックの人名は、義元時代終りまでに駿府に下向・滞在した者。

駿府滞在者

る。

まず、今川氏と縁戚関係にある正親町三条家の人々（実望夫妻・息公兄《きんえ》、その子たち）や中御門家の人々（宣秀《のぶひで》・阿茶々・真性院《しんしょういん》兄妹や、宣秀息宣綱《のぶつな》・宣忠）が挙げられる。そして、これらの人々と関わって万里小路秀房《までのこうじひでふさ》や東坊城長淳《ひがしぼうじょうながあつ》・滋野井季国《しげのいすえくに》など多くの公家が訪れている。次に挙げられるのは、僧侶たちで、聖護院門跡道興《しょうごいんもんぜきどうこう》や天台宗《てんだいしゅう》三門跡の一つである青蓮院《しょうれんいん》の泰昭《たいしょう》、さらには臨済宗建仁寺《りんざいしゅうけんにんじ》護国院住持常庵竜崇《じょうあんりゅうそう》など当代一流の知識が訪れている。また、駿河出身の連歌師宗長に連なる連歌師や歌人たちがいた。宗祇《そうぎ》・宗《そう》碩《せき》・宗珀《そうはく》・宗牧《そうぼく》や雲坡《うんぱ》・周桂《しゅうけい》などの連歌師や、冷泉為広《れいぜいためひろ》・為和《ためかず》父子や最勝院素純《そじゅん》・素《そ》慶《けい》父子、あるいは万里集九《ばんりしゅうく》や仁和寺尊海《にんなじそんかい》といった歌人たちで、かれらは駿府を訪れ、歌会などを催し、紀行文を残している。これら以外にも「富士曼陀羅図《ふじまんだらず》」（富士山本宮浅間《せんげん》大社所蔵、一九四頁掲載）を描いたとされる絵師狩野元信《かのうもとのぶ》や平家語りの音一《おんいつ》や行一《ぎょういつ》・理一《りいつ》、薬師外郎《くすしういろう》（宇野藤五郎）などが駿府を訪れていた。

今川文化の芽生え

このような交わりを実質的に進めたのは駿河国島田の鍛冶《かじ》職人の子と伝えられ、宗祇に師事して連歌師となった宗長など、領国内の文人・僧侶たちであった。中には、京都四条室町の商人が氏親の使者となっている場合もある（三―七二二）。こうして、戦国期京都の荒廃にかわって、西の山口大内文化と並び称される駿府今川文化が芽生えてゆくのである。

黙堂寿昭と琴渓承舜

なお、氏親は延徳二年（一四九〇）に京都相国寺《しょうこくじ》慶雲院主黙堂寿昭《けいうんいんじゅもくどうじゅしょう》を駿河国富士郡の名刹善得寺に招いて、同寺五世とした（三―一四一）。黙堂は、三〇年余り同寺に在住する間に、鎌倉円覚寺《えんがくじ》や京都南禅寺《なんぜんじ》の住持名義を与えられるなど、五山禅僧として刮目された存在であった。また、氏親は大永四年（一五二四）には善得寺六世として京都五山から吉良氏出身の琴渓承舜《きんけいじょうしゅん》を招き、息子の一人方菊丸《ほうぎくまる》（のちの義元）を弟子として入門させている。琴渓承舜は当時京都建仁寺で修行中であった駿河国出身の九英承菊《くえいじょうぎく》（太原崇孚雪斎《たいげんそうふせっさい》）の師匠であり、その関係からと思われる。このようにして、雪斎と義元の師弟関係が生まれ、今川氏の文化水準も高められて行くのである。

氏親の死

しかし、こうした今川文化の形成に寄与した氏親は、大永六年（一五二六）六月二十三日に五十四歳で亡くなる。すでに前年の十一月二十日に嫡男氏輝の元服が行われており（三―八八八）、家督の継承については問題の生じる余地はなかったといえるが、氏輝は十四歳の若年で病身であったことが唯一気がかりなことではなかったかと思われる。氏輝は、「今川記」付載の系図に「天文五年早世、廿四才」とあり、逆算すると永正十年（一五一三）の生まれとなる。

葬儀

氏親の葬儀は、同年七月二日に駿河国安倍郡慈悲尾増善寺《しいのおぞうぜんじ》（静岡市葵区）において、嫡男氏輝によって同寺住持居廓元宋《きょかくげんそう》を大導師として執り行われた。増善寺は、氏親が、文明十二年に遠江国榛原郡坂口石雲院（牧之原市）崇芝性岱《すうししょうたい》の弟子辰応性寅《しんのうしょうえん》を招き再興したとされている曹洞宗寺院である。

葬儀の様子は、「増善寺殿葬儀之次第」（補遺―一九四）に「龕昇《がんかき》ハ岡部七郎二郎・福嶋《くしま》越前《えちぜん》、御馬ハ興津藤兵衛、御太刀ハ朝比奈左京亮《あさひなさきょうのすけ》、紼《ヒキヅナ》ハ善徳〔得〕寺ノ御曹司、御位牌ハ花蔵《はなぐら》ノ御曹司、白衣ノ御伴惣而《そうじて》七百六十七人也、氏輝・御前様ノ御伴ノ輿、以上四十六乗」と記されている。また、「今川氏親葬儀記」（補遺一一九三）に描かれている「本堂式」と「山頭之図」という式場の絵には、仏前中央におかれた龕の右側には「御前様／今川氏輝／御一家衆」とあり、その手前の掛真《かしん》台の左側には「○善徳〔得〕寺御曹司／御伴衆、○花蔵之御曹司／御伴衆」とある。龕の左側には「近臣衆・御被官衆・御一家衆／是皆白衣也、都合白衣御侶／八百余人也」とあり、上部には横書きで「御太刀ハ三浦兵五也」とあり、枠外には「内外僧衆凡七千余人也」とある（図参照）。

　このように、葬儀を執り行う僧衆をはじめ、御前様、すなわち氏親夫人、後継の嫡男氏輝、氏親の息子である花蔵の御曹司と善得寺御曹司、さらに一家衆などといった今川氏一族は勿論、岡部・福嶋・興津・朝比奈・三浦氏といった重臣や近臣衆など、合計八〇〇名前後にのぼる人々が参列しており、盛大な葬儀であったことを窺わせる。

　この内、御前様とは氏親の妻中御門宣胤娘で、このあと落飾して寿桂尼と名乗る。花蔵の御曹司とは、駿河国志太郡花倉の遍照光寺《へんしょうこうじ》（藤枝市）で出家修行していた氏親の三男僧名玄広恵探《げんこうえたん》のことである。善得寺御曹司とは、前述の善得寺で太原崇孚雪斎に従って出家修行していた方菊丸、僧名承芳《じょうほう》、のちの義元である。義元八歳の時のことであ

増善寺

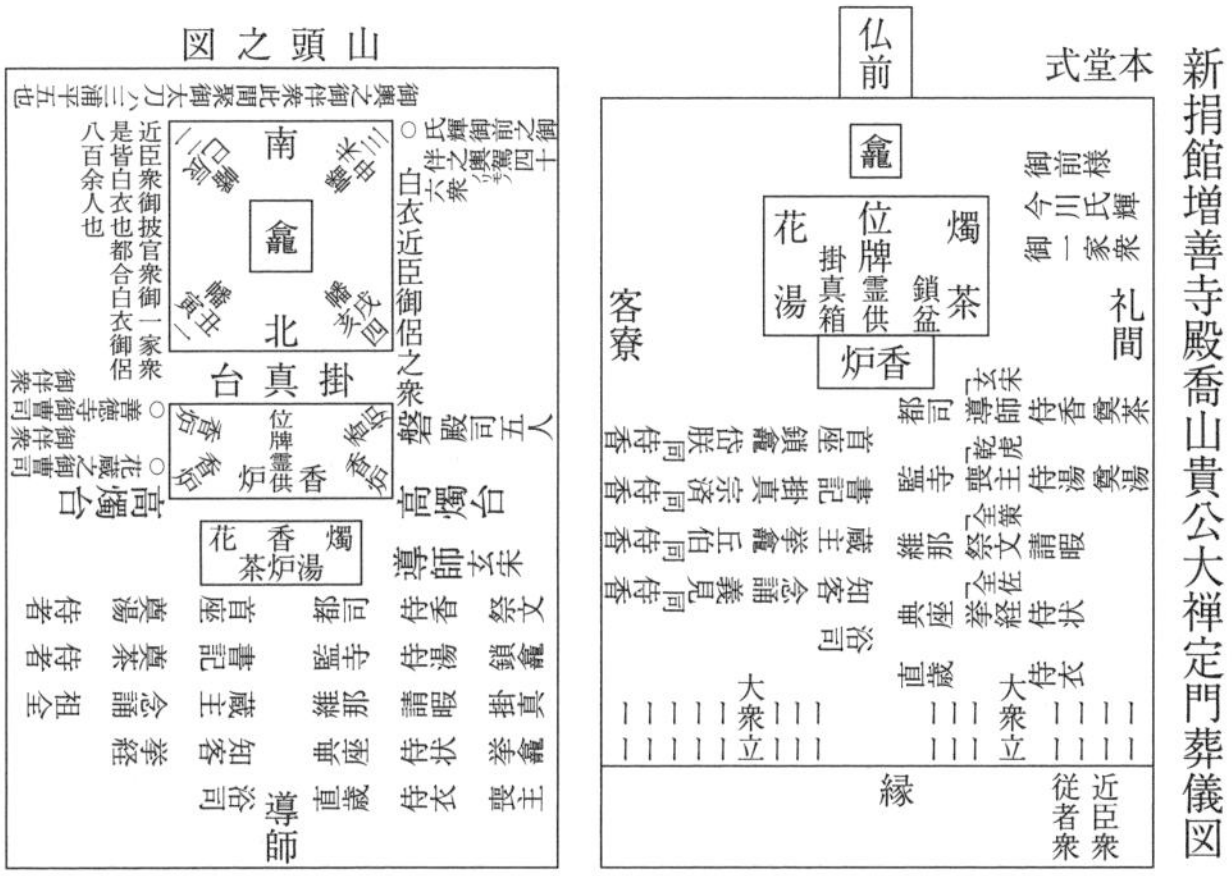

「今川氏親葬儀記」（増善寺所蔵）より

る。およそ一〇年後に氏輝が早世すると、この兄弟が家督相続をめぐって激烈な争いを行うのであるが、この段階では、袖が振れ合わんばかりの距離で同席していた。なお、氏親には、こうした氏輝・玄広恵探・承芳の三人の息子以外に、男子だけでも他に三人の息子がいたと考えられるが（後述）、彼らがこの葬儀に参列していたかどうかは不明である。

　なお、葬儀の行われた増善寺は曹洞宗寺院であるが、葬儀を執り行った大導師をはじめ六人の導師もすべて駿河・遠江国の曹洞宗寺院の住持であった。太原崇孚雪斎やその弟子であった義元は、後述するように臨済宗に帰依しており、氏親の時代と義元の代になってからとでは同じ禅宗ではあるが、法脈を異にしており、その背景には雪斎の存在が大きかったことを窺わせる。

四　母寿桂尼と兄氏輝

氏輝と母寿桂尼

氏親の死後、今川氏当主に就いたのは嫡男氏輝であるが、未だ十四歳であった。そこで、母である寿桂尼が後見人として領国の支配に携わるのである。氏親が亡くなる一一日前に駿府の皮革職人大井氏に屋敷地を安堵した印文「氏親」の朱印状《しゅいんじょう》（三―九二〇）が発給されているが、それはこの後寿桂尼が発給した文書と同様に仮名交じり文で出されており、本文書は寿桂尼の発給したものではないかとされている（久保田昌希氏「今川氏親後室中御門氏（寿桂尼）の生涯」、同氏『戦国大名今川氏と領国支配』所収）。前述したように、氏親が晩年の一〇年程は中風を患っていたと記す『宗長手記』の記載と合わせて考えると首肯しうる見解である。ただ、氏親が制定した「今川かな目録」も、仮名交じり文であることなどから、その制定を中心的に担ったのも寿桂尼であるとの考えについては、「相良氏法度」「塵芥集」「結城氏新法度」など多くの分国法も同様に仮名交じり文であることから一概にはいえないであろう。分国法が領国法の性格を有しており、多くの人々に理解されやすいように仮名交じり文を採用したという説明もできよう。

寿桂尼発給文書

さて、寿桂尼は、氏輝が亡くなり義元が当主に就くまでのおよそ一〇年間に、伝来しているだけでも一五通の文書を発給している。この内三通は真名《まな》書き（漢字文）であるが、それら以外はいずれも仮名交じりで、印文「帰」の印章の捺された朱印状である。真名書きの三通の内、一通は享禄《きょうろく》三年（一五三〇）正月二十九日付で富士郡北山本門寺《ほんもんじ》（富士宮市）宛に出された諸役免除と寺号を安堵した文書（三―一〇五六）で、日下《にっか》（日付の下）に「氏輝」と書かれ、袖に「帰」の朱印が捺されている。他の二通は、享禄四年閏五月一日付の遠江国華厳院《けごんいん》（掛川市上土方）宛の制札《せいさつ》（三―一一一四）と天文三年五月二十五日付で大田神五郎宛に出された富士金山（富士宮市麓）への荷駄の往還を許可したもので（三―一二七八）、いずれも寿桂尼の朱印の捺された朱印状である。これらは本来氏輝が出す予定のものが、何らかの事情によって、寿桂尼が朱印を捺して発給したものと考えられる。

氏輝発給文書

これに対して、氏輝は、いずれも真名書きで花押の据えられた判物を四三通残している。その内の一通は、大永六年十二月二十六日付で遠江国新野池しやうけいし（昌桂寺、菊川市高橋）宛に出され、「たゞし御やかたよろづ事を御はからひのときハ、その時のなりにしたがうべき者也」と記された寿桂尼の田地を寄進する朱印状（三―九五四）の袖に、「享禄五年三月六日　先印判《いんぱん》の如く領掌申し訖《おわんぬ》」と記し、氏輝が署判した証判状というべきものである。このように両者が発給した文書は、若干の例外も含まれているが、朱印状か判物か、仮名交じり文か真名書き文か、というように対照的な書式で出されている。

発給時期

しかも問題は、両者の発給時期である。寿桂尼が発給した大永六年・七年と享禄元年十月から同四年五月までの時期には、残されている文書で見る限りでは氏輝が一通も発給していないという明確な時期差が見られることである。また、寿桂尼の発給した朱印状の宛先やその内容を見た場合、駿遠両国にわたって、寺院のみならず、給人や職人、農民身分のものまで見られ、寺領寄進・安堵状、諸役免許状、諸権益付与状といったように大名権の発動と何ら変わりなく出されているということも指摘できる。

寿桂尼の補佐・後見

こうした寿桂尼と氏輝の発給した文書を比較して、そこから導き出されることは、寿桂尼が、氏輝に成り代わってその代行を勤めていたと考えられることである。逆にいえば、氏輝が、弱冠十四歳で家督を継承した上、病弱で、しばしば統治能力を欠く事態があったのではないかということである。そのため母である寿桂尼が後見・補佐したのであろう。ただ、このように当主が幼かったり、病弱であった場合、兄弟や一族の間で交代したり、場合によっては家督争いが行われたり、何らかの形で重臣などが代行することがあっても不思議ではないが、この場合、そうしたことも起こらず寿桂尼が後見・補佐することによって少なくとも一〇年余りの間持ちこたえたということは注目すべきことであろう。

女戦国大名

時代がいまだ後の時代のように完全な男系社会になっていず、支配階級においても女性の地位がそれなりに認められていたことの現れと見ることもできる。それにもまして寿桂尼が公家社会の出身で京都育ちであり、教養と判断力を備えていた女性であったことも大きな要因であったと思われる。現在、遠江国城飼郡《きこうぐん》高橋の正林寺（旧昌桂寺）に所蔵されている「寿桂尼画像」からもその知性と気品が見て取れる。「女戦国大名」とか「戦国の姫君」と呼ばれる由縁である。

氏輝の後継者

寿桂尼画像
（正林寺蔵，静岡県立中央図書館歴史文化情報センター提供）

なお、氏輝が病弱であったために、今川氏ではいつ亡くなってもよいように次の後継者が予定されていたふしがある。それは、氏輝の兄弟で、氏親の次男と考えられる彦五郎の存在である。上述したように、氏親の葬儀に参列していた氏親の息子の三名の内、氏輝を除いた二名は出家していた。また、それ以外の三名の息子の内、義元の兄の一人は出家しており、上記の次男彦五郎と末子だけが俗人として育てられていたことがその証といえる。ところが、物事は思うようには展開せず、後述するように氏輝の死後今川氏を二分するような家督相続争いが起こるのである。

氏親時代の踏襲

寿桂尼の発給した初見文書である大永六年九月二十六日付の遠江国村櫛大山寺理養坊に与えた寺領安堵状（三―九四四）では、氏親の諡号《しごう》である「ぞうぜん寺（増善寺）殿の御判にまかせて」と記されており、前当主の発給した判物を最高の公的保証力を持つものとしている。そのことは、氏輝の初見文書（三―一〇〇三）でも「増善寺殿判形の旨に任せて」所領を安堵しており、氏親が構築した公験《くげん》主義（権利保証の文書を根拠として領有権を認める方策）を踏襲している。また、天文二年（一五三三）九月二十四日付の今川氏奉行人加賀爪《かがづめ》

検地の実施

永授《えいじゅ》など三名の連署による遠江国笠原庄高松社への田地寄進状（三―一二二五）に「右、峰田（菊川市）新田御検地に依り并びに御検地候と雖も、御神慮の御事に候」とあり、氏輝も氏親と同様に検地を実施していることがわかる。氏輝時代における検地実施例は、これ以外に数例見られる。

領国支配の成熟

なお、氏輝が発給した文書に初めて登場する以下のような諸点を取り上げて、氏輝の新しい領国支配の特色が窺えると先学が指摘されている問題がある（小和田哲男『今川義元』）。その一つは、天文元年十一月二十七日付の富士宮若宛の氏輝判物（三―一一九五）に見える「馬廻《うままわり》として奉公せしむ」や天文三年七月十三日付の興津正信宛の判物（三―一

二八七）に見える「子弥四郎馬廻に相定む」といった文言から窺える馬廻衆（当主の身辺を警護し戦場では親衛隊となった騎馬の武士）の創設である。第二には、享禄五年八月二十一日付の駿河国庵原郡《いはらぐん》江尻《えじり》（静岡市清水区）の商人宿に対する「毎月三度市、同上下の商人宿」の認可に見られる商業振興策である（三―一一八〇）。第三には、同年四月二十一日付の三浦鶴千代宛の二通の判物（三―一一六二・三）からわかる知行地についての地頭（領主）・百姓間の相論を法度によって裁可するという紛争処理方式である。第四には、同じく同年九月三日付の昌桂寺宛の判物（三―一一八二）に見える棟別銭《むねべちせん》と諸国役を不入地として免除した寺領に「他郷の家、移作すべからざる事」として、百姓・下人の移動を規制したことである。

確かにこれらの点は、氏輝の判物で初めて見られることであるが、例えば江尻商人宿に対する文書では「前々の如くたるべき者也」とあり、氏輝が初めて認可したものであるかは疑わしい。いずれにしろ残存史料から検証しがたいことで、氏輝が始めた施政と断定することは難しい。ただこれらは、次に指摘するように氏輝時代には軍事的行動が少なく比較的安定した領国支配のもとで、その支配が成熟しつつあったことを窺わせる事柄であるといえよう。

武田信虎との争い

なお、氏輝時代の外交および軍事行動は、天文三・四年の郡内山中《ぐんないやまなか》（山梨県山中湖村）一戦などで甲斐国へ出兵し（三―九七〇・一二九〇・一三四九～五二）、武田信虎《のぶとら》と争ったのが主なものであった。これは、信虎による領国統一の過程で生じた同国の国人層との対立矛盾に際して、国人層の要請による加勢という意味と、関東の覇権をめぐる北条氏対武田・上杉氏との争いに際して、氏親以来の同盟関係により北条氏を支援する意味とが合わさったものということができる。

京都との交流

氏輝もまた、父氏親の時代と同様に京都の公家や文人たちと活発に交流していた。自らも歌人冷泉為和の門弟となり（三―一一三七）、毎年正月十三日の今川氏歌会始をはじめとして宗長や為和の指南する歌会にたびたび参列している。享禄三年二月には、近衛尚《このえひさ》通《みち》から『古今和歌集《こきんわかしゅう》』を贈られている（三―一〇五九）ように古典への造詣も深かった。『新古今和歌集』（柳瀬旧蔵新古今集）も秘蔵していたことが、泰昭が書写した同書の奥書《おくがき》から知られる（米原正義「駿河今川氏の文芸」）。

氏輝最後の足跡

氏輝は、天文五年二月、為和らとともに北条氏の歌会に参列するために小田原に出かける（三―一三六四）。しかし、これが氏輝の最後の足跡で、その帰国後には、今川氏のみならずその支配する領国にとって思いもしない激動が待っていたのである。

五　東国社会と今川氏

応仁・文明の乱を契機とした全国的な動乱状況の中で、駿遠両国において新たな大名権力として今川氏親が覇権を確立しつつあった時期、その背景ともいえる東国社会の情勢をここで瞥見しておきたい。

鎌倉府の崩壊

東国では、鎌倉公方足利成氏《しげうじ》が関東管領山内《やまのうち》上杉憲忠《のりただ》を殺害するという享徳の乱（一四五四年）によって、公方が鎌倉におれずに下総国《しもうさのくに》古河《こが》（茨城県古河市）に移り、古河公方と呼ばれるようになる。これに対して長禄二年（一四五八）に、幕府は新たな公方として足利政《まさ》知《とも》を送り込むが関東に入ることができずに伊豆国北条（伊豆の国市韮山）に留まり、堀越公方と呼ばれた。ここに鎌倉府が実質的に崩壊したことによって、関東地方における戦国の動乱は始まったといってよい。

北条氏勢力の展開

これ以降、関東の情勢は、前述したように明応二年（一四九三）に堀越公方足利茶々丸を急襲して同国を平定し、関東に進出してきた北条早雲と、どちらかといえば鎌倉公方と結びついていた各地の伝統的豪族層との間の抗争を基軸として展開する。とくに利根川を境目として、西側では北条氏が勢力を広げて行き、東側では伝統的豪族層が離合集散しつつ北条氏に対抗して行くという構図であった。この早雲の堀越公方襲撃は、中央の細川政元《まさもと》による将軍職を義材《よしき》から義高《よしたか》（義澄《よしずみ》）にすげ替えたクーデター（明応の政変）と呼応した行動ともとらえられている（家永遵嗣『室町幕府将軍権力の研究』東京大学日本史学研究叢書1、一九九五年）。ここに、その後一〇〇年間五代にわたって続く戦国大名北条氏の第一歩が印されたのである。

北条姓の名乗り

永正十六年（一五一九）に早雲が亡くなったあと、二代目氏綱《うじつな》は、東国の統治機関であった鎌倉府の正当な継承者であるという名分を得るために、鎌倉時代の執権北条氏になぞらえて北条姓を名乗り、代替わり検地を実施するとともに、大永二年（一五二二）の相模国《さがみのくに》一宮寒川《さむかわ》神社（神奈川県寒川町）の再興に続いて、天文九年（一五四〇）から八年がかりで、源頼朝以来武家の守護神で、関東の鎮守とも考えられていた鶴岡八幡宮寺《つるがおかはちまんぐうじ》（同鎌倉市）の再建造営を行っている。

北関東豪族層の台頭

北関東では、こうした北条氏の勢力拡大の中で、古河公方の存在と関東管領を称する上杉氏の動向に影響を受けながら、とくに佐竹・宇都宮《うつのみや》・佐野・結城氏などの利根川東部の豪族層が、相互に姻戚関係を結びながら地域権力として台頭していた。こうした北条氏と伝統的豪族層との確執が続く中で、今川氏は室町幕府の東国抑制政策の役割を担っていた実績と早雲との縁戚関係によって、敵対関係にあった天文六年（一五三七）から十四年にかけての河東一乱期を除いて、基本的には北条氏と行動をともにし、北条氏の要請により当主自ら出陣したり、しばしば関東に軍勢を派遣していたのである。

甲斐国の情勢

ところで、今川氏の領国確立にとって今一つの重要な要件となっていたのが、駿河国の北に位置する甲斐国との関係である。甲斐国は、鎌倉時代以来、一貫して武田氏が守護として治め、室町時代には庶流が安芸国《あきのくに》や若狭国《わかさのくに》の守護職をも継承しているように、源氏一流の名家として勢力を拡大していた。しかも、甲斐国は、鎌倉時代には関東御分《ごぶん》国《こく》の一つであり、室町時代においても鎌倉府の管轄に入るほどの国でありながら、応仁・文明の乱では遠国でもあり直接的な影響を受けることは少なかった。

武田一族の内訌

しかし、一五世紀後期になると幕府および鎌倉府の権威失墜による政情不安は、甲斐国においても守護権力に対して国内中小の領主層が自立の動きを強めていた。また、文明十四年（一四八二）には地下《じげ》一揆なども起こっており（「王代記」）、武田氏による国内統一は順調に進まなかった。とくに、一五世紀末から一六世紀初頭にかけての武田信縄《のぶつな》・信恵《のぶよし》兄弟による家督争いを発端とした内乱状況は、各地の国人領主層を巻き込み、また、隣国の今川氏や北条氏の介入もあって、戦国の様相を深めていった。

信虎の登場

その間、弱冠十四歳で家督についた信虎が、順次反守護勢力を抑えながら国内統一を進めていく。とくに、永正七年（一五一〇）には、最大の抵抗勢力であった都留郡《つるぐん》の国人領主小山田氏が信虎妹と姻戚関係を結び、武田氏一家となったことによって統一が進む。

それを受けて信虎は有力国人である大井氏や栗原・今井氏などを抑え、永正十六年には、居館を従来の石和《いさわ》（山梨県笛吹市）から府中躑躅ケ崎館《つつじがさき》（同甲府市）に移し、家臣団を集住させ、戦国大名化していくのである。その後も、国内のみならず今川氏や北条氏の進出を撃退し、信濃国《しなののくに》にも手を伸ばし、天文元年（一五三二）頃には、ほぼ国内統一を完了させている。

越後国の動乱

一方、東国というよりは北陸道に位置する越後国《えちごのくに》は、関東管領家の山内《やまのうち》上杉氏から分かれた越後上杉氏が一四世紀後期頃より守護を勤めていたこともあり、関東の諸勢力や甲斐国武田氏との関係において重要な意味を持っていた。一五世紀中期からの関東錯乱状況のなかで越後国守護は国を離れている時が多く、国内は山内上杉氏の家宰・奉行人である守護代の長尾氏に委ねられていた。守護代の長尾為景《ためかげ》は、永正四年（一五〇七）に守護房能《ふさよし》の養子定実《さだざね》を擁して幕府とも通じてクーデターを敢行し、房能を自害させたことにより、越後における戦国動乱が始まる。

その後関東管領の顕定《あきさだ》が、永正六年に関東の軍勢を伴って越後国に侵入し、為景との覇権争い（永正の乱）が引き起こるが、争いに勝利を得た為景は、勢いに乗じて守護定実を幽閉して同国の実権を掌握する。しかし、その後も為景と下越の揚北衆《あがきたしゅう》など国内諸勢力との抗争（享禄・天文の乱）が引き起こり、越後の国は再び乱れることとなる。

長尾氏の戦国大名化

こうした中で為景の末子景虎《かげとら》（のちの上杉謙信《けんしん》）の武名があがり、しばらく守護定実と兄晴景《はるかげ》勢と三つ巴の抗争が続くが、天文十七年（一五四八）に景虎が春日山城《かすがやまじょう》（新潟県上越市）に入り、ようやく越後全体の実権を握ることができ、北陸道最大の戦国大名に成長していくのである。この後、景虎は幕府より関東管領職に補任され上杉氏を称し、関東に侵攻して北条氏と戦うとともに、信濃国をめぐって武田氏とも川中島（長野市）において繰り返し戦うこととなる。

遠交近攻策

今川氏と上杉氏との関係では、義元時代の対北条氏との関係で親交策がとられ、氏真《うじざね》時代になると対武田氏との関係で同様の策がとられる。戦国時代特有の遠交近攻策である。

以上の状況の中で、関東甲信越における北条・武田・上杉氏の三者の間では、時に同盟し、時に離反・敵対するといった複雑な関係を織りなしながら、それぞれが強大な地域国家を形成していくのである（拙稿「群雄の台頭と戦国大名」、同編『日本の時代史12　戦国の地域国家』吉川弘文館、二〇〇三年）。

第二　義元の生い立ちと家督継承

一　出生と出家修行

義元の出生

義元は、今川氏親《うじちか》を父とし、中御門宣胤《なかみかどのぶたね》娘（後の寿桂尼《じゅけいに》）を母として、永正《えいしょう》十六年（一五一九）に生まれた。これは、今川氏の諸種の系図で、義元が永禄《えいろく》三年（一五六〇）に尾張国《おわりのくに》桶狭間《おけはざま》で織田信長《おだのぶなが》に敗れ、戦死した時の行年《ぎょうねん》が四十二歳と記されていることから、数えで逆算したものである。では、義元は、氏親の何番目の子かということになると、これは簡単に決めがたい。系図によってまちまちに記されているが、女子を除いて、男子だけでいえば三番目の子であるというのが比較的共通して見られる。すなわち、嫡男氏《うじ》輝《てる》、二番目が後述する義元家督相続の際に立ち塞がった玄広恵探《げんこうえたん》であり、義元はその次ということになっている。氏輝は、先述したように永正十年（一五一三）の生まれであり、玄広恵探は、「今川系図」に天文《てんぶん》五年（一五三六）に自害したときの年齢が二十歳と記されていることから、永正十四年生まれとなる。

彦五郎

しかし、この三名以外に、天文五年（一五三六）に氏輝と同時に亡くなった彦五郎という人物がいる。この彦五郎の生年はわからない。

象耳泉奘

さらに、南都唐招提寺《とうしょうだいじ》関係の史料（「招提千歳伝記」『続々群書類従』一一巻上之三伝律篇他）に、駿州今川氏の人で、華蔵山《かぞうさん》で剃髪した象耳泉奘《しょうにせんしょう》が第五十七世として見え、天正《てんしょう》十六年（一五八八）に七十一歳で没したと記されている。逆算すれば永正十五年（一五一八）の生まれということになる。この人物について、信頼できる同時代の史料に、氏親の子とか義元などの兄弟であるということを記したものはない。しかし、泉奘自身が弘治《こうじ》三年（一五五七）に華蔵山遍照光寺《へんしょうこうじ》の住侶として書写した書物（「南山北義見聞私記」唐招提寺所蔵）の巻末に、「抑《そもそも》天文丙申牟盾《ひのえさるむじゅん》の年、真俗什具《じゅうぐ》劫奪の時、今抄亦散失し畢《おわんぬ》」と記している。「天文丙申牟盾」とは、今川氏の家督相続をめぐる天文五年の花蔵《はなぐら》の乱のことで（第一節参照）、泉奘はこの乱に実際に遭遇していたと思われ、状況証拠からではあるが義元の兄弟と見てもよいであろう（川瀬一馬「泉奘律師」唐招提寺戒学院鑑真大和上頌徳会編『唐招提寺論叢』桑名文星堂、一九四四年）。

氏豊

以上の子供以外に、尾張国那古野《なごや》今川氏の養子に入ったとされる氏豊《うじとよ》がいる。これは天文二年七月に尾張国勝幡城《しょばた》（愛知県稲沢市）に滞在中の京都公家山科言継《やましなときつぐ》がその日記『言継卿記《ときつぐきょうき》』（二十三日条）に、蹴鞠《けまり》門弟となった「那古屋十二歳今河竹王丸」と蹴鞠に興じ

今川義元の男子兄弟図（丸数字は駿河国守護代数）

⑦今川氏親＝中御門宣胤娘（寿桂尼）
- ⑧氏輝　永正十年生
- 彦五郎（氏輝と同日死去）生年不詳
- 玄広恵探（花蔵殿）永正十四年生
- 象耳泉奘（駿河遍照光寺僧）永正十五年生
- ⑨義元（方菊丸・梅岳承芳）永正十六年生＝武田信虎娘（信玄姉）
  - ⑩氏真
- 氏豊（尾張那古野城主）大永二年生

たことを記している。この記述から氏豊は大永《だいえい》二年（一五二二）の生まれということになる。

氏親の女子

これらの人物が義元の兄弟であるとするならば、生年順に氏輝・彦五郎・玄広恵探・象耳泉奘・義元・氏豊の六人兄弟ということになる（上掲「今川義元の男子兄弟図」参照）。また、女子については、『続群書類従』所載の「今川系図」には、中御門宣綱《のぶつな》室と北条氏康《うじやす》室の二人が記され、「浅羽《あさば》本系図」（東京大学史料編纂所所蔵）所載の「今川系図」には、他に関口氏広室・牟礼《むれ》郷右衛門室の二人が記されている。小和田哲男氏は、これら以外にも瀬名《せな》氏俊《うじとし》室・小笠原春茂《はるしげ》室・鵜殿長持《うどのながもち》室も氏親の娘で、義元の兄弟姉妹は義元を含めて六男七女であったとされている（『今川義元』）。

兄弟・姉妹の母親

では、これらの兄弟・姉妹の親は誰かということになるが、父親はいうまでもなく氏親である。ただ、中には実子ではなく養子であった者もいたとも考えられるが、史料的には明らかにし難い。問題は母親であるが、氏親の正室は、先述のように京都公家中御門宣胤娘である。系図の上でこの女性を母とするのが氏輝と義元であり、彦五郎もその可能性が高い。

側室福島氏女

それに対して、玄広恵探は、諸種の系図に「母福島安房守《くしまあわのかみ》女」とか、「母福島左衛門女」と記されており、氏親の側室に福島氏の娘がおり、彼女が母であったということになる。福島氏は「くしま」と呼び慣わされていたようであるが、氏親の先代義忠時代から今川氏の家臣としてその名が見え（二―二四六五）、氏親時代には、遠江国《とおとうみのくに》にかなり広範囲に一族で勢力を張っていたようである。氏親がこうした有力家臣の福島氏から側室を迎えていたとしてもおかしくない。永正年間前期に福島左衛門尉助春《さえもんのじようすけはる》なる者が、遠江国高天神城《たかてんじんじよう》（掛川市上土方）主であったと思われ（三―四五二）、玄広恵探の母が、この娘であった可能性は高い。女子についてみると、先述の中御門宣綱室と北条氏康室の二人の母は、寿桂尼と記されている。他の女子や象耳泉奘・氏豊の母親は不明である。

玄広恵探の出家

さて、義元兄弟の内、長子氏輝、次子彦五郎、末子氏豊の三名は、俗人として生涯を過ごしたが、三子玄広恵探、四子象耳泉奘、五子義元の三名は、幼くして寺に預けられ出家修行者としての道を歩んでいる。玄広恵探は、駿河国志太郡《するがのくにしだぐん》花倉の律宗《りつしゆう》遍照光寺に預けられ、最初良真《りようしん》と名乗り、その後玄広恵探となり、のち東栄大徳《とうえいだいとく》とも称された。また、地名を取って花蔵殿とも呼ばれていた。象耳泉奘については、前述したように年代ははっきりしないが、遍照光寺で剃髪、住持したあと、京都へ上り泉涌寺《せんにゅうじ》住持を経て、南都唐招提寺住持となり、最後は天正十六年（一五八八）五月十八日に大和伝香寺《やまとでんこうじ》長老として亡くなっている（『多聞院日記《たもんいんにっき》』同月二十三日条）。

義元の入寺

そして義元は、童名は方菊丸《ほうぎくまる》（「今川家略記」増善寺《ぞうぜんじ》所蔵）で、大永初年に駿河国富士郡善得寺《ぜんとくじ》に入寺した模様で、のち太原崇孚《たいげんそうふ》雪斎《せっさい》に従って京都に上り修行して、梅岳承芳《せんがくじょうほう》という僧名をもらっている。

彦五郎養育の理由

氏親が、第一子、第二子を俗人として養育したのはなぜか。第一子氏輝は今川氏嫡男として家督を継承するためであったことから当然のことであるが、問題は次子と考えられる彦五郎を、三子以下とは異なって俗人として養育したのはなぜかということになる。

彦五郎の仮名

氏輝の仮名《けみょう》（通称）は五郎であったが、彦五郎という仮名も今川氏にとっては五代範《のり》忠《ただ》、七代義忠《よしただ》がいずれも名乗っていたように由緒のある仮名で、おそらく病弱の嫡男氏輝に不慮のことがあればそれに代わり今川氏の家督を継がせようとして手元に置いていたのではないかと思われる。

兄弟入寺の理由

次に、第三子以下五子までの三名を早くから仏門に入れたのはなぜかということである。武家であれば、骨肉を分けた信頼できる肉親を数多く一族として抱えておくことによって、勢力を伸張させることができるというものである。現に、北条氏などは、代々の当主の兄弟はほとんどすべてが俗人として育てられ、北条氏の勢力拡大とともに各地の伝統的豪族に養子に入れたり、拡大する領国の支城主に据え、それぞれがその繁栄に貢献しているのである。それに対して、氏親が、そうした道を選ばず三名の男子を僧籍に入れたのはなぜか。

家督争いの防止

その理由としてまず考えられるのは、今川氏は、これまで二度にわたって家督相続をめぐって兄弟間や一族内で争いが生じた苦い経験を有していたことにより、氏親は、自分の死後に再び家督争いが起きないように、家督を相続する嫡男以外の男子は僧籍に入れることを選んだのではないかということである。その際、嫡男氏輝が病弱であったことを考え、次子の彦五郎だけは俗人のままおいておいたのであろう。なお、末子氏豊については、氏親が没した時はまだ数えで五歳で、尾張那古野今川氏を相続したのは、氏親が没したあとのことと考えられる。さしあたりは手元で養育していたのであろう。

中世の寺社勢力

ただ、三名の子供を僧籍に入れたのは、そうした家督相続に伴う内紛を回避するという消極的な理由だけでなく、氏親が、この時代における宗教界の役割を熟知していたがためと思われる。中世においては、中央のみならず地方における有力寺社によって形成されていた宗教的世界というものが、武家領主によって成立していた世界とともに、今ひとつの政治・経済・社会勢力として存在していたことはすでに指摘されているところである（黒田俊雄『寺社勢力―もう一つの中世社会―』岩波新書、一九八〇年）。戦国期には、そうした寺社勢力の力は衰えつつあったとはいっても、なお一定の力を持っていたといえる。

寺社の役割

　すなわち、中央の権門寺院のみならず、それらに結びつく地方寺院や神仏習合《しんぶつしゅうごう》のもとにおける神社・社家といった寺社勢力は、社会的・政治的支配にとどまらず、この時代の思想や学問、文学や美術、芸能から教育などの分野で果たした役割は極めて大きかったといってよい。それは、求道者としての超世俗的な高僧・名僧のみならず、本来の仏法教学を担う学侶や寺社を実質的に運営する行人や神人《じにん》、さらには、社会的・経済的に寺社を支え、信仰圏の維持、拡大をはかり、在地や民衆と寺社とを結びつける役割を果たした御師《おし》・先達《せんだつ》、あるいは全国的に修行しながら教義や呪術を広げ、各地の情報を収集し、伝播する役割を担う聖《ひじり》・山伏など、多様な役割を持つ宗教者によって構成されていた。彼らの持つ在地や民衆に対する影響力や人的関係は、群雄の割拠する戦国の世にあっても、一つの世界を形作っていたといえる。

今川家の習い

　今川家では、遡れば始祖国氏《くにうじ》の孫である四郎を僧籍に入れ、のち鎌倉浄妙寺《じょうみょうじ》・円覚寺《えんがくじ》・建長寺《けんちょうじ》の歴代住持を勤めた大喜法忻仏満《たいきほうきぶつまん》禅師と呼ばれた高僧が出ている。また、三代当主泰範《やすのり》も初め建長寺の僧であったが、兄氏家《うじいえ》の没後還俗《げんぞく》して家督を継いだ例があり、嫡子以外の子供の中には僧籍に入れる習いがあったといえる。

氏親の方策

　氏親は、曹洞宗《そうとうしゅう》に帰依《きえ》していたが、玄広恵探と象耳泉奘を律宗の遍照光寺に入れ、方菊丸（義元）を臨済宗の善得寺に入れている。当時の仏教界で、これらの宗派がなお有力な教線を張っていたためであったと考えられる。氏親は晩年、病身であったとされているが、今川家の将来を見通してこのような方策を採ったと考えることができよう。

善得寺とは

さて、義元が幼くして入寺、修行した臨済宗善得寺はどのような寺院であったであろうか。善得寺の前身は、貞治《じょうじ》二年（一三六三）に、鎌倉円覚寺の開山仏光禅師《ぶっこうぜんじ》（無学祖元《むがくそげん》）の門下太勲□策によって駿河国富士郡須津庄《すどのしょう》（富士市）に創建された天寧庵《てんねいあん》と考えられる。その後、当時同庄の惣領主であった関東管領執事の上杉憲藤《のりふじ》らが天寧庵にかわって同庄に福王寺を建立して、太勲を招いて開山とした。その後、応安《おうあん》五年（一三七二）三月太勲の死を契機として善得寺と改められたのである（今枝愛真「戦国大名今川氏と禅宗諸派」）。さらに、応永《おうえい》二十四年（一四一七）七月に今川範政《のりまさ》が徳仲《とくちゅう》□景禅師を三世として招くことによって今川氏の氏寺となり、富士郡今泉（富士市）の地に寺門が繁栄し、富士川以東第一の伽藍となっていた。当時の善得寺の山号は大富山であった。

永享《えいきょう》六年（一四三四）には、鎌倉公方足利持氏《もちうじ》の将軍義教《よしのり》に対する反旗の動きが強まったいわゆる「関東野心現行」に際して、今川範忠などとともに善得寺の僧から幕府将軍の護持僧山城醍醐寺満済《まんさい》に注進状が届けられており（『満済准后日記《じゅごうにっき》』十月二十八日条、二―一八五六）、関東に接する当寺が東国の情報を通報する役割を担っていたことがわかる。その後、氏親の時代の延徳《えんとく》二年（一四九〇）には、京都相国寺《しょうこくじ》慶雲院《けいうんいん》の院主《いんじゅ》の黙堂寿昭《もくどうじゅしょう》を五世に招請し、多大の寺領を寄進したとされている。黙堂は当時著名な京都五山の学僧であった。

兵乱と善得寺

その後、天文六年（一五三七）の北条氏の駿河侵攻に際しては、兵火にあって伽藍がすべて焼失したが、天文十四年に今川氏が北条氏占領地を奪還すると雪斎が再建し、山号を富士山に改めたという。義元時代に作成された「駿河国臨済寺塔頭《たっちゅう》・末寺帳」（三—一二七八二）によれば、当寺の塔頭として開山塔天寧庵をはじめとして一〇か所、末寺としては富士郡須津の天寧寺をはじめとして一七か寺を擁する大寺院であった。末寺の所在は、富士郡に二か寺、駿河郡に一四か寺、伊豆国田方郡《たかたぐん》戸田《へだ》（沼津市）に一か寺であって、今川領国の東部にその教線が張られ、関東の兵乱に対する抑えの役割を果たしていたともいえる。その内駿河郡の一か寺阿野庄井出郷（同前）の真如寺《しんにょじ》は、天文十八年二月二十

興国寺城の築城

八日付の義元判物《はんもつ》で、善得寺末寺であった興国寺《こうこくじ》の敷地に城郭を構えたので、断絶した蓮光寺《れんこうじ》道場の改替《かいたい》として真如寺と寺号を改め、寺領を寄進したことが記されている（三—一九二三）。これは、興国寺城の築城時期に関わる唯一の史料といえる。

善得寺の構え

次に、永禄《えいろく》十二年（一五六九）五月に、武田信玄《しんげん》が駿河国に侵攻して今川氏真《うじざね》が遠江国懸《かけ》河城《がわじょう》にあった時、今川氏支援のため駿河国に兵を送った北条氏が、善得寺城に大藤《だいとう》左

近右衛門を置いて守備させたことが『家忠《いえただ》日記増補追加』（三―三七三一）に見える。果たしてどの程度の構えであったか不明であるが、善得寺は寺院としての構えだけでなく、いつの頃からか軍事施設としての備えもなされていたと思われる。こうしたことから先述したように氏親の家督相続において功績のあった北条早雲《そううん》に与えられた城が一般に興国寺城であったとされているが、むしろ善得寺城であった可能性も考えられるのである。

善得寺城絵図

近世（一八世紀後期）になって調整されたものであるが、安芸藩《あきはん》浅野家の「浅野文庫蔵諸国古城之図」（広島市立中央図書館所蔵、矢守一彦編、新人物往来社、一九八一年）には、本丸を含めて四つの曲輪《くるわ》を有する善得寺城の絵図が載せられている（もっとも、この城絵図は興国寺城のものであるという説もある）。

逸話の舞台

このように善得寺の果たした役割やその構えは、後述する天文末年に成立した今川・武田・北条氏の駿甲相《すんこうそう》三国同盟が、当寺で実際に今川義元、武田晴信《はるのぶ》（信玄《しんげん》）、北条氏康が会盟して結ばれたというういわゆる「善得寺の会盟」の逸話が作り出された要因でもあったと考えられる。いずれにしろ、義元の時代になると当寺を舞台としてのさまざまな歴史が織りなされたのである。

太原崇孚雪斎の出自

義元を師範した太原崇孚雪斎については、天正十五年（一五八七）十月六日に駿河国善得寺仮屋で行われた雪斎三十三回忌での当時の同寺住持東谷宗杲《とうこくそうこう》の「護国禅師雪斎遠諱香

太原崇孚雪斎木像（長慶寺蔵）

語写」（以下、「雪斎遠諱香語写」とする。四―一九三三）に、その生涯のあらましが記されている。それによると、父は庵原《いはら》氏、母は興津《おきつ》氏で、幼きより仏道に励み、京都建仁寺《けんにんじ》に留まって一八年間にわたって、同寺護国院の常庵竜崇《じょうあんりゅうそう》長老の衣食を世話して、唐の禅僧馬氏道一《ばしどういつ》の故事に習って、郷里に帰ることなく日夜寝食や寒暖のことを忘れたように修行に励み、教学と知識を磨いたということである。また、雪斎は、弘治元年（一五五五）十月十日に亡くなっているが、その遺偈《いげ》（禅僧が辞世の際に詠んだ漢詩文）に満六十歳と詠んでいる。それから逆算すると生年は明応《めいおう》五年（一四九六）ということになり、義元より二十四歳年上であることがわかる。

父庵原氏

父である庵原氏については、関係史料に乏しいが、駿河国庵原郡庵原郷（静岡市清水区）を本貫《ほんがん》とする在地領主で、戦国期今川氏の譜代《ふだい》の一人であったことは、氏親によって制定された「今川かな目録」第二〇条（三―九一六）にその姓氏が見えることからも窺える。この条文は、家臣が知行を担保として借金した際にその救済を申し出ることを禁じたものであるが、その中で明応年中の庵原周防守《すおうのかみ》の借債については、今川氏が譜代の忠功によって特段に肩代わりしたことが記されている。このようにこの時期、今川氏にとって庵原氏は料所《りょうしょ》（今川氏直轄地）を削ってでも救済しなければならない譜代の家臣であったのである。また、弘治年間には庵原左衛門尉なるものが、当時駿府に下向し滞在していた山科言継と交流していることが『言継卿記』（三―二二七四など）に見える。

母興津氏

一方、母方の興津氏については、やはり庵原郡興津郷（静岡市清水区）を本貫とする在地領主で、今川氏歴代当主から与えられた文書が数多く伝来しており、その動静がある程度わかる。まず、今川氏親が内紛の末当主の地位について間もない長享《ちょうきょう》二年（一四八八）七月二十八日に、興津彦九郎なる者が本知行地を安堵され、新たに佐多宮原《さたみやはら》（静岡市清水区薩埵）分を給与されている（三―一一七）。文亀《ぶんき》年間（一五〇一～〇四）には、同じく彦九郎が興津郷の棟別銭《むねべちせん》を免除され、一〇艘の内五艘の船役も免除されている（三―三一七・八）。このことから、興津氏は数多くの船と立仕（船乗り）を抱え、漁業のみならず、水運や水軍の将として活躍していたことがわかる。その後についても、一族の者が連歌師《れんがし》宗長《そうちょう》（三―八三九～四〇）や駿府滞在中の正親町三条実望《おおぎまちさんじょうさねもち》・三条公兄《きんえ》らと交わっており（三―八八三・一〇〇九）、天文三年七月十三日には、氏輝が、興津正信《まさのぶ》に対して上記の駿遠《すんえん》両国の当知行分を安堵し、さらに、子の弥四郎信綱《のぶつな》を馬廻《うままわり》としている（三―一二八七）。

以上のように、庵原氏にしても興津氏にしても今川氏の譜代の家臣として重要な位置にあったといえるし、また、駿府の社交界においても活躍していた様子が窺える。雪斎はそうした家柄の両親の間に生まれているのである。

雪斎の入寺

雪斎は、天文十三年（一五四四）二月二十四日に、京都妙心寺《みようしんじ》大休宗休《だいきゆうそうきゆう》によって亡父庵原世順良朝《せいじゆんりようちよう》庵主の四十年忌の仏事を行っている（「駿陽藤氏庵原世順良朝庵主四十年忌拈香語《ねんこうご》」、三―一六七三）。これから数えて、雪斎の父は、永正元年（一五〇四）に亡くなったということになる。そのとき雪斎は、数え九歳であった。雪斎が仏門の道に志したのがいつなのかはっきりしないが、この父死没が契機になったのではないかと考えられる。

では、雪斎は最初どの寺に入寺したのか。これについてはこれまでは、まず駿河国善得寺に入って、そのあと京都建仁寺に移ったのではないかとされてきたが、そのことを示す明確な史料は残されていない。前述したように幼きより学に志し、京都建仁寺護国院の常庵竜崇長老の下で、一八年間修行したことしかわからない。おそらくその間に剃髪して、九英承菊《くえいじようぎく》と名乗ったのであろう。雪斎と見えるのは、天文十年代以降のことである。

氏親の招き

雪斎は、大永二年か三年に今川氏親より、幼き義元（方菊丸）の師範として三顧の礼で招き呼び寄せられたことにより、駿河に帰国し、善得寺で方菊丸を指南し始めたようである。一方、前記「雪斎遠諱香語写」には、駿河国善得寺の住持を四〇年余り勤めた五世黙堂寿昭が没すると、氏親は同族の吉良《きら》氏の出の京都天竜寺の僧である琴渓《きんけい》承舜《じょうしゅん》を六世として招請したことが記されている。この琴渓承舜は享禄二年（一五二九）五月に亡くなっており、善得寺にあったのは大永四年（一五二四）からわずか六年という短い期間であったが、その間に方菊丸に承芳という諱を与えている。そして、前記「雪斎遠諱香語写」では「舜に二神足あり、いわく九英承菊、いわく梅岳承芳」と記されている。「舜」は琴渓承舜のことであり、「二神足」とは優れた二人の門弟・弟子という意味であろう。二人の九英承菊と梅岳承芳とは、それぞれ雪斎と義元のことである。雪斎は、駿河帰国後は善得寺に入り、琴渓承舜を師と仰いでいたことがわかる。なお、承芳の梅岳という道号（字）は後述のように常庵竜崇から与えられたものである。

雪斎の上洛と帰寺

享禄四年（一五三一）、雪斎は前関白《さきのかんぱく》近衛《このえ》尚通《ひさみち》と書状のやりとりを行っている（三―一一一・二四）。その後、承芳を伴って再び上洛し、建仁寺で三年間修行を続け、京都の公家や文化人との交わりを深めて、その才能や知識が高く評価されていた。そして、前記「雪斎遠諱香語写」によれば、当主氏輝より、駿甲間で戦乱の気配が生じてきたことにより、帰国するように要請され、善得寺に帰寺している。天文二年（一五三三）十二月には、東国下向の途次の京都仁和寺《にんなじ》僧正尊海《そんかい》が、藤枝の長閑寺に立ち寄って、雪斎と義元との三人で和漢会を興行した。その際の発句が尊海の紀行文「あつまの道の記」に見える（三―一一四〇）。

ゆきやらてはなや春まつ宿の梅　喜卜《きぼく》（尊海）
友三話歳寒　九英（雪斎）
扣氷茶煎月　善徳〔得〕寺承芳（義元）

冬の寒さ厳しい中で春を待つ心情が込められた発句《ほっく》の一折《ひとおり》といえる。義元のその後の激動の後半生に比べると静の時代であったといえよう。

義元の入寺

義元が、いつどこの寺に最初に入って仏門に帰依するようになったかについてもはっきりした記録はない。ただ、前掲した大永六年（一五二六）の「今川氏親葬儀記」に、玄広恵探のことである「花蔵之御曹司　御伴衆」とともに、義元のことを「善徳〔得〕寺御曹司　御伴衆」と記されていることから、すでにこの時に善得寺に入寺していたことがわかる。義元八歳の時のことである。この時の善得寺住持は、氏親が招請した琴渓承舜であるが、しかし承舜は享禄二年に亡くなっている。

義元の剃髪得度

享禄三年（一五三〇）には、雪斎の師である常庵竜崇の兄である駿府居住の素純《そじゅん》法師が亡くなり、その弔問のために駿府を訪れた竜崇は、琴渓承舜の一周忌を導師として五月二十日につとめ、翌年四月まで駿府に滞在し京都に帰るが、その間に、義元の剃髪得度《とくど》を執り行っている。義元は、駿府にあった祖母北川殿（氏親母・早雲姉）の旧宅を改めて善得院（静岡市葵区）として、そこに住した。

建仁寺での修行

その後、雪斎と承芳は前述のように再び上洛して、竜崇のいる建仁寺護国院に入り、三年間修行をしている。その間に、承芳は竜崇に代わって月舟寿桂《げつしゅう》より、梅岳についての字説をもらっている（三―一二四二）。その謂われは、その才の高きを栴檀《せんだん》は双葉より芳しいの故事になぞらえたものである。そして、前述のように駿甲の関係が難しくなってきたことにより、氏輝から呼び寄せられ帰国している。天文二年（一五三三）には、たび たび善得院で冷泉為和《れいぜいためかず》を指南としての歌会が行われている（三―一一九九・一二二八・一二三七・一二四四）。また、天文四年五月二十日には、承舜の七回忌を承芳の懇請により竜崇によって善得院で執り行われている（三―一三三七）。なお、少なくとも天文四年には、再び京都にあって、当時最高の文化人であった三条西実隆《さんじょうにしさねたか》などと交わっていたことが、後述する義元の実隆宛の書状から窺える（三―一三八五）。

雪斎と義元

以上のように雪斎と義元は、駿河国にあっては、善得寺や善得院で仏道に仕えるとともに、駿府を中心とする社交界で活動し、また、京都にあっては有数の僧や公卿、文化人と交わり、幅広い人脈を築き、さまざまな経験をして知識と素養を高めていたといえる。このことを抜きにしてこれ以後の義元の生涯を語ることはできないであろう。その画期となったのが天文五年（一五三六）三月十七日に引き起こった当主氏輝と次弟彦五郎の同日における死去で、この不慮の事態を契機に今川氏および今川領国は激動に見まわれることとなる。義元、雪斎はその渦中にあって、危難を克服し、今川氏を隆盛に導くのである。

二　花蔵の乱と義元家督相続

三つの謎

義元が出家者の身から還俗して十八歳で今川氏の家督を相続し、東海道筋の駿遠参三か国にまたがる巨大な戦国大名領国を築き出す、その出発点ともいうべき天文五年（一五三六）三月から翌年二月にかけてのわずか一年の間に、解き明かすことのむつかしい三つの謎が秘められている。

氏輝・彦五郎の死

その一つは、天文五年三月十七日に、長兄であり今川氏の当主であった氏輝とその後継者とも目されていた次兄の彦五郎が同日に亡くなっていることである。氏輝はその時二十四歳であり、彦五郎はそれより数歳年下であって、なぜ、二人ともそのように若くして、しかも同日に亡くなるといったようなことが起こったのか、それが第一の謎である。

寿桂尼の行動

第二の謎は、上記の事態を受けて、今川氏では後継者をめぐって、いずれも出家者であった義元の三番目の兄であった玄広恵探と義元、すなわち梅岳承芳との間で領国を二分するような激烈な争いである花蔵の乱が引き起こるのであるが、その渦中で義元の実母である寿桂尼が、なぜ「花蔵（玄広恵探）ト同心」という不可解な行動をとったのかということである。

外交戦略の転換

第三の謎は、花蔵の乱に勝利し、還俗して当主の地位についた義元が、翌年二月に、それまで今川氏とは敵対関係にあった武田信虎《のぶとら》の娘を正室に迎えたことである。今川氏は、北条早雲《そううん》以来北条氏と同盟関係にあり、氏親と寿桂尼の間の娘の一人は早雲の嫡孫で三代目当主となる北条氏康の正室となっている。また、天文四年八月には、今川氏と北条氏の連合軍が、甲斐国に侵攻し武田勢と戦ったばかりであり、天文五年二月には、今川氏輝が北条氏の本城のある小田原に出かけ歌会に参列しており、両者はまさに蜜月の関係にあったといってもよい状態であった。にもかかわらず、義元の最初の外交策は、武田氏と同盟関係を取り結び、北条氏との関係を断つことであった。その結果、駿河国の東部の富士川以東に北条氏の侵攻を受け、河東一乱《かとういちらん》と呼ばれる一〇年近くの領国争いを余儀なくされたのである。なぜ義元はそれまでの今川氏の外交戦略を百八十度変えたのか、それが第三の謎である。

以下、これまでの研究をふまえて、また、残された史料を駆使して可能な限りその真相に迫ってゆきたい。

小田原歌会

天文五年二月五日に、氏輝の参列した北条氏二代目当主氏綱《うじつな》主催の歌会が小田原で行われたことが、氏輝に同伴した冷泉為和の歌集『為和集』(三―一三六四)に記されている。そしてその三日前の日付で、北条氏は、伊豆国那賀郷《なかごう》(松崎町)百姓中に対して、「駿府の御屋形(氏輝)」が来ることになっていて、そのための普請に必要なことから、急ぎ未進となっている箱根竹を上納するようにと催促をした朱印状《しゆいんじよう》(三―一三六三)を発給している。北条氏は、氏輝の小田原来訪のために新たな建造物を普請しようとしていたことがわかる。二月二日に那賀郷に催促しているのだから、到底五日に行われた歌会の会場設営のためとは考えられない。それとは別に何らかの建造物の造営を考えてのことと思われる。

氏輝の長期滞在

ということになれば、氏輝の滞在はかなり長期にわたったものと思われる。現に、歌会に同伴していた冷泉為和は、二月十三日に小田原城で氏綱《うじつな》の次男北条為昌《ためまさ》主催の歌会や翌十四日の嫡男氏康主催の歌会に出ており、三月五日には熱海《あたみ》で開かれた歌会で和歌を詠んだことが同じ歌集に記されている(三―一三六六)。おそらく氏輝もそれらに同席していたであろう。ということになれば、氏輝は、およそ一か月近くにわたって小田原に出かけていたことになる。

歌会の目的

その目的は、単に歌会に参列するといったようなことではなく、これより以前、数年にわたって今川氏が甲斐《かい》の武田氏とたびたび交戦をし、北条氏もそれを支援していたことを考えれば、北条氏と今川氏の首脳間で早雲以来の同盟関係を再確認し、今後の対武田戦略を協議したと考えてよいであろう。

氏輝・彦五郎の同日死去

ところが、氏輝は、駿府に帰国しておよそ半月後に急死するのである。しかも、病弱の氏輝が不慮の場合には代わって家督を継承する予定になっていたと思われる次弟彦五郎も同日に亡くなっている。それについては、氏輝の小田原訪問に同道した冷泉為和が、「今月（三月）十七日、氏輝死去、同彦五郎同日遠行」（三―一三六七）と記している。また、武田氏の家臣駒井《こまい》政武《まさたけ》の日記『高白斎記《こうはくさいき》』にも「今川氏照〔輝〕・同彦五郎同時ニ死ス」（三―一三六九）とあり、それまで敵対関係にあった今川氏と武田氏のそれぞれ中枢に近い立場にあった二人が書き残しているということから、氏輝と彦五郎の同日の死去は疑問の余地がないといえよう。

また、甲斐国都留郡勝山《つるぐんかつやま》（山梨県富士河口町）の日蓮宗常在寺《じょうざいじ》僧侶によって戦国期の東国の社会情勢や領主の動向が書き継がれた年代記風記録である『妙法寺記《みょうほうじき》』にも「駿河ノ屋形御兄弟死去メサレ候」（三一―一三七〇）と記されている。さらに、北条氏のみならず関東の守護神である鶴岡《つるがおか》八幡宮寺《はちまんぐうじ》相承院《そうしょういん》の僧都《そうず》快元《かいげん》による同宮寺造営日記である『快元僧都記』の三月十八日条には、今川殿（氏輝）の不例（病気）のことが伝わり、鎌倉の建長寺と円覚寺の僧たちが病気平癒の祈願のために大般若経《だいはんにゃきょう》を読誦《どくじゅ》していたが、十七日に死去したとの注進があり、すぐさま経席を退いたということが記されている（三―一三六八）。記述の調子から氏輝の思わぬ急死の報と考えてよいであろう。氏輝二十四歳、彦五郎二十歳余りのことである。

氏輝の急死と作為

ということになれば、病弱であった氏輝が、病が高じて死去したというような単純なこととは考えられない。また、氏輝と彦五郎が同日になくなったのは単なる偶然であるともいえないであろう。そこには何らかの人為的作為があったと考えなければならない。とすれば、それは誰の意思によるのかが問題となる。しかし、それを究明する手だては残されていない。

彦五郎とは

彦五郎については、上記の『為和集』と『高白斎記』の記事以外に、その事績を窺える史料はほとんど残されていない。ただ、江戸時代後期に桑原黙斎《くわばらもくさい》によって著された地誌である『駿河記』の志太郡《しだぐん》築地《ついじ》天岳山《てんがくさん》円良寺《えんりょうじ》（藤枝市）の項に次のような記載がある。

当寺、ふるくは安倍郡慈悲尾増善寺末寺也、今川家定源院《じょうげんいん》菩提寺《ぼだいじ》也、客殿に竜雲《りゅううん》

寺殿《じどの》・定源寺殿の位牌を建つ、定源寺殿寂庵性阿弥陀仏俗名今川彦五郎○義元同胞 天文五年丙申三月十七日卒

諡号

ここから、彦五郎の諡号が「定源寺殿寂庵性阿弥陀仏」であったことがわかる。竜雲寺殿とは寿桂尼の諡号《しごう》である。彦五郎の殿号が定源寺殿であるならば、天文十九年（一五五〇）十一月十七日付の同寺宛の寿桂尼朱印状（三―二〇一六）に見える、漆畠の三反の田地を「定源院殿茶湯のため寄付せしむ、香花等永く怠転あるべからざるもの也」という記載も彦五郎の供養のためのものといえる。また、前年の十月四日付で駿河国庵原郡梅か谷真珠院（静岡市清水区）宛に出された寿桂尼朱印状（三―一九四七）に見える「当院寂庵性阿いはいを立てをく処ニ、大破ニをよぶの間」修理香田として田地一町四反を寄附するという記載も彦五郎の供養のためであるといえる。これには義元の袖判《そではん》も据えられている。今川氏とくに寿桂尼が彦五郎の供養に意を用いていたことがわかる。

政変の始まり

いずれにしろ、氏輝と彦五郎の同日死去は、今川家に引き起こった政変の始まりであり、その後の花蔵の乱・河東一乱と続く激動の出発点となったのである。

花蔵の乱とは、後継当主をめぐる今川氏の家督争いである。河東一乱とは、その翌年に引き起こった今川氏と北条氏との駿河国東部の領有をめぐる戦乱である。

花蔵の乱

先掲した『快元僧都記』の天文五年五月十日条（三―一三七六）には、氏輝卒去により善徳〔得〕寺殿（義元）と花蔵殿（玄広恵探）との合戦が起こり、そのため駿河よりの材木が調達

できず、鶴岡八幡宮寺の仮殿への遷宮が延期されたことが記されている。為和の歌集『為和集』には、四月二十七日のこととして「今日より乱が初まる也」（三―一三七二）と記されている。

玄広恵探が、花蔵とか花蔵殿と記されているのは、修行している寺院である律宗遍照光寺が志太郡花倉に所在したためである。本書でも、以下玄広恵探のことは花蔵と記し、地名の場合は花倉と記すことにする。

花倉の地

花倉の地であるが、中世では駿河国の益頭郡《ましづぐん》と有度郡《うどぐん》との郡境近くの高草山《たかくさやま》を境として西の志太郡と益頭郡を山西《やまにし》と称し、東の有度郡・安倍郡・庵原郡を山東《やまひがし》と称していた。また、富士川以東の富士郡と駿河郡は河東と称されていた。花倉は、その山西のほぼ中心に位置する葉梨庄《はなしのしょう》（藤枝市）に属している。今川氏の初代範国《のりくに》が建武《けんむ》四年（一三三七）に志太郡葉梨庄の地頭職《じとうしき》を足利尊氏《あしかがたかうじ》より建武新政府樹立の勲功として宛行《あてが》われて（「今川氏古文章写」、二―一七八）以来、今川氏が駿府に本拠を移す以前の駿河支配の拠点であった。

駿府以前の拠点

遍照光寺は葉梨庄の西部に位置する花倉の地に今川氏二代範氏によって建立され、近くには今川氏館跡と称される場所が存在する。その北部の西方の山続きには花倉城が存在する。本城は南北朝時代に駿河守護に補任された今川氏が、駿府に拠点を移す以前に居城した城で、その後代々今川氏の支城として重要視されていたと考えられている。花倉のすぐ東の下之郷《しもの》（藤枝市）には、範氏次男の三代泰範によって長慶寺《ちょうけいじ》（同前）が建立されている。また、幕末に駿府浅間《せんげん》社前神主中村高平によって編まれた地誌『駿河志料』の記載によれば、下之郷には、今川氏譜代の家臣松井氏が屋敷を構えていたとされる小地名があり、北方には、今川氏一族の新野氏が屋敷を構えていたとされる新野という小地名もある。このようにこの葉梨庄地域は、今川氏にとって由緒のある土地であった。

今川氏由緒の寺院

玄広恵探が入寺した遍照光寺には、六代義忠の弟といわれる頼忠《よりただ》も明江珠顕《めいこうじゅけん》という僧名で住持を勤め、のち本寺である京都泉涌寺《せんにゅうじ》長老となっている（『泉涌寺史』資料編三〇九頁・本文編二六九頁、法蔵館、一九八四年）。このように花倉に所在する遍照光寺は、今川氏にとって重要な寺院であった。それゆえ、氏親は第三子の玄広恵探を入寺させたのであろう。続いて第四子の象耳泉奘も前述のように入寺していたと思われる。

家督を争う

ところが、氏輝と彦五郎の死によって、兄弟の玄広恵探と栴岳承芳、すなわち義元との間で、家督相続をめぐって争いが起き、玄広恵探は花倉城（葉梨城）によって戦うが、利あらず承芳方の今川氏重臣岡部親綱《おかべちかつな》らの軍勢の前に敗れ、すぐ近くの瀬戸谷（藤枝市）に逃れて自害（討死とも）する。この争いが一般に花蔵の乱と呼ばれている。

花蔵の乱の再評価

花蔵の乱については、これまで多くの研究者によって論じられ再検討・再評価されてきた。早い時期のものとしては、大久保俊昭氏によって、「今川氏輝の死、花倉の乱、家督継承直後の天文五年における義元政権の基本政策、さらには天文六年時における外交政策の転換などについて」、一連の流れとしてとらえることの重要性を指摘された論考がある（「義元政権の成立と初期政策についての一考察」『駿河の今川氏』九、一九八六年）。次に一九九一年に発表された前田利久氏の論考（「『花蔵の乱』の再評価」）は、乱の性格・規模について認識を一新させたものといえる。前田氏は、花蔵の乱は、それまで花倉の地で福島氏の娘を母とする庶兄の玄広恵探が今川氏の家督を継承しようとした義元に対して起こした反乱で、戦いは短期に決着がつき局地的なものであったとされていたのに対して、花蔵は地名ではなく、花蔵殿（玄広恵探）を示し、「駿府を挟んで駿河の東西に展開された抗争であり、義元擁立派と玄広恵探擁立派との政権抗争であった。さらにこの事件は単なる今川氏の内訌にとどまらず、外交上の問題に発展した」とし、翌年、義元がそれまでの北条氏との同盟関係を破棄し、武田氏と同盟することとなった外交政策の大転換へつながるものであったと評価された。

将軍御内書案

次に、新たな事実関係を指摘されたのが、翌年に発表された平野明夫氏の論考である（「今川義元の家督相続」）。平野氏は、室町幕府の武家故実書《こじつしょ》の一つである『大館記』に収載されている次のような一通の将軍御内書《ごないしょ》案（三―一三七三）の存在を指摘された。

御名字、御家督の儀御相続の段、聞し召され候。尤珍重の由、御気色《みけしき》候。仍《よっ》て御字御自筆を以てこれを遣わさる旨、仰せ出され候。御面目の至り目出存じ候。恐々謹言

五月三日　　　　　　　　　　　　　　　　　　左衛門佐晴光

謹上　今川五郎殿　　　　　　　　　　　　　　うら書大　館

この文書は、年次欠であるが、大館晴光《おおだちはるみつ》の在職時期や将軍から「義」という諱字を受けていることから、宛名の今川五郎とは義元のことであり、一方、天文五年八月三十日には梅岳承芳が還俗して義元を名乗った確かな文書（三―一三八七）が伝来しており、その以前ということから、この文書の年次は天文五年ということになる。とすれば、いわゆる花蔵の乱が起きるか起きないかの時期にすでに今川氏の家督相続についての幕府の判断が示されていたということになる。これは、従来、花蔵の乱の決着によって、その勝者である梅岳承芳が相続者として認知されたのだという見方を再検討させるものである。なお、時の将軍は、第十二代足利義晴である。

今川氏家督相続と幕府

義元と恵探の後援者

さらにこの乱に対する見方に一石を投じたのが、一九九三年に発表した拙稿（「今川義元の生涯」）である。それは先に第二の謎として挙げたこの乱における義元の実母寿桂尼の不可解な行動についてである。この乱における敵味方双方の人的構図について、それ

までは、前後の政治的・外交的関係や縁戚関係などから、義元側にはその師範である雪斎、およびそれまでの同盟関係にあった北条氏が後ろ盾となっていた。これに対して、玄広恵探側としては、その母方である福島氏が後ろ盾であった。そして義元の実母である寿桂尼は、当然のことながら義元側であったと考えられていたのに対して、私は、『高白斎記』（三―一三七八）の次の記述に注目した。

同（天文五年）五月廿四日夜、氏照〔輝〕ノ老母、福嶋越前守宿所へ行キ、花蔵ト同心シテ、翌廿五日未明ヨリ駿府ニオイテ戦ウ。夜中福嶋党久能へ引籠ル。

寿桂尼の花蔵同心

この氏輝の老母とは、いうまでもなく義元の母でもある寿桂尼のことである。その寿桂尼が、義元の敵方である福島氏の宿営地に行き、花蔵すなわち玄広恵探と同心したというのである。このことは従来認識されていた花蔵の乱の人的構図とは相容れないことになる。

今川氏と北条・武田氏の関係

また、二〇〇一年には、久保田昌希氏によって早雲と氏親以来の北条・今川氏の同盟関係の経緯と性格を論じた上で、この花蔵の乱から翌年に引き起こった河東一乱における武田氏を含めた三大名の関係を詳細に検討した論考が出されている（「今川氏と後北条氏—駿甲相同盟の政治的前提—」、同氏『戦国大名今川氏の領国支配』所収）。

以上の諸論考によって、花蔵の乱に対する認識がさまざまな点で大きく修正され、揺れ動くこととなり、その再構築が行われているところである。

乱の規模

さしあたり次のような経緯と両者の対立関係は確認できるであろう。

天文五年三月十七日に、当主氏輝とその後継者として予定されていた彦五郎が同時に急死することから、事態は動くのであるが、時をおかず先述したように氏輝によってすでに呼び戻されていた雪斎と梅岳承芳が、その京都における人脈を使って幕府に働きかけ、家督相続者としての正当性を示す将軍御内書を五月三日付で受けることに成功した。これに対して、異議を唱えたのが玄広恵探およびその母方の福島氏である。

しかしこの両者の対立は、単に当事者およびその周辺の間だけのことではなく、家臣団を二分するような対立を示しているのである。前田氏の指摘をもとに乱の敵味方に同調した家臣を表示したのが別表である。先述したように当時駿河国は山西・山東・河東と大きく三等分して捉えられていたが、乱において敵・味方に分かれて参加した家臣は、その所領・知行地などから見て、それらどの地域にも存在したことがわかる。また、遠江国に所領・知行地を有するものも含まれている。まさに、前田氏のいわれるように「領国を二分した戦い」であったといえる。

雪斎の活躍

前引の雪斎三十三回忌の香語写（四―一九三三）にも、以下のようなことが記されている。

花蔵の乱・敵味方同調者表

梅岳承芳(義元)方同調者	同調者拠所		出　典
富士宮若	駿河河東	富士浅間社	駿府古文書
由比光教	駿河山東	由比郷	由比文書
岡部親綱	駿府	駿府	岡部文書
			土佐国蠹簡集残編三
孕石光尚	遠江	原田庄本郷内孕石	孕石文書
平野弥四郎	駿河山西	市部郷	今川家瀬名家記
(清泰寺，重源坊，清長か)	駿河河東	富士大宮内	宮崎文書
三浦元辰	駿府	駿府	記録御用所本古文書
瀬名陸奥守氏貞	〃		今川記
興津彦九郎	駿河山東		諸家文書纂興津文書

玄広恵探方同調者	乱後没収地		出　典
福嶋弥四郎	駿河河東	須津庄代官職	多門坊文書
福嶋彦太郎	駿河山東	蒲原郷内南之郷	由比文書
	〃	有東	土佐国蠹簡集残編三
斎藤四郎衛門	駿河山西	小柳津真金名	〃
篠原形部少輔	遠江	勝田内柿谷	〃
	駿河山東	興津郷内	諸家文書纂興津文書
井出左近太郎	駿河河東	富士上方	井出孝史氏所蔵文書
安西三郎兵衛	駿河山東	鳥坂	臨済寺文書
篠原某	〃	入江庄内志太良	〃
朝比奈千太郎	駿河山東	鎌田原・狐崎	今川家瀬名家記
安西彦兵衛	駿府		旧新宮神主文書
内野兵部	駿河山西		『駿河志料』
石野河内守中原広成	〃	(水上)	〃
魚住新左衛門尉斯波吉俊	〃	?	〃

太守五郎氏輝、天文五年丙申三月十七日を以て卒す。（中略）茲《ここ》に於いて国家を二分し、其の一つは難兄華蔵住持東栄大徳（玄広恵探）を祖とし、其の一つは義元に属す。菊公（雪斎）、国を医やす手に抽《ぬき》んずと雖も、其の験を得ず。兄弟東西に分かれて墻《かき》を鬩《せ》めぐ也。菊公寸胸の工夫、一臂の調略を以て、一月を終えず、国家を泰山の安きに措く也。

文意は、雪斎の工夫・調略によって、今川領国を泰山のごとく揺るぎないものにしたということであり、雪斎の香語とはいえ、雪斎の働きによって乱が治まったという評価は記憶されて良いであろう。

岡部親綱への感状

戦いの様相は、必ずしも明らかにはし難いが、前述したように『為和集』四月二十七日条に「今日より乱が初まる也」と記されており、氏輝死去後一か月余り後、義元に将軍御内書が下される六・七日前に引き起こったということになる。戦いに勝利し、還俗して当主の地位についた義元が、戦功のあった家臣岡部親綱に与えた感状に、「今度一乱、当構幷びに方上城《かたのかみじょう》・葉梨城に於いて、別而粉骨抽んじ畢、甚だ神妙感悦の至り也」（三―一四〇八）と記されている。方上城（焼津市）とは、高草山の南面中腹部に設けられた城で、山西から山東に越える要地に位置する。古くから方上御厨《みくりや》と呼ばれる伊勢神宮領の存在した平野部に面した場所で、それなりに開けた所ということができる。葉梨城とは花倉城のことで、玄広恵探のいた遍照光寺の北西に位置する烏帽子形山《えぼしがたやま》の東尾根上にに築かれた城で、かなり険しい山城である。当構とは駿府の今川館のことと考えられる。

恵探方の拠点

梅岳承芳方の岡部親綱は、まず、駿府の今川館に居座っていた玄広恵探方の勢力を駆逐し、続いて方上城を攻めて追い払い、その後敵方の本丸である花倉城を攻め落としたと読みとれる。以上の三か所はたまたま伝来している文書によって判明する地点であって、玄広恵探方が拠点とした城や要害はこれだけにとどまらなかった。先に掲示した五月二十四日条の『高白斎記』の記載にある「翌二十五日未明ヨリ駿府ニ於イテ戦ウ」の駿府の戦いは、右の感状に見えた「当構」での戦いをさしているといえる。また、それに続いて「夜中福嶋党久能へ引籠ル」とあり、戦いは、今川館だけでなく、駿府の東南に位置する久能《くのう》城にも及んでいたと思われる。久能城（静岡市駿河区）は、久能寺城とも呼ばれ、南北朝時代から要害の地として軍陣に利用されていたことが文書に残っている（「伊達《だて》景宗《かげむね》軍忠状《ぐんちゅうじょう》」、二―四五六）。また、今川氏滅亡後武田氏が本格的な城郭を構えているように、駿府の北の賤機山城《しずはたやまじょう》（静岡市葵区）とともに駿府の外城として重要な役割を果たしていた城であった。

義元方の参陣状況

この年の閏十月二十七日付の由比光教《ゆいみつのり》に与えた義元判物《はんもつ》では、「今度一乱、由比の城あい踏まえ、忠節比類なきの間」（三―一四〇六）と記されており、由比氏の居城である由比城（由比町）にも玄広恵探方が攻め寄せていたことがわかる。また、天文八年十二月十一日付の義元判物（三―一五一四）に、「駿河国富士大宮内、一和尚・四和尚并びに御炊職の事、右、今度一乱の砌《みぎり》、在所を捨て馳せ参じ、忠節として褒美を永く宛行い畢」とあり、花倉の地からは遠く離れた富士郡の出家者までも、参陣していたことがわかる。また、天文八年九月二十四日付の平野弥四郎宛の義元判物（三―一五〇五）で、一乱の忠節として朝比奈《あさひな》千太郎の所領などが平野弥四郎に給与されている。朝比奈千太郎がいかなる人物であったかこれ以外に史料が残されていないが、今川氏の重臣である朝比奈氏を名乗っていることから、朝比奈氏一族の間で内部対立があったとも推測される。争いは各家臣を色分けするだけではなく、それぞれの家臣内部の対立をも顕現させるような深みのある構造であったことが窺われる。

乱の構造

北条氏、義元援助か

そして『妙法寺記』の六月八日条（三―一三八〇）には、「花倉殿・福島一門、皆相模《さがみ》氏縄〔綱〕ノ人数ガ責メコロシ申サレ候、去程ニ善待守〔得寺〕殿（義元）屋形ニナホリメサレ候」という記載が見られる。すなわち、これまで今川氏と同盟関係にあった北条氏が、梅岳承芳方に味方して軍兵を送り、玄広恵探方を責め殺したということである。花蔵の乱に対する北条氏の動向を示した唯一の史料といってよい。この史料については後で再度触れることにするが、いずれにしてもこの時点で乱の決着がついたことになる。

今川氏新当主の宣言

六月十日には、玄広恵探方のお膝元に所在する慶寿寺《けいじゅじ》（島田市）に、義元の禁制（三―一三八二）が掲げられた。これは、義元がいまだ還俗前で僧名「承芳」を印文に刻んだ黒《こく》印《いん》が捺されて発給されたものである。また、同日に義元は、駿河国惣社であり、同国一宮の富士浅間社の新宮である駿府浅間社の社家村岡氏に対して、「来る廿日、当宮御神事やぶさめ銭の事、年々のごとく相違なく取さたすべき者也」と命じた黒印状（三―一三八三）を発給している。まさに勝利者、今川氏新当主としての宣言といってもよいであろう。

玄広恵探の最期

『駿河記』瀬戸ケ谷の慈光山普門寺《ふもんじ》（藤枝市）の項では、六月十日のこととして、玄広恵探側の最後を次のように記述している。

> 良真（玄広恵探）元より覚悟なれば、本城（花倉城）に楯籠り、兵士を配りて防ぎ戦ふといえども、寄手は多勢味方は微勢、竟《つい》に討負けて当城を落ちて瀬戸ケ谷なる高山寺に至るの処、追手の兵士襲ひ来て伽藍に火を掛け焼立てれば、良真こゝにもたまらず、川原の西へ落ち行くを、追手は猶も襲いかゝれば、近臣等川原に踏み止りて防矢射尽して討死にす。其隙に良真及び習五六輩、亀ケ谷沢の普門庵に入て自害し給ふ。時に天文五年丙申六月十日と云う。

なお、『高白斎記』では、「六月十四日、花蔵生涯〔害か〕」（三―一三八四）と記している。いずれにしろ、冷泉為和の記した「乱初め」より数えて一か月半近くということになる。義元は、六月九日付で富士宮若に「今度陣中人数、長々在陣粉骨比類なく候」と、長期在陣をねぎらう感状（三―一三八二）を与えている。戦いは規模といい、期間といい簡単に終わらなかったということである。

乱の性格

こうして、花蔵の乱は、従来考えられていた異腹兄弟間の家督をめぐる対立による争いといった単純なものではなく、梅岳承芳擁立派と玄広恵探擁立派による、今川権力を二分し周辺大名をも巻き込んだ権力（政権）闘争であったといえる。ではなぜ、当主の家督相続をめぐっての対立が、このように激化し、大きな戦乱となったのであろうか。

戦国大名と内紛の事例

この時代、戦国大名が各地に台頭し、巨大化していく過程で、家督相続や他家との姻戚関係の取り結びなどをめぐって、家臣団の内部分裂をもたらし、周辺大名を巻き込んでの内紛・争乱が頻発している。天文一一年（一五四二）から一〇数年にわたって争乱状態を引き起こした奥州《おうしゅう》の戦国大名伊達氏における伊達氏洞《うつろ》の乱や天正六年（一五七八）に引き起こった越後《えちご》の戦国大名上杉氏における御館《おたて》の乱などはその代表的、典型的事例ということができる。

伊達氏洞の乱

伊達氏洞の乱は、当主稙宗《たねむね》を子の晴宗《はるむね》がその外交策に反対して幽閉し、家督を奪取する争乱であったが、その原因は、外的には伊達氏と周辺の大名・国人諸家との軋轢に求められ、内的には稙宗の取った棟役《むねやく》・段銭《たんせん》賦課の強行策に対する伊達家臣の反発があったことによって引き起こったものとされている。

上杉氏御館の乱

上杉氏御館の乱は、上杉謙信《けんしん》（越後長尾氏）の没後に起こった、同族の景勝《かげかつ》と北条氏より養子に入った景虎《かげとら》との間に引き起こった家督争いであるが、その背景には、北条氏と武田氏の対立や本家筋にあたる山内《やまのうち》上杉氏の介入など東国の諸勢力の複雑な思惑が絡み、内にあっては、自立性の強い国人層と景勝擁立派の直臣団との対立があってのこととされている。いずれにしろ、領国を二分するような家臣団の対立が前提となり、結果としてはより強力な家臣団編成が生まれ、戦国大名権力として安定し、より強大化した支配権を確立したといえよう。

今川領国における花蔵の乱についても、こうした伊達氏洞の乱や上杉氏御館の乱と同様の構図が描けるかどうか、その前提や背景などについて共通性が必ずしも明らかにしえないことから、断定しがたい。しかし、上記のような領国を二分するような規模と深みであったことを考えると、単なる今川家内部の家督争いといった説明ではすまないであろう。そのことを考える際に一つの手がかりとも云うべき史料が、きわめて断片的な記述であるが残されている。

三　花蔵の乱の構図

為氏輝入水

その一つは、東京大学史料編纂所架蔵の「浅羽《あさば》本系図」所載の「今川系図」の氏親の弟心範《しんはん》の箇所に「慫持院／為氏輝入水／今川怨霊也」と付された記載である。

「慫持院」とは、駿府浅間社の別当を勤める惣持院のことで、雪斎が書き残した「今川家諸宗礼式」（三―一二〇二六）によれば、今川氏当主の神主・僧侶に対する年始の対面は、正月八日の早朝に駿府浅間社の新宮・惣社両神主と惣持院別当との対面で始めるようにと記されているように、今川家においては最も厚遇された寺院であった。これは、駿府浅間社の別当という地位によるものか、今川氏の一族が住持を勤めているからか、必ずしも明確にし難いが、おそらく両者相俟ってのことと思われる。

心範の入水

大永六年十二月二十八日付の朝比奈弥次郎宛の寿桂尼朱印状（三―九五六）に見える「そうちゐん殿」が惣持院殿のことであれば、それは心範のこととなり、文書の内容が遠江国美園《みその》（浜松市浜北区）の万石の六郎左衛門屋敷を取出城《とりでじろ》にしたことによる名田《みょうでん》の年貢を免除するに際して「そうちゐん殿江申ことハリ」とあることから、惣持院心範が、そうしたことを認可する権限を有していたと思われる。ということになれば、心範は単なる出家者というだけでなく、今川権力の中でも相当の地位と権限を有していた存在といえる。その心範が「為氏輝入水」と記されていることは注目すべきことであろう。

この記載について、前田利久氏（「今川氏輝文書に関する一考察」『今川氏研究』創刊号、一九九五年）や小和田哲男氏（『今川義元』）も注目されているが、その解釈によると氏輝が入水して自殺したとされている。しかし、この文言が記されているのは明らかに心範についての箇所であって、心範は「氏輝のために入水した」とする以外解釈のしようがないといえる。であるとすれば、それがいつであったのか明らかにしえないが、氏輝時代の今川氏権力を構成する叔父甥の間に大きな亀裂が生じていたと考えられる。それが、上述してきた氏輝・彦五郎同日死去とか花蔵の乱と結びつくことなのか、まったく関係ないことなのか判断に苦しむが、他の戦国大名にも見られるような権力内部における矛盾、対立が今川家にもあり、それが、心範入水とか花蔵の乱として現出したともいえる。

今川氏権力の内部対立

瀬名氏貞

また、今川氏の伝記であり合戦記である『今川記』に、遠江今川氏の流れを汲む堀越《ほりこし》氏のことを記した部分がある。堀越氏が氏親の時代に先祖の旧領である駿河国瀬名（静岡市葵区）の地を与えられたことにより、瀬名氏を名乗るようになったとあり、その一人である瀬名陸奥守《むつのかみ》氏貞《うじさだ》について、以下のようなことが記されている（三―一四六二）。

此人花倉乱の時、義元の味方にて、普代面々幷びに遠参の国人を皆善徳〔得〕寺殿の味方になしける間、義元の代初めには、中にも賞翫限りなかりし。其後、花倉の亡魂あれておそろしき事ども有り、義元には終に見得ず。彼の花倉の乱に、義元の味方に属し、情なきやからを皆罪し殺しける。か丶る故にや、瀬名陸奥守氏貞、天文七年戊三月十六日、一病なくして四十二歳にて頓死す。

花蔵の乱の悔恨

これは、花蔵の乱の勝者の側の家伝でありながら、その一員である者の死に対して、敗者の亡魂によるのではないかと、その成敗の結果についてある種の畏怖の念をもって書き表したものといえる。そのことは、花蔵の乱そのものに対して勝者側に悔恨の念のような感情が受け継がれていたともいえよう。それだけ花蔵の乱に表出した対立は根の深いものであったといえる。

『今川記』

なお、『今川記』の伝記上下および「今川家譜」は、ほとんど同文であるが、その末尾の記述（三―三七三二）から、「今川氏代々の家伝にもとづいたもので、柴屋老人《さいおくろうにん》（連歌師《れんがし》宗長《そうちょう》）がそれを仮名書きにし、天正四年（一五七六）に、宗陰沙弥《そういんしゃみ》の子が老耄ながらそれを思い出しつつ染筆したものである」（『群書解題』十三）と説明されており、今川氏代々にそくして書かれたものといってよいであろう。

寿桂尼の動向

さらに、花蔵の乱において考えなければならない今一つの問題がある。それは、先述した乱における寿桂尼の行動である。先掲した『高白斎記』の五月二十四日条（三―一三

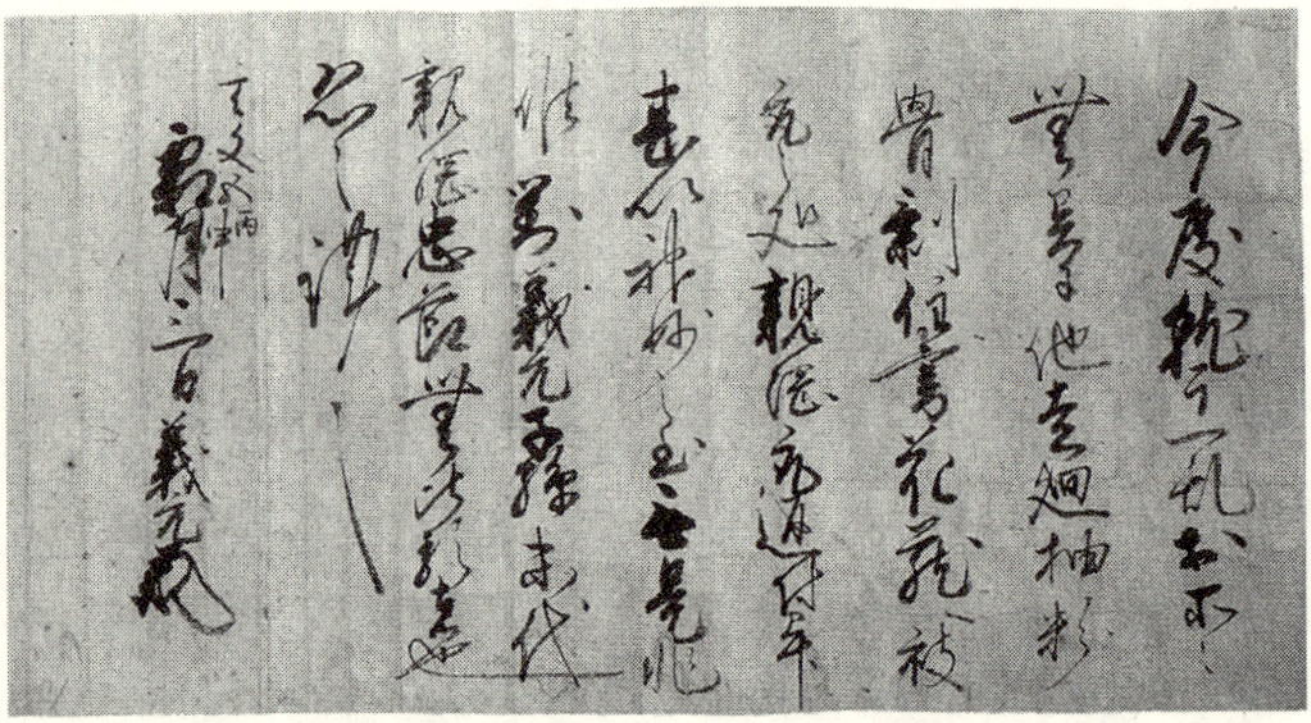

今川義元書状（天文５年11月３日，藤枝市郷土博物館蔵「岡部文書」）

七八）に記された、寿桂尼が玄広恵探方の福島越前守の宿営に出かけ、花蔵すなわち玄広恵探と「同心」したという記事である。これは、この時点まで今川氏と敵対関係にあった武田氏の重臣が書き留めたもので、あるいは情報の誤伝ということも考えられるかもしれない。しかし、次の義元自筆の書状（三―一四〇七、傍点有光）は、そうした事柄が事実に基づくものであったことを示している。

今度一乱に就き、所々に於いて他に異なること無く走り廻り粉骨抽《ぬき》んず。剰《あまつさ》え住書を花蔵へ取らるるの処、親綱取り返し付け畢《おわんぬ》。甚だ以て神妙の至り、是非無く候。義元子孫末代に対して、親綱忠節比類無き者也。恐々謹言

天文五丙申霜月三日　　義元（花押）

○紙継目、五行分余白

（異筆）
今度一乱已然、大上様御注書を取り、花蔵へ参りなされ候処、葉梨城責め落し、御注書を取り進上仕り候。然る間、御自筆にて御感下され候。子孫のために書き注し畢。

「（ウハ書カ）（切封墨引）　　岡部左京進殿」

この義元書状の紙継目《かみつぎめ》以下の三行の異筆の文章は、義元書状を受けた岡部左《さ》京進《きょうのじょう》親綱が、自分の忠節の内容を子孫のために書き加えたものである。

義元自筆状の文意

文意は、まず、義元の自筆部分で、花蔵に取られた「住書」を親綱が取り返してくれたことは、神妙の至り、子孫末代までの忠節であると、最大限に親綱の功績を賛辞したものということができる。これに対して、親綱の書き留めた部分は、「注書」は「大上様」が取って、花蔵に持参したものであるが、葉梨城（花倉城）が落城した際に、自分がそれを取り返し義元に進上したと、その功績を記したものである。ここに出てくる「大上様」とはいうまでもなく寿桂尼のことである。

「住書」「注書」とは

では、義元のいう「住書」、親綱のいう「注書」とは一体どんなものであるのかということが問題となる。この「住書」「注書」という二つの言葉は、前後の関係から言って同じものをさして書かれたと解釈して間違いなかろう。「住書」は、字の意味からいってあり得ない言葉で、この時代によく使われる言葉である「重書《じゅうしょ》」と音が通じることから書き誤ったと考えられる。「注書」もこの時代の用語としては余り目にしない文言であり、親綱は義元自筆の「住書」を字体が似ていることから書き誤ったと思われる。書き誤りが重なっているが、結局「住書」「注書」は「重書」と捉えて間違いないであろう。

重書

重書とは、戦国期に日本に渡ってきたイエズス会宣教師たちによって編纂された日本語辞書である『日葡《にっぽ》辞書』（『邦訳日葡辞書』岩波書店、一九八〇年）に「Giŭxo. ヂュウショ（重書）すなわち、Iyeni tçutauaruxo.（家に伝はる書）、ある一族に代々伝わって来た、その家系や領地などに関する書物」とある。すなわち「住書」「注書」、正しくは「重書」は、今川氏にとっては後代に引き継がなければならない重要書類であった。ということになれば、それは一通の文書というようなものではなく、櫃《ひっ》に収まった文書・書類群のようなものであったと推測される。それゆえ親綱も落城に際して紛失することなく取り返すこともできたのであろう。

妥協案なのか

なお、右の『高白斎記』の記述や、岡部親綱宛義元書状の内容について、小和田哲男氏は、そのころの寿桂尼の立場や動きを勘案すると、彼女が玄広恵探擁立派に与したとは到底考えられない。「同心シテ」とは私のように「味方して」とは読まず、「妥協が成って」と読めば、寿桂尼が両者の戦いを避けたいがために、妥協案をもって福島越前守のもとに出かけたというように理解できる。そして、妥協案を記した覚書、「住書」＝「注書」が玄広恵探派に奪われたので岡部親綱が取り戻したのである、といった解釈を示されている（「『花蔵ト同心シテ』をどう読むか」、『小和田哲男著作集』第一巻所収）。「同心シテ」を「妥協が成って」というように無理な解釈を果たしてしなければならないか、以後の記述を読んでいただきたい。

寿桂尼と福島氏

『高白斎記』の記述で今一つ問題となるのが、寿桂尼が出かけたのが、福島越前守の宿所であることである。寿桂尼と福島越前守との関係はこの時が最初ではない。これより七年程以前の享禄二年（一五二九）十二月十一日付沼津妙覚寺《みょうかくじ》宛の寿桂尼朱印状（三―一〇五二）に福島越前の名が見える。そこでは、妙覚寺に対して棟別銭以下の諸役を免除したが、諸役免除に変更が生じた際には福島越前を通じて命じると記されている。すなわち、福島越前守は寿桂尼の使者となるような側近の一人であったということがわかる。

側近福島氏

こうした寿桂尼と福島氏との関係は、花蔵の乱後二〇年余り経った弘治二・三年(一五五六・七)の『言継卿記』にも見える。弘治二年九月二十五日条(三―二三六二)に、福島八郎左衛門なる者が、大方(寿桂尼)の内衆《うちしゅう》膳方《ぜんかた》奉行五人の内の一人として記されている。福島八郎左衛門と先の越前守との関係は不明であるが、『言継卿記』のその後の記述でも福島八郎左衛門の名前はたびたび登場し、翌年二月十五日条(三―二五二五)では、同人が大方の使者として、興津の清見寺《せいけんじ》などを遊覧していた山科言継一行に「樽三荷、食籠、赤強飯等」を届けている記事が見える。少なくとも花蔵の乱を挟んで享禄二年から弘治三年に至る三〇年近くの間に寿桂尼の側近の一人として福島氏が仕えていたことが知られるのである。

花蔵同心の要因

こうした寿桂尼と福島氏との強い絆が、花蔵の乱勃発に際して寿桂尼が今川氏の「重書」を持って福島越前守の宿営地に出かけ、玄広恵探である花蔵殿と同心するという事態が生じた要因の一つといってよいだろう。

北条氏と福島氏

福島氏については、今一つ思い起こさなければならない問題がある。それは北条氏との関係である。すなわち、北条早雲が築き北条氏の関東制覇の拠点となった相模国玉縄《たまなわ》城《じょう》(神奈川県鎌倉市)の城代を勤め第三代の城主となった北条綱成《つなしげ》は、北条氏第二代当主氏綱の娘聟であるが、その実父は福島正成《まさなり》とする伝承が、北条氏関係の軍記物や各種系図に見られる。

一方、『妙法寺記』や『高白斎記』、甲斐国窪八幡宮《くぼはちまん》別当寺である普賢寺《ふげんじ》（山梨市）の僧によって書き継がれた年代記である『王代記《おうだいき》』、武田氏の菩提寺である甲斐国塩山《えんざん》の向《こう》岳寺《がくじ》（山梨県甲州市）の僧によって書き継がれた『塩山向岳禅庵小年代記』などに、大永元年（一五二一）のこととして、駿河衆が甲斐国に攻め入り、山梨郡飯田（同甲府市）、都留郡勝山（同富士河口湖町）、巨摩郡上条《こまぐんかみじょう》（同甲府市）などの各地で武田方と戦ったが、数多くの戦死者を出して敗北したこと、その駿河勢とは「福島一門」・「福島一類」・「福島衆」であったことがほぼ共通して記されている。そして、『関八州古戦録』では、その福島軍を率いたのは福島正成であり、この戦いで正成は戦死したが、その時七歳であった遺児を家人らが介抱して小田原に連れて行き、氏綱の寵愛を得て一廉の武将となったこと、それが玉縄城主綱成であると記している。

正成と助春

正成は、幕末の史家飯田忠彦が集成した『系図纂要《さんよう》』では「上総介兵庫頭《かずさのすけひょうごのかみ》遠州土方《ひじかた》城《じょう》（掛川市）主」とみえるが、確かな史料には現れず、前述した氏親の側室を出したのではないかとも考えられる遠江国高天神城主である福島左衛門尉助春と同一人物ではないかともいわれている（小和田哲男「今川氏重臣福島氏の研究」『武田氏研究』一五、一九九五年）。

綱成は、氏綱が第二代玉縄城主として実子為昌《ためまさ》を入部させた時、それを補佐する城代として随伴させたとされている。そして天文元年（一五三二）からの鶴岡八幡宮寺造営に活躍し、天文十一年為昌の死去後は玉縄城主に就く。その後も北条氏の支城領主として軍事的・政治的・外交的に貢献し、元亀三年（一五七二）に城主の地位を子の氏繁《うじしげ》に譲り、自らは出家して道感《どうかん》と称し、天正十五年（一五八七）に没している（佐藤博信「北条為昌と北条綱成」『日本歴史』四五三、一九八六年）。

北条氏と福島氏の関係

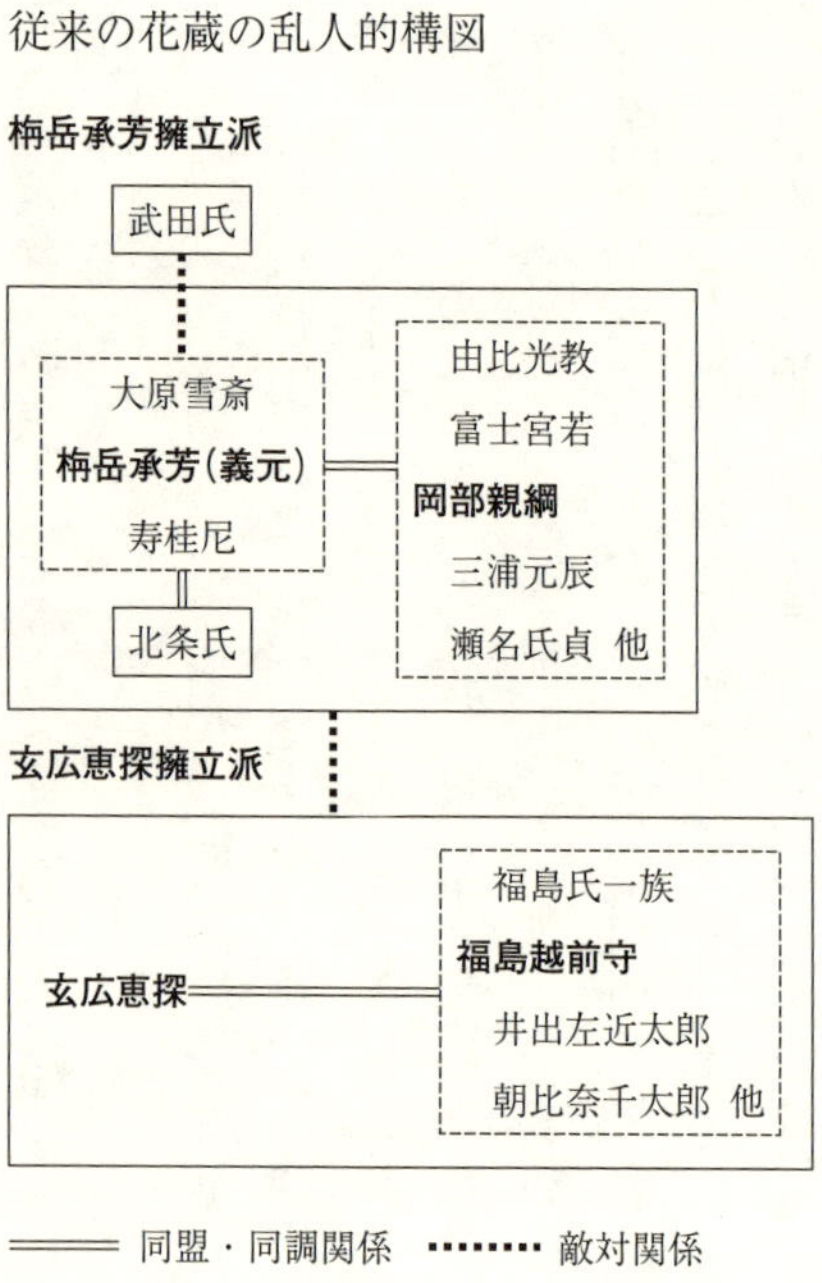

以上のことから、確定はし難いが北条氏の一族に遠江福島氏の血筋が入っている可能性が極めて高いといえる。これまでの北条氏研究においてそうした北条氏と福島氏との関係を否定したものは見あたらない。ということになれば、今川領国における花蔵の乱につい

乱の人的構図

新しい花蔵の乱人的構図

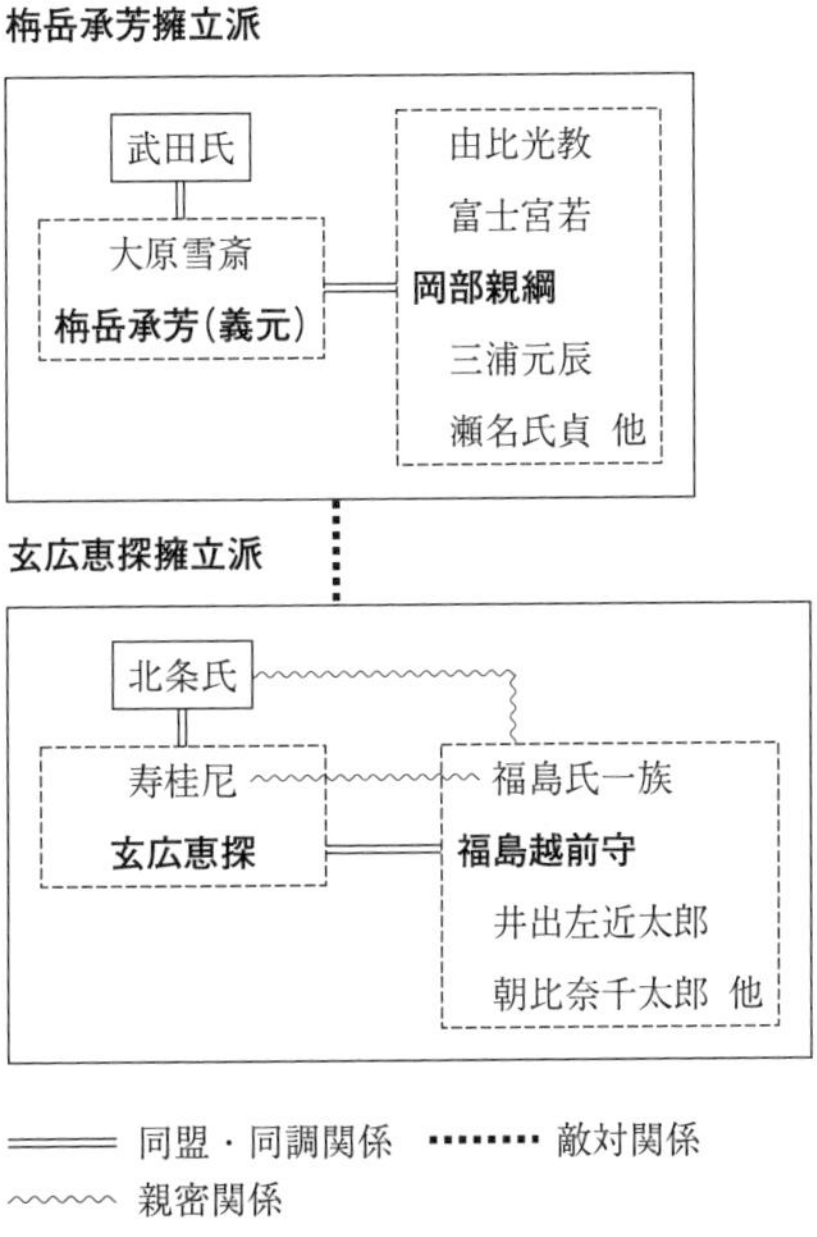

て考える際に、その一方の当事者が福島氏娘を母とする玄広恵探であり、それを担いで軍勢を構成していたのが福島越前守など福島党であったことを考えれば、乱における隣国の大名権力の位置づけについても再考する必要があるのではないだろうか。

　ここで改めて花蔵の乱における今川氏内部の対立および周辺の大名（北条・武田氏）の去就について、人的構図を示しながら私見を提示しておきたい。

　まず、従来捉えられていた構図は右側のようなものであった。梅岳承芳方にしろ玄広恵探方にしろ同調した家臣については、先に提示した「花蔵の乱・敵味方同調者表」によった。問題は、梅岳承芳・玄広恵探それぞれの直接的な陣営についてであるが、承芳方には寿桂尼と雪斎が属しているのに対して、恵探方には誰も見あたらない。次に周辺の大名の去就についても、承芳方には北条氏が従来からの経緯で同盟しているのに対して、恵探方には同盟者がいなかったということである。要するに恵探方は恵探自身と福島氏一族や幾人かの家臣が付き従って立ち上がった陣営ということになる。ということになれば、こうした構図では、先述した乱の再構築を目指した前田氏の提言にも関わらず、花蔵の乱は広がりや深みの感じられない局部的な争いという印象は免れないであろう。

全体像の提示

そこで、上述してきた近年の再構築の中で形成された理解の上に、先に挙げた三つの謎の真相解明の中で得られた知見を加えて、改めて乱の全体像を提示したのが前頁左側の人的構図案である。

寿桂尼の帰属

この人的構図案のキイポイントは、寿桂尼の帰属である。先述したように、『高白斎記』の記述や岡部親綱宛の義元書状などから、寿桂尼は玄広恵探方に与していたと考えられる。そのことは寿桂尼と福島氏との密接な主従関係からも頷けることである。また、寿桂尼の実の娘が北条氏康と婚姻関係を結んでおり、北条氏と福島氏との関係から見ても北条氏は寿桂尼に同調したと考えてよいであろう。こうして考えると玄広恵探方の陣営も氏輝時代の当主後見人であった寿桂尼が同心し、そのつながりで北条氏がバックアップしていたのではないかということであり、承芳方に対抗し得るだけの勢力を有していたといえる。一方、承芳方は、師範である雪斎が実質的に中心となって動いていたのではないかと思われる。また、後述するように雪斎と武田氏との関係から、武田氏が、すでにこの時点で承芳方に肩入れしていたのではないかと考えられる。

二派の対立構図と領国

以上のように承芳擁立派と恵探擁立派のそれぞれの人的構図を描き出せば、この二派の対立は、まさに領国を二分するものであったといえよう。

北条氏の動向

ここで問題となるのが、先に示した『妙法寺記』の玄広恵探を自害させたのが北条氏綱の軍勢であったという記述である。ただ、玄広恵探を死に追いやったのが北条氏であったという史料はこれが唯一のものである。先引したように後世の編纂物である『駿河志料』には、北条氏によるとのことは記されていない。また、その日付についても『高白斎記』の記述とは異なっていることから、『妙法寺記』の記述を絶対的なものと捉えるこれまでの見方は再考する必要があるのではないか。寿桂尼や北条氏と福島氏との関係から見て寿桂尼のみならず北条氏も玄広恵探と同調していたと捉えることもできよう。

北条氏の侵攻

右のようなことをさらに示唆してくれるのが、次の天文二十一年（一五五二）五月二十五日付で出された駿河国富士郡村山浅間社宿坊大鏡坊（富士宮市）宛の義元判物（三―一一二二）である。

去る丙申《ひのえさる》・丁酉《ひのととり》年河東乱入に就き、以前の借銭借米返弁の事

右、申・酉両年以前分は、既にかの銭主など、敵地へまかり退き、逆心を企だつ輩たるにより、只今還住せしめ催促を加うると雖も、一向許容すべからず。この旨戊《つちのえ》戌《いぬ》年（天文七年）に印判《いんぱん》を出すと雖《いえど》も、焼失たるの間、重ねて判形《はんぎょう》を加うる也。いよいよ奉公を抽んずるべきの状、件の如し

乱入勢力

冒頭の「去る丙申・丁酉年河東乱入」というのは、天文五年（丙申）の花蔵の乱と翌六年（丁酉）に勃発した河東一乱のことを指していることはいうまでもない。問題は、今川氏の家督相続争いの花蔵の乱と駿河国東部河東地域における北条氏と今川氏との領有争いである河東一乱という性格の異なる二つの争乱を併記して、「丙申・丁酉年河東乱入」と一括していることである。花蔵の乱に際して「河東乱入」したのはいかなる勢力であるかであるが、これは河東一乱と一括しているのであるから北条氏を指していることは明らかである。前述の前田氏の花蔵の乱の再評価においても、北条氏が義元救援のため河東地域へ兵を向けたものであり、義元は後になってこうした北条氏の出兵が過剰な救援活動であったことから「乱入」と表現したのではないかという趣旨の解釈を示されている。しかし、この解釈は、玄広恵探が北条氏綱軍によって「責メコロシ」にあったという先の『妙法寺記』の記述を鵜呑みにして、北条氏が義元擁立派と同盟関係に

あったという従来からの人的構図を前提として考えられたものといえよう。

義元判物の内容

しかし、この大鏡坊宛の義元判物を素直に読めば、天文五年の花蔵の乱と翌六年に勃発した河東一乱に際し、富士川の東岸にまで乱入した北条勢に同心して、敵地へまかり退き逆心を企だてた銭主が、たとえ還住して借銭の催促を行うとしても認めないという意味である。そしてこのことはすでに天文七年（戊戌）に印判状で出されたものであり、決して、花蔵の乱から一六年後の天文二十一年に始めて出されたものではないのである。

義元擁立派と北条氏

ここからいえることは、花蔵の乱に際しても河東地域に侵攻した北条氏およびそれに与した勢力に対して、義元擁立派は敵・逆心と捉えているということである。従来の構図から新しい構図への切り替えが必要であろう。

武田氏と今川氏

次に問題となるのは、花蔵の乱が勃発するまでは今川氏と対立していた武田氏が、乱で承芳方に与していたということである。そのことを示す史料は現在のところ見あたらない。しかし、後述するように『甲陽軍鑑《こうようぐんかん》』の記載ではあるが、乱が終息した直後の天文五年七月に義元の仲介で武田晴信《はるのぶ》と公家三条公頼《さんじょうきんより》娘とが結婚したとある。これが事実とするならば、武田氏と義元方との親交は乱後俄に生まれたとは考えがたく、かなり以前からお膳立てが行われていたと見る方が正しいであろう。しかも、次に見るようにその後の雪斎と武田氏との密接な関係からいって、武田氏が乱当時においても承芳・雪斎方に同調していたと考えても的はずれではないであろう。

北条氏との断交

これまで乱の翌年に還俗した義元が武田信虎《のぶとら》娘と結婚したことから、その時点で義元などの新政権が、それまでの北条氏との同盟関係を破棄して武田氏と同盟したという外交政策の転換が行われたとして、なぜそのような転換が行われたのかが謎として種々議論されてきた。しかし、実はそうした見方に一つの大きな落とし穴があるのではないか。というのは、義元および義元を支えた雪斎を中心とした新政権は、北条氏と何らの同盟関係にあったわけではないということである。北条氏との同盟関係は氏輝までのことであり、氏輝が死んだことにより、今川氏と北条氏との関係は寿桂尼を媒介とした姻族関係にあるだけで、義元と北条氏との間には特別の関係が結ばれるに至っていないのである。

武田氏選択と雪斎

それゆえ、義元の新政権は、隣国との関係で武田氏を選んだといってよく、北条氏から武田氏へ転換したということではない。では、なぜ新政権が武田氏を選んだかということであるが、それは、雪斎の存在を抜きにすることはできないであろう。先述したように、義元は、幼き頃より雪斎に弟子入りして出家者としての修行を積み重ね、京都に上って修行を続けるとともに公卿《くぎょう》や文化人と交わり、仏教の知識だけでなく詩歌や文学にも造詣を深めていた。そうした義元にとって、雪斎は単なる師範というだけではなく、人生の先達者であったといってよいであろう。とすれば、氏輝の死後における義元の行動は雪斎の意思と判断のもとにあったと考えられる。

雪斎の京都交流

では、雪斎は何を判断の根拠としたのであろうか。それは京都で築いてきた人脈と政治感覚によったのではないかと想像される。雪斎は、臨済禅を極める中で数多くの京都五山の僧侶との交わりを深めたが、それだけでなく先述したように時の関白近衛《このえ》稙通《たねみち》の父尚通と交わり、書状のやりとりをしている。義元は、当時京都にあって最高の文化人であった三条西実隆と交わっていたが、それも雪斎の導きがあってのことと思われる。このように、京都で培われた人脈や政治感覚によって、前述したように義元はいち早く将軍家による家督相続の認可を得ることができたのであろう。

また、武田氏が、鎌倉時代以来の甲斐国の守護家であり、今川氏と同格の伝統のある武家であったことが雪斎の決断をもたらしたと想像される。また、武田氏領国において最も由緒ある寺院の一つである恵林寺《えりんじ》は臨済宗妙心寺派の寺院であり、雪斎・義元の帰依した宗派である。臨済禅が両国を結びつけたともいえる。なお、小和田氏も説明抜きであるが、義元と武田氏を結びつけたのは雪斎の「画策」であったと述べている（『武田信玄―知られざる実像―』講談社、一九八七年）

先学の指摘

これに対して前田氏や久保田氏は、前掲論考で義元の北条氏から武田氏への転換は、花蔵の乱に対する北条氏の救援活動が過剰なものであり、北条氏は、早雲以来の旧領回復を意図していることによるのではないかという警戒から、北条氏との決別を決意したと述べている。しかし、そもそも北条氏の救援活動自体、果たしてあったのかどうかも再考する必要があるし、過剰な救援活動と認識していたかどうかについても憶測に過ぎない。むしろ、当時の中央政界や宗教・文化世界をめぐる人的関係（人脈）と今川・武田・北条氏といった東国の政治情勢や同じく人的関係の結びつきといった全体的構造の中で考えるべきであろう。上記の雪斎の働きにそれを見たい。

対武田氏外交と雪斎

この後、天文十年六月に武田信虎が晴信（信玄）によって駿府に追放された際の武田氏との交渉に携わったのは、岡部久綱《ひさつな》とともに雪斎であった（三―一五六二）。また、河東一乱を終息させるための武田氏との交渉も雪斎が中心となって進めたといってよい（三―一七四四・六二二）。

寿桂尼と京都

第三の問題は、雪斎と寿桂尼が正反対の行動をとったことである。これについても状況証拠的であるが、以下のように考えることができる。雪斎によって後押しされた義元の行動に対して、内心忸怩たる思いを抱いていたのが寿桂尼ではなかったかということである。寿桂尼も京都の公家中御門宣胤の娘であって、それなりに京都政界との人脈はあったと思われるが、すでに父親である宣胤は大永五年に八十四歳で亡くなっており、あとを継いだ寿桂尼の弟である宣秀も前権大納言《さきのごんだいなごん》従一位《じゅいちい》の身分で享禄四年に亡くなっている。天文五年の段階では中御門家からは公卿に列するものが出ていない。そもそも中御門家は公家の家格でいえば下位の名家《めいか》で、雪斎や義元が親しく交わった近衛家とか三条西家といった精華家《せいがけ》や大臣家と比べればやはり格落ちの嫌いは否めない。

花蔵の乱の背景

おそらく花蔵の乱の背景には、表面に立った義元と玄広恵探との対立というよりは、雪斎に代表される中央・地方における人的関係と寿桂尼を取り巻く人的関係との間に溝が横たわっていたと考えた方がより真相に近いのかもしれない。雪斎と寿桂尼は二〇年近くの間、ともに駿府にあって義元の近くにいたと思われるが、その間の数多い今川関係の史料のどこをさぐっても二人の接点を見出すことはできない。花蔵の乱における寿桂尼の行動の真相はこれ以上突き詰められないが、義元の家督相続に伴う重要な謎として、今後も究明して行く必要があろう。

義元の還俗

花蔵の乱に勝利し、今川氏当主の地位についた梅岳承芳は、前述したように還俗して将軍義晴《よしはる》の「義」の字を受け継ぎ義元と名乗った。現在伝来している義元の名で発給された最初の文書は、年欠の八月十日付の逍遥院殿《しょうよういんどの》宛の次のような書状（三―一三八五）である。

態《わざ》と申入れ候、そもそも前年在京中御懇の儀、忘れ難く忝《かたじけな》く存じ候。当国不慮の題目是非無く候。然る処家督の儀、去る所無く候間領掌す。唯今礼を申し候。仍て祝儀として黄金弐両進覧せしめ候、聊か華例を表す計に候、毎事後音《こういん》を期し候旨、御意を請くべく候。恐惶謹言

三条西実隆と義元

宛名の逍遥院殿は、三条西実隆の院号である。文意は、まず前年の義元在京中における懇意に対する礼を述べ、次に「当国不慮の題目」すなわち花蔵の乱のことを「是非無く候」と仕方がないことであったと述べ、続いて家督を継承したことについて、「去る所無く候間領掌す」と記している。これは、行くべき所がないので了承したという意で、受け身的感慨を吐露しているといえる。問題は、そのあとの「唯今礼を申し候」という文言である。なぜ、家督を継承した義元が、三条西実隆に礼を述べているのかということである。

去る所無く候間領掌す

これは、実隆が、義元の家督相続のために京都にあって尽力したことに対する礼と見る以外あり得ない。その具体的な動きははかりがたいが、先述した将軍義晴から義元への家督継承を認めた御内書が五月三日に出されるに至る間に、その実力と人脈を生かして働きかけたことに対する礼であろう。いずれにしろ、出家者の身として京都にあって、修行と文化人との交流といった平穏な生活を送っていたのが、たちまちの内に一国の国主の地位についたのであるから、当事者としては、「去る所無く候間領掌す」という心境であったといえる。

第三　今川領国の維持と拡大

一　河東一乱

義元の結婚

花蔵《はなぐら》の乱に勝利して、今川氏の当主となった義元は、翌年の天文《てんぶん》六年（一五三七）二月十日に、武田信虎《のぶとら》の娘を正室として迎え、武田氏と同盟関係に入る。なお、『甲陽軍鑑《こうようぐんかん》』（品第三）によれば、前年の天文五年七月に、義元の仲立ち（肝入り《きもい》）によって信虎の嫡子晴信《はるのぶ》（信玄《しんげん》）が正室に摂家《せっけ》に次ぐ家格である精華家《せいがけ》の三条公頼《さんじょうきんより》娘を迎えていたということである。

このように義元が仲立ちとなって晴信の結婚を取り持ち、義元自身が信虎娘と結婚するといったことは、当然のことながらそれまで同盟関係にあって共に武田氏と戦ってきた北条氏と今川氏との間に亀裂が生じ、両者が敵対関係になったことを意味する。『妙《みょう》法寺記《ほうじき》』の記述によれば（三―一四二二）、北条氏綱《うじつな》は、この結婚に「色々ノ妨ゲメサレ」とあり、ほとんど時を置かず「駿河国興津《するがのくにおきつ》マデ焼キメサレ」たと記している。これは、同盟が破棄された以上、北条早雲《そううん》が伊勢新九郎盛時《いせしんくろうもりとき》時代に今川氏より与えられたという富士一二郷の旧領回復を意図した軍事侵攻ということもできる。

北条氏の駿河侵攻

北条氏は、早くも二月二十一日には、駿河郡大平《おおひら》（沼津市）の星屋《ほしや》氏や、沼津妙覚寺《みょうかくじ》（同前）、富士郡大石寺《たいせきじ》（富士宮市）に氏綱の名で「当手軍勢甲乙人《こうおつにん》などの濫妨狼籍〔藉〕」を停止する禁制《きんぜい》（三―一四二三～二五）を下している。氏綱自身が実際に駿河に出陣したのは、『快元僧都記《かいげんそうずき》』によれば二月二十六日のことである（三―一四二七）。北条軍は三月初めには富士川河口東岸の吉原（富士市）にまで達し、さらに北上して富士浅間社《せんげんしゃ》近くの小泉（富士宮市）で同社大宮司の嫡子で今川氏の馬廻《うままわり》を勤める富士宮若などと戦っている（三―一四三〇）。四月には今川方の富士下方《しもかた》衆が吉原で北条勢と戦っており（三―一四三二）、五月には富士川べりの富士宮若の知行地である田中（富士市）や羽鮒《はぶな》（芝川町）の名主《みょうしゅ》が北条氏に味方したことにより、抱えていた名職が義元によって取り上げられている（三―一四三八）。このように、河東に侵攻した北条氏は、瞬く間に駿河・富士両郡を席巻し、富士川を越え興津まで進軍したのである。

連歌師谷宗牧

天文十三年に京都を発ち関東に下向しつつあった連歌師《れんがし》谷宗牧《たにそうぼく》は、翌年の正月を駿府で送り、その月末に田子《たご》の浦（富士市周辺海岸）から船に乗り吉原に渡っているが、その時の状況を紀行文『東国紀行』に次のように書き残している（三―一七一六）。

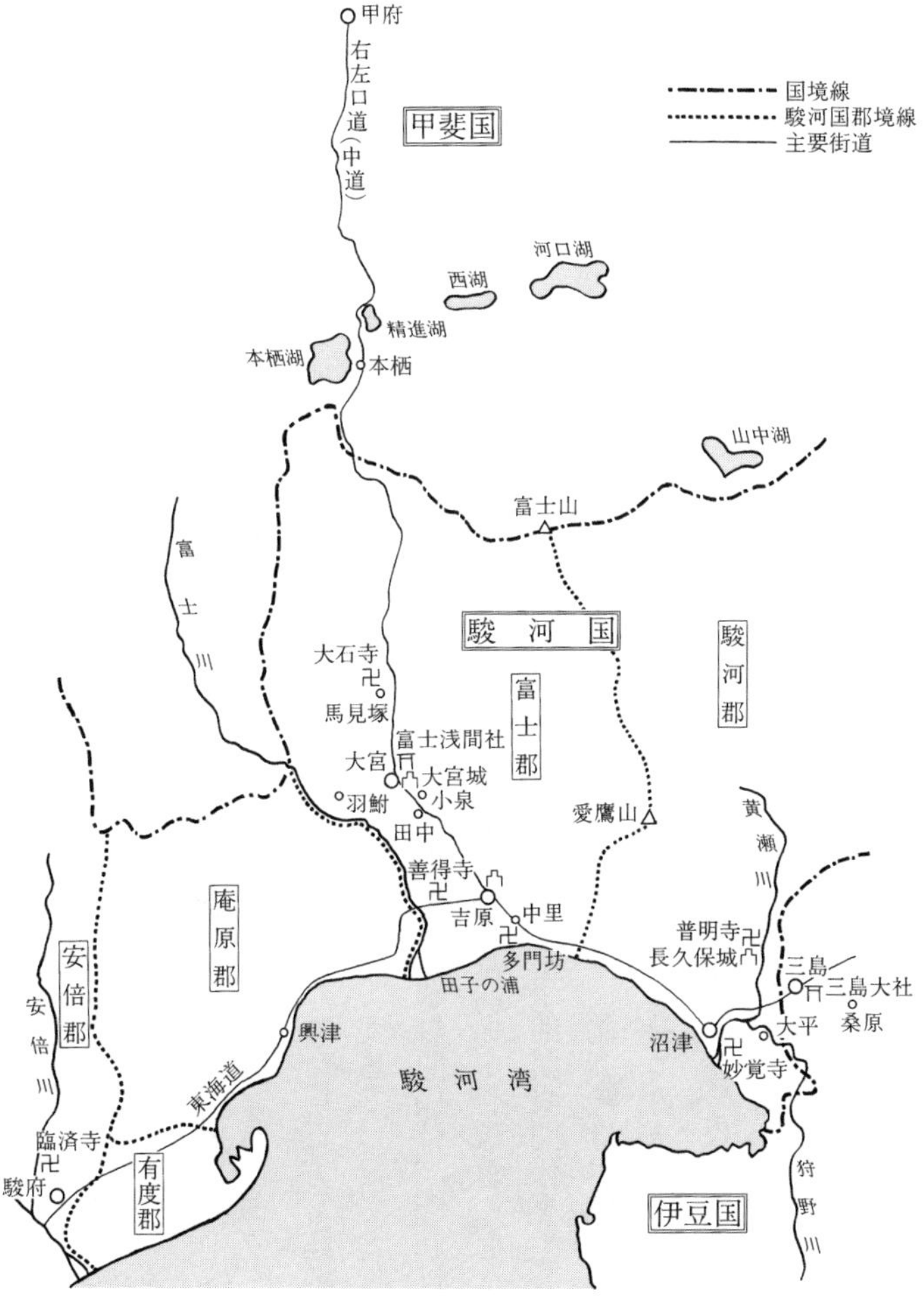
甲府
右左口道（中道）
甲斐国
国境線
駿河国郡境線
主要街道
河口湖
西湖
精進湖
本栖湖
本栖
山中湖
富士山
富士川
駿河国
駿河郡
大石寺
馬見塚
富士郡
富士浅間社
大宮
大宮城
羽鮒
小泉
田中
愛鷹山
黄瀬川
善得寺
吉原
中里
普明寺
長久保城
多門坊
三島
三島大社
田子の浦
庵原郡
安倍郡
安倍川
興津
沼津
大平
桑原
妙覚寺
駿河湾
東海道
臨済寺
駿府
有度郡
伊豆国
狩野川

河東一乱関係図

こぎいづるほどもめづらし。敵地への送りなれバ、警固船兵具いれて、人数あまた乗りたり。一里ばかり過たれバ、吉原の城もまぢかくみえたり。この舟を見つけて足軽うち出、事あやまちもしつべきけしきなれバ、十四、五町此方の磯にをしよせ、荷物おろさせ、松田弥四郎と申す陣所へ人遣わしたれば、案内者をこせ、みなと川のわたりし船さしよせて待りたり。

富士川を挟んだ緊張

吉原城が北条氏占領地の最前線であるだけに、富士川を挟んで今川氏方も臨戦態勢を敷いていた様子がわかる。険しい一乱の様相が垣間見える。こうして、天文六年の武田信虎娘と義元との縁組みによって生じた北条氏と今川氏との敵対関係は、それ以前の北条早雲・氏綱と今川氏親《うじちか》・氏輝《うじてる》とによって築かれてきた蜜月関係をご破算にして、北条氏の富士川以東の駿河・富士郡の占領と富士川を挟んでの軍事的緊張関係を生みだし、河東一乱《かとういちらん》と呼ばれる十年近くの戦乱をもたらした。その結果、北条氏は、伊豆《いず》・相模《さがみ》・武蔵《むさし》・下総《しもうさ》・上総《かずさ》とともに「駿州半国」を支配したとの認識を持つに至る（三―一四七七）。

北条氏の三河・遠江工作

この間、北条氏が河東地域の占領だけでなく、三河《みかわ》・遠江国《とおとうみのくに》への攻略を企てていたことを窺わせる文書が、何通か残されている。その始めは、義元が天文六年四月二十八日付で遠江国犬居《いぬい》の領主天野虎景《とらかげ》・景義《かげよし》宛に与えた、同国見付端城《みつけはじょう》（磐田市）乗崩《のりくずし》の戦功を賞する感状《かんじょう》（三―一四三三）である。この見付端城の存在した見付府は、古代には遠江国の国府《こくふ》が置かれ、中世後期には斯波《しば》氏の守護所であり、戦国期には町人・百姓による自治都市が形成されていた所で、東海道筋の要衝の地であった（後述）。この見付府に近接する堀越《ほりこし》（磐田市）に居館を築いていたのが遠江今川氏の流れをくみ、この時期今川氏の一家でもあった堀越氏であるが、その見付端城を今川勢が乗り崩したということは、堀越氏が今川氏に敵対したことを意味する。

北条氏綱の書状三通

そのことを裏付けるのが、氏綱が野辺《のべ》と高橋彦四郎両人宛に出した年欠三月二十五日付の書状（三―一四三四）である。そこには、まず、北条氏が三河国で何らかの行動を起こすための経費と思われる「三河へ登料足」「百貫文」を、伊豆の郡代であった笠原・清水両人から宛名の両人が請け取り、田原《たわら》（田原城主戸田《とだ》氏）の使いである山伏に渡せとあり、ついで、これ以外に二〇貫文を、堀越氏が田原（愛知県田原市）へ出した使（人夫か）一五人分の四月から六月にかけての経費として堀越氏に渡せと記されている。このことは、堀越氏がこの時点で北条氏に与同していることを示している。

北条氏綱画像（早雲寺蔵）

次に、氏綱は年欠三月二十九日の日付で、三河の国人《こくじん》奥平《おくだいら》九八郎に対して、「遠州本意」すなわち北条氏が遠江国を手に入れたなら、その内から五〇〇貫文を与えるので、井伊氏と相談して早く手だてを取ることが必要であるといった趣旨の書状（三―一四三五）を与えている。ここから、堀越氏を味方にした北条氏が引き続いて同国全体を手に入れようとしていたことが窺われ、同国井伊谷（浜松市北区引佐）の国人井伊氏も北条氏に与していたと考えられる。

さらに、七月二日の日付で、氏綱は幕府政所《まんどころ》代蜷川親俊《にながわちかとし》に対して、政所執事伊勢貞孝《さだたか》の要請に応えて、遠江国を安全に通行するに際しての路次のことを記した書状（三―一四三六）を与えている。ということは、北条氏が遠江国の国情にある程度通じていたことを示しているといえる。

書状の発給時期

以上の三通の氏綱の書状は、いずれも年欠で先の義元感状の天文六年と同年のものとは断定できないが、氏綱から三代目当主氏康《うじやす》への代替わりの時期や氏綱の死没年（天文十年）から考えて、また、北条氏が今川氏の領国である遠江国に干渉するといったような敵対行為をとるとするならば、この年以降、河東一乱期にしか考えられず、さらに、堀越氏の今川氏に対する反旗が北条氏との連携によるものと考えられることから、これらの年次は天文六年かその直後の時期ということになろう。

北条氏の今川氏挟撃

結局、この時期、北条氏が三河国のみならず遠江国に対しても政治的、軍事的行動を起こし、それなりの影響力を持ち、国情に通じていたことが窺える。北条氏は東の河東地域を占領するとともに、西からも工作を行い、今川氏を東西から牽制しようとしていたということであろう。換言すれば、今川氏は北条氏によって東西から挟撃されようとしていたのである

武田信虎の駿府追放

次にまた、河東一乱のさなかに、東国の情勢にとってきわめて重大な、しかも不可解な事件がおこる。それは天文十年（一五四一）六月に、義元の義父である武田信虎が、嫡子晴信（後の信玄）によって駿河国に追放されるという事件である。

晴信による追放劇

『高白斎記《こうはくさいき》』では、ただ単に、同月十四日に信虎が駿府に出かけ、その年には帰国しなかったと記すのみである（三―一五五六）。これに対して、『王代記《おうだいき》』には、六月十四日に信虎が駿河国に出かけ、十七日に晴信が屋形に移り、「一国平均安全ニ成ル」と記されている（三―一五五八）。以上の二書の記述だけであるならば、武田氏における信虎から晴信への代替わりが行われ、信虎は娘婿の義元のもとに身を寄せた程度のことととれるが、『妙法寺記』ではこのことが、「武田大夫《たいふ》（晴信）殿様、親ノ信虎ヲ駿河国へ押シ越シ申シ候、余リニ悪行ヲナラレ候間、加様メサレ候、去ル程ニ地下《じげ》・侍・出家・男女共、喜ビ満足致シ候事限リナシ」と記載されている（三―一五五五）。これによれば、まず信虎

の駿河行きが本人の意思ではなく晴信によって遂行されたということ。また、その理由が、信虎の悪行によるものであって、その結果、国中の「地下・侍・出家・男女共」、すなわち武士や僧侶のみならず庶民層に至るまで喜んだということになる。

国境の警固

さらに、『塩山《えんざん》向岳《こうがく》禅庵《ぜんあん》小年代記《しょうねんだいき》』では、『妙法寺記』の記述をさらにオーバーに表現して、信虎の悪逆が原因で追放が行われ、それにより国中の人民が愁いを払ったというように記されている（三―一五五七）。しかも、この『小年代記』には、晴信がその帰国を阻止するために甲府と駿府を結ぶ幹道である富士川西岸沿いの河内路《かわちじ》の国境に足軽を配置したことも記されている。

以上の諸記録から、ことは甲斐国において身分の上下を問わず多くの人々から反発を受けていた信虎の行為に対して、それを排除するために晴信によって画策されたものであることが明らかになってくる。

信虎の悪逆

では、信虎の「悪逆無道」とされる行為は一体どのようなことを指すのかが問題となる。それについては、これまでも武田氏研究の中で種々検討されてきた。天文五年六月に武田氏の奉行衆が信虎の裁決により国外に逃亡するといったことが起こっており（『妙法寺記』）、それに見られるような信虎のワンマン体制によるものであるとか、今川氏の家督交代劇に際して、信虎が義元側を支援した際の家臣間に残ったしこりが根にあったことによるとか、説明されてきているが、そうしたことを裏付ける明確な史料が残されておらず、真相は依然として謎である。ただ、当時日本に滞在していたポルトガルのイエズス会宣教師ルイス・フロイスが、信玄が自分の父親を追放したことを非難する文章を上司に書き記していることを見れば（『耶蘇会士日本通信《やそかいしにほんつうしん》』下巻、「異国叢書」3所収。一九七五年）、当時においてもこの事件は世間的に大いに注目され記憶されていたことがわかる。

フロイスの記録

義父信虎の受け入れ

次に問題となるのは、信虎を受け入れた義元側の問題である。義元は駿府に追放された信虎を追い返すことなく受け入れたのであるが、それは義元のまったく知らない状況で飛び込んできたと見るのか、事前に信虎なり晴信との打合せがあってのことなのかが問題となる。もっとも、駿府に行くことになったのが信虎の意思ではなかったと見られることから、義元と信虎との間に事前の連絡があったとは考えにくい。では、晴信と義元の間ではどうであったのか。そのことを考えさせてくれるのが、次の義元の晴信宛の書状である（三―一五六二）。

内々使者を以て申せしむべきの処、惣印軒《そういんけん》参るべきの由承り候際、啓せしめ候。信虎女中衆の事、十月の節に入り、易筮《えきぜい》を勘ぜられ御越しあるべきの由尤に候。此方においても申し付くべく候。かたがた以て天道相定められ候らはば、本望に候。なかんずく信虎御隠居分の事、去る六月雪斎《せっさい》幷びに岡部美濃守《おかべみののかみ》（久綱《ひさつな》）まいらせ候刻、御合点の儀に候。漸く寒気に向ひ候。毎事御不弁御心痛に候。一日も早く仰せ付けられ、員数など具《つぶ》さに承り候はば、かの御方へ御心得あるべきの旨、申し届くべく候。猶惣印軒口上申し候。恐々謹言

九月廿三日　　　　　　　　　義元（花押）

甲府江参

この書状は、年欠であるが、内容から見て信虎が追放された天文十年のものと見て間違いなかろう。問題は、「信虎御隠居分の事、去る六月雪斎并びに岡部美濃守（久綱）まいらせ候刻、御合点の儀に候」の部分をどう解釈するかである。すなわち信虎隠居分（生計費）の負担について、雪斎と岡部久綱が甲府を訪れて晴信と協議し合意を得たのが六月であると記されているのであるが、それが信虎が追放された六月十四日以前のことなのか以後のことなのかが問題となる。以前であれば義元と晴信は合意の上で信虎の追放を受け入れたということになり、以後ならば、驚いた義元が雪斎と岡部久綱の二人を派遣して善後策を協議したということになる。

今川氏の対応

晴信の姿勢

私としては、後者ではないかと考える。というのは、書状の後半部分に記されているのは、先に合意した武田氏の方から送られてくるはずの隠居分が滞っていることに対して、催促している文意と捉えることができるからである。とすれば、晴信は追放しただ

けでなく、その後の信虎の生計についても積極的に面倒を見ようという意思が見られないということになる。そうした晴信の姿勢からみて信虎追放、受け入れについての義元と晴信との間で事前の協議・合意があったとは考えにくい。

同盟への影響

ただ、今川氏と武田氏の同盟関係は、義元と信虎娘との婚姻によって成立していたことを考えれば、この信虎の追放によって壊れたとはいえないにしても、多少のひびが入ったのではないかと、このあとの経過を見て推測されるところである。もっとも義元夫人と晴信とは実の姉弟であり、義元と晴信は義兄弟の関係になるわけで、こうした義兄弟の絆がどの程度の強さを持っていたのかということが問題となるが。

北条氏との和平交渉

武田信玄画像（高野山持明院蔵）

前述したように、連歌師谷宗牧が天文十四年の春に、田子の浦から吉原に渡った時、今川氏と北条氏はお互いに臨戦態勢をとって富士川を挟んで睨み合っていたが、それとほとんど同時期に一方では和平交渉が進められていた。それは、後奈良《ごなら》天皇書写の般若心経を各国に配布するために公家や僧侶が各地に派遣されていたが、甲斐国と伊豆国には京都聖護院《しょうごいん》道増《どうぞう》があたっていた。そして、同年七月七日の義元邸での歌会に、駿府に下向していた道増も参列しており、歌会を指南した冷泉為和《れいぜいためかず》は、道増は「内々東（北条氏）と和与御扱の由也、然る間当国へ御下向の間」参列されたのだと記している（三―一七四〇）。同月十六日の歌会の条（三―一七四三）では、「聖護院門跡《もんぜき》入御也。和与の御扱不調に候て、同十八日午刻ニ御上洛」と記されている。聖護院道増を仲介者とする和与は不調に終わったのである。

義元出陣

これを受けて、義元は、軍事的に決着を付けようとして出陣することとなった。その様子も、『為和集』は、「同（七月）廿三日義元臨済寺（静岡市葵区）へ門出、同廿四日人数立、義元ハ廿四日ノ暁月ニ出て出陣、すぐニ富士ノふもと善得寺《ぜんとくじ》へ着陣」と伝えている（三―一七四三）。

晴信出陣

一方武田方の動きは、『高白斎記』には、八月十日に、武田晴信も善得寺近くに出陣してきており、使者を派遣して今川方の雪斎以下の者に書状と口上を伝えさせ、十一日に直接義元と対面して御身血《ごしんけつ》（血判状《けつばんじょう》）を取り交わして、十三日に甲府に帰ったと記されている（三―一七四四）。

武田・今川の同盟

こうして、武田・今川氏の同盟関係の確認が行われたことが知られる。この間に、今川方は、善得寺からさらに東に進軍しており、須津中里《すどなかざと》の多門坊《たもんぼう》（富士市）に雪斎が奉者《ほうじゃ》となって義元の朱印による禁制が下されている（三―一七四五）。

その後の様子は、『妙法寺記』に詳しい（三―一七四八）。

此ノ年八月ヨリ駿河ノ義元、吉原へ取懸リメサレ候。去ル程ニ相模屋形（氏康）、吉原ニ守リメサレ候。武田晴信様、御馬ヲ吉原へ出シメサレ候。去ル程ニ相模屋形モ大義思シメサレ候而、三島へツボミメサレ候。諏方《すわ》ノ森ヲ全ニ御モチ候。武田殿御アツカヒニテ和談成ラレ候。去ル程ニ駿河分国ヲバ取リ返シメサレ候。

ここで注目すべきなのは、「武田殿御アツカヒニテ和談成ラレ候」という文言である。たしかに晴信は今川氏と同様に吉原城にいる北条氏に対して軍事的圧力をかけ、北条氏を伊豆国三島（三島市）に「ツボミ」（退却）させている。先の義元との血判状の取り交わしがあってのことであろう。しかし、実際の軍事的行動を起こすことなく、晴信が仲介役を果たし、平和裏に和談に持ち込んだと考えられる。晴信が義元方と一体となって攻撃軍を形成していたとするならば、北条方が晴信から持ち込まれた和談に承知するわけがないので、晴信は、今川方から一歩距離を置いた形で事を進めたであろうと推測される。

晴信の和平仲介

そのことは、『高白斎記』に記されたその後の様子からも窺われる（三―一七四九）。すなわち、晴信は、再び甲府を立って九月十二日に本栖《もとす》（山梨県甲府市上九一色）に陣を構え、その後大石寺に移動するが、その間に北条氏康から書状を受け取っている。十六日に

「吉原自落」と記されていることから、氏康の書状は、自軍が退却する代わりに今川方との和談に向けての調停を依頼したものと思われる。そこで、晴信は馬見墓《うまみばか》（馬見塚、富士宮市）へ軍を進める途中で義元と対面して、おそらく北条氏の意向を伝えながら和談のことを進めたのであろう。今川方としては、北条氏が、「三島ヘツボミ」「吉原自落」といった状況で、戦局有利な中で必ずしも同意しなかったようで、義元はさらに東に進軍し、二十日には長窪（長久保、長泉町）まで達する。晴信も同様に東に向かい二十七日に黄瀬川《きせがわ》に達し、おそらく防備のために北条方が落していた橋を架け直したと思われる。このように、状況を比較的詳しく記した『高白斎記』の記載を見ても、今川方と武田方は、必ずしも軍勢一体の編成で進軍していたわけではなかったことがわかる。

武田軍の関与

そして、江戸時代中期に戦国期の東国の諸合戦を著した軍記物であるが、『関八州古戦録』に「義元ハ駿河・遠江両国ノ人数ヲ率イテ、天文十四年己〔乙〕巳ノ秋一本天文十二年九月、長窪ノ城へ押シ寄セ、日々戦ヲ懸ケラル、然レバ氏康、小田原ヲ発シ長窪ノ後詰シテ城兵ニ力ヲ合セント議セラルル」と記されているように（三―一七五二）、長久保城をめぐって今川方と北条方との間に攻防戦が行われた。このことは、『北条記』にも、「駿河勢、小田原衆の籠りし長久保の城を破ると聞えければ、北条氏康、長久保へ加勢を遣すべきよし議せられける」とある（三―一七五三）。いずれにしてもこの戦いに武田軍が加わっていたという徴証は見あたらない。

長久保城周辺の動向

義元は、十月二日付で、長久保城の南の沼津妙覚寺《みょうかくじ》大善坊宛に禁制を下し（三―一七五九）、武田方は、同六日付で長久保城の北の普明寺《ふみょうじ》（裾野市）に禁制を下している（三―一七六一）。長久保城の北条勢は南北から挟まれた格好となり、劣勢は覆いがたい状況となり、北条氏康は、十日付で勝利を祈願する願文《がんもん》を鶴岡八幡宮寺《つるがおかはちまんぐうじ》に出している（三―一七六二）。

開発で跡をとどめない長久保城址

和議交渉

これ以降の展開についても、『高白斎記』に詳しく記されている（三―一七六三）。まず、十月十五日に、武田方の板垣信方《いたがきのぶかた》・向山《むこやま》又七郎・高白斎（駒井政武《こまいまさたけ》）の三名が氏康の陣所である伊豆国三島の東部桑原《くわはら》（函南町《かんなみ》）へ出かけている。おそらく和議について話し合ったのであろう。そして、二十四日に管領《かんれい》・義元・氏康三者互いの誓約書が晴信のもとに届けられた。この管領とは関東管領、山《やまの》内《うち》上杉憲政《のりまさ》のことであり、この時期、憲政は上野《こうずけの》国《くに》平井城（群馬県藤岡市）にいたようで、北条氏の関東北部への伸張に対し敵対しており、おそらく義元からの申し出もあってであろう、当時北条氏の拠城であった武蔵国河越城《かわごえじょう》（埼玉県川越市）を攻撃していた。まさに戦国期特有の遠交近攻策が取られていたのである。北条氏にとっては、西から今川勢、北から上杉勢の攻撃を受けることになる。こうしたこともあって、和議の方向に向かったのであろう。

続く戦闘

しかし、義元はなお攻撃の手をゆるめなかったようで、和議の詰めのために高白斎が三度雪斎のもとに出かけ、ようやく二十二日に矢留《やどめ》（休戦）となる。しかしながら、それでも完全な休戦とはならず、二十九日に朝佐の陣所で談合が行われた。その内容は必ずしも明らかでないが、北条氏方がこれ以上境目城《さかいめじょう》の占領を続けるならば、義元方も「落着ヲヒルカエシ」応戦するであろうし、晴信も出馬せざるを得ないといったことが主張されたのであろう。そうした衝突を避けるために朝佐と雪斎が合意し、武田方の板

和談の成立

垣信方・高白斎へ伝え、ようやく決着がつくこととなった。そして十一月六日になって北条氏は長久保城を開城することになり、足かけ九年に及ぶ戦乱に終止符が打たれたのである。義元二十七歳の時のことである。なお、ここに出てくる「朝佐」は、文脈から見て北条氏方の人物と考えられ、北条氏家臣で伊豆国三島近辺に所領を有していた朝倉氏一族の一員ではないかと思われる。

雪斎の役割

問題は、この一連の和平交渉の中で雪斎がその先頭に立っていることである。先述した信虎の追放事件に際して、その隠居分について武田氏と交渉したのも雪斎であったことを思い起こせば、そもそも義元と武田氏を結び合わせたのが雪斎および京都で交流のあった公家・文化人であったのではないかという先の推測を裏付けるものといえよう。

乱後の波紋

東国の三戦国大名が一〇年近くもの間確執しあい、ようやくここに終息したわけであるが、だからといってすべての対立・矛盾が水に流され、和合したというものではない。むしろ強大な領国を率いる権力者として、表に現れない内に秘めた思惑や本音が見え隠れしている。

松井貞宗宛書状

その一つは、戦いと和平交渉のすべてが終わった十一月九日に晴信が今川氏の重臣松井貞宗《さだむね》に出した一通の書状から窺うことができる（三―一七六四）。書状には、「この度合力するために（甲斐から）越山してきた理由は、去る酉年（天文六年）に申し合わされた義元と信虎娘との縁嫁によって、今川氏と北条氏との執合（河東地域の領有権争い）が生じたと世間が風聞しているので、晴信が（信虎を追放して甲斐国を）治めることになってからの五年間、（その対応について）今川氏と話し合ってきて、このたび同心して、ともに働いたところである。（その結果）吉原城をはじめ分国（占領されていた河東地域）を悉く取り戻したことは、自分にとってもこれ以上ない満足すべきことである。（しかし）これ以上の（北条氏に対する攻撃の）手立てについて、（今川方と武田方が）話し合うべきであるということであるが、今川氏と北条氏とは骨肉の間であり、駿府にいる大方《おおかた》（寿桂尼《じゅけいに》）のお考えも計り知れないことであるから、和平を取りなしたのである。もし長久保城を攻撃したならば、まだ数日かかるであろうし、敵味方に多くの死者が出て、この間の対立は限りなく続くことになる。たとい氏康が倒れたとしても、数十年後には関東の諸勢力と北条氏とが手を結び、（今川氏に対抗してくるとすれば、今川氏の）主張する所領に対する論拠が弱まることになるかもしれない。以上のことを考えて、和平を取り持ったのである。今後、もし「偏執の族《やから》」（北条氏を追撃すべきと主張する家臣）が出てくれば、このことを説明して、今後長く平穏に向かえるようにすることが大事なことである」と記されている。

寿桂尼の存在

ここで重要なことは、大方（寿桂尼）の存在が省みられていることである。ここからは、寿桂尼は、自分の娘が北条氏康の正室になっており、その間には幾人かの子供も誕生しているため、そうした骨肉の関係から、今川氏が北条氏と戦うことを望んでいないことが窺われる。さらにいえば、今川氏と北条氏の対立が生じるような義元と信虎娘との婚姻について、それを押し進めたと考えられる雪斎の方針と行動に対して批判的であったのではないかと考えられることである。

寿桂尼と雪斎の確執

前述したように義元の生母である寿桂尼と、義元の師範・先達者《せんだつしゃ》である雪斎との間に溝ができており、それが今川氏のみならず周辺大名を巻き込んでさまざまな波紋をもたらしているのではないかということである。晴信は、そのことを推し量って「駿府にいる大方（寿桂尼）のお考えも計り知れない」と記していると考えられる。

織田信秀宛書状

今一つの波紋は、氏康が尾張国の織田信秀《おだのぶひで》に出した書状に見受けられる（三―一八八八）。河東一乱終息後、後述するように義元が雪斎を立てて、三河国平定に乗り出し、同じく同国に触手を伸ばしていた信秀と厳しく対立することとなるのであるが、その最中の天文十七年三月十一日付で北条氏康が、織田信秀からの今川氏と北条氏との関係についての問い合わせに対して「先年一和を遂げ候と雖《いえど》も、彼国よりの疑心止むこと無く候」と答えていることである。同日付の他の返書では（三―一八八九）、「彼国よりの疑心止むこと無く候、迷惑候」と記している。氏康と義元との間には抜きがたい不信感が醸成されていたといえよう。

以上、天文五年三月の氏輝・彦五郎の同日死去に始まった激動は、義元を頂点とした今川氏だけにとどまらず、東国諸大名にさまざまな波紋を残して一応終息するのである。

二　今川氏の三河国侵攻

氏親の三河侵攻と挫折

今川氏の三河国への侵攻は、氏親が叔父にあたる北条早雲の助けを得て文亀《ぶんき》年間（一五〇一～〇四）に始めたが、永正《えいしょう》五年（一五〇八）に安祥城《あんじょうじょう》（愛知県安城市）の松平長親《ながちか》と衝突して敗戦する（三―一四八七・八）。それ以降は、駿河・遠江国の領国化に専念したようで、三河国への侵攻は見られない。氏親のあとを受けた氏輝もどちらかといえば対武田氏との対応に追われて、三河国へは進出していない。

義元の三河侵攻

そして、河東一乱を一応終息させた義元は、雪斎を大将として、天文十五年（一五四六）冬になって、いよいよ三河国平定に向けて行動を起こす。まず当時戸田宣成《とだのぶなり》が居城としていた今橋城（愛知県豊橋市）を攻め、引き続いて翌年秋に戸田氏惣領家の居城田原城を攻め取っている。この間に、岡崎城（同岡崎市）にいた松平宗家の広忠《ひろただ》は、織田信秀の侵攻に対して義元の支援を仰ぐために嫡男竹千代《たけちよ》（のちの徳川家康《とくがわいえやす》）を人質として差し出すが、途中で田原城の戸田氏に奪われ、竹千代は信秀の下に送られるという一幕があり（三―一八七三）、織田氏の同国における影響力が次第に強くなっていたことが窺える。

三河国内の情勢

この時期の三河国には、いまだ絶対的な力を持つ勢力は生まれていず、西三河岡崎城を居城とする松平宗家や一族、東三河の山間部に盤踞する奥平氏や菅沼《すがぬま》氏、平野部の牧《まき》野《の》氏や戸田氏・吉良《きら》氏など各地の国人が、相互に牽制しあい対立する状態であった。また、そこに尾張国で勢力を伸張させていた織田氏が侵攻し、いまだ混沌とした状態にあった。そうした中で、この時期になぜ義元が三河国侵攻に取りかかったのかが問題となる。

三河侵攻の理由

一般的に戦国大名は、領国支配の矛盾を外に向けるために領国の拡大を策し他領へ侵攻すると考えられている。義元にもそうした意思がなかったとはいえないが、一つには三河国が今川氏発祥の地吉良庄今川を含む国であり、その領国化は父氏親以来の宿願であったことによると思われるが、そうしたことを直截に示す史料は残されていない。また、先述したように三河国がいまだ国人領主や在地土豪が割拠する状況で、松平広忠の支援の要請もあり、手に入れやすいということも考えられたかもしれない。こうした諸々の理由をあげるだけでなく、河東一乱勃発の際に、北条氏が三河・遠江国工作を行い、今川氏を挟み撃ちにしようとしたことが、その契機の一つになったのではないかと考えられる。北条氏の工作に田原城の戸田氏が応じていたことを考えればあながち的はずれの推測ではないといえよう。そして、この三河国侵攻も、雪斎の主導のもとに進められたのである。

天野景泰の戦功

天文十五・十六年における今川軍による三河国今橋城・田原城への攻撃に際して、今川軍の一翼を担って戦功を挙げた武将の一人に北遠の犬居城（浜松市天竜区）城主天野景《かげ》泰《やす》がいた。景泰は、天文十五年十一月二十五日付で、義元より「今月十五日辰剋、同城（今橋城）外構乗り崩しの刻、不暁に宿城へ乗り入り、自身粉骨をつくし、殊に同名・親類・被官《ひかん》以下疵《きず》を蒙り、頸《くび》七討ち捕りの条、各《おのおの》別紙感状を遣わす也」といった内容の感状を受けている（三―一八二〇）。また、翌年七月八日には、三河国長篠《ながしの》医王寺《いおうじ》（愛知県新城市）裏山の医王山砦の普請に際して奔走したことや、「東西陣労打ち続」いたことに対して義元より勲功を賞せられている（三―一八四七）。さらに同年九月五日の田原城攻めの合戦に際しても叔父の虎景とともに二度にわたって義元より感状を受領している（三―一八六五・六・八）。

また、この両度の戦いにおける戦功については、大将格であった雪斎と監察的役割を果たしたと思われる遠江国引間《ひくま》城《じょう》（浜松市中区）城主飯尾元時《いのおもととき》からも懇《ねんご》ろな慰労の書状（三―一八七六・七）を受けている。そして、田原城の戦いで戦傷した家臣などのリスト（手負人数注文）を今川軍の奉行中に提出し、それが雪斎を通じて義元に披露され、そのリストに義元の証判が記されて戻されている（三―一八六〇・一）。そのリストとは次のようなものである（人名は、原文では一段で書かれている）。

手負人数

天野小七郎　鑓《やり》手二ヶ所
松井二郎三郎　矢手三ヶ所
奥山小三郎　矢手壱ヶ所
大石新三郎　刀疵二ヶ所
花島三郎左衛門　矢手一ヶ所
気多清左衛門　鑓手二ヶ所
同名大郎兵衛　鑓手三ヶ所
同名新二郎　矢手壱ヶ所
松原三郎左衛門　矢手壱ヶ所
木下藤三　矢手壱ヶ所
桑原弥五郎　矢手二ヶ所
三宅左衛門大郎　矢手壱ヶ所
尾上《おのうえ》被官　矢手壱ヶ所
花島下
中間《ちゅうげん》　矢手壱ヶ所
八郎大郎　矢手壱ヶ所
亀若　矢手壱ヶ所
右馬大郎　鑓手壱ヶ所
彦大郎　矢手二ヶ所
力者　矢手一ヶ所

九月五日　天野景泰判

御奉行中参

一覧証
義元判

天野氏の戦功

このリストは、手負いを蒙ったものだけ書き上げられているに過ぎないが、それでも、一族の小七郎や家臣・被官、さらには中間といった多様な身分の者が書き上げられている。九月二十日付で与えられた義元の感状（三―一八六八）では、「同名・親類・同心・被官以下」と記されており、当時の天野氏の部隊編成がある程度推測され、同時に天野氏がその総力を挙げてこの戦いに参陣し、戦功を挙げたことがわかる。

寄親寄子制

戦国大名の軍事・家臣団編成は、今川氏もそうであったが、寄親寄子制《よりおやよりこせい》であったとされている。右の天野氏の率いた部隊もまさにそれに相当するものであったといえよう。寄親も寄子もともに当主今川氏から土地などの給付を受けた給人《きゆうにん》（家臣）であり、主従関係にあったが、より下級の給人は、上級の給人に預けられて、その保護を受けつつ、その指揮・命令のもとに行動するというシステムがとられていた。そして、その上下関係を親子関係に擬して上級の給人が寄親と呼ばれ、下級の給人が寄子と呼ばれたのである。寄親は奏者《そうじや》とも、寄子は与力《よりき》とか同心《どうしん》とも呼ばれた。

右の感状に見える同心とはそうした者たちである。それに対して同名・親類とは、寄親と同姓の者や一族の者をいい、被官は同心（寄子）と異なって、今川氏の給人ではなく寄親の家臣で、今川氏当主からいえば又被官、陪臣《ばいしん》ということになる。中間はそれよりさらに下級の従者であった。天文二十二年（一五五三）に義元が制定した「かな目録追加」（三―二二七二）においても第二条から四条にこの寄親寄子制のことが規定されている。とくに四条では、寄子が「他の手へ加はり、高名すと云う共、法度《はっと》に背くの間、不忠の至り也」と規定されており、戦場での個人プレイを戒め、寄親寄子関係の遵守、組織行動を求めていたといえよう。

天野氏の部隊編成

右の手負注文から、寄親である天野氏は、一族と当主から預けられた同心、さらには自身の家臣・従者を引き連れて参陣したということがわかる。これは、織田信長《のぶなが》が天正《てんしょう》三年（一五七五）の有名な長篠合戦で見せた鉄砲隊といった軍備による組織的編成とは根本的に異なっており、そうした合理的な編成にはいまだ至っていなかったといえよう。

手負いの種別と人数

次に、この手負注文で注目すべきことは、手負いの種別と人数である。刀疵はわずかに一名で、鑓疵を負った鑓手も四名で、大半の一四名が矢に当たって傷ついた矢手であったことである。ここから戦いの実際をイメージするならば、直接敵と面と向かい合って刀や鑓で戦ういわゆる白兵戦というよりは、一定の距離を置いて飛び道具である弓矢で相手を打ち負かせ、その上で、白兵戦に持ち込んだのではないかと想像される。これは一般に武士の戦い方として騎馬武者がそれぞれ名乗りを挙げて刀や鑓で相手を打ち落とすといった、比較的古典的な戦い方から見れば、多少は組織的になっていたのではないかと思われる。ただ、今川氏代々の当主が与えたおよそ一二〇通の残されている感状を通覧すると、そこに見える戦闘の様相はこの手負注文から窺えるような飛び道具を主力とするものではなく、相変わらず白兵戦が主要なものであったことも付け加えておきたい。

田原城合戦

さて、この田原城合戦は、天文十六年（一五四七）のことで、すでに日本には鉄砲が伝来していたが（天文十二年〈一五四三〉）、この戦いで鉄砲が使われたという兆候は見られない。今川氏領国で史料的に鉄砲のことが見えるのは、これより九年後の弘治《こうじ》二年（一五五六）のことである。その十一月二十九日に、当時駿府に滞在していた公家山科言継《やましなときつぐ》が、遠江国から到来した鉄砲で撃ち落とされた鵠《くぐい》（白鳥の古名）一羽を、当主の義元から送られてきたことをその日記『言継卿記』（三―二四三六）に記している。また、翌年正月九日の条に、これも駿府滞在中の松平親乗《ちかのり》が、鉄砲四挺で鶴一羽・雁《がん》一二羽・鴨三羽を射落としたことを記している（三―二四八四）。このように、この時期になっても鉄砲が軍事用ではなく狩猟用として主に機能していたことがわかる。

今川氏の鉄砲使用例

今川氏関係の文書で、軍事的に鉄砲が使用されたことを示すものは、永禄元年（一五五八）四月二十四日の三河国寺部城《てらべじょう》（愛知県豊田市）城主鈴木重辰《しげたつ》との合戦で、今川方の足立《あだち》右馬助《うまのすけ》弟甚尉が鉄砲に当たり討死した戦功を賞した義元の感状が初見である（茨城県立歴史館保管文書、内山俊身「三河寺部城合戦と今川義元感状」『戦国史研究』五二号、二〇〇七年）。ついで、今川氏重臣朝比奈親徳《あさひなちかのり》が安房国妙本寺《あわのくにみょうほんじ》（千葉県鋸南町）に出した永禄三年八月十六日付の書状（三―二八一三）で、桶狭間《おけはざま》で義元が討死した時、自分は鉄砲に当たりその場にいなかったと記している。以上の二例は、いずれも今川方の武将が鉄砲に撃たれたもので、今川方が鉄砲を使用した証跡ではない。これに対して、永禄七年（一五六四）三月二日付の大村高信《おおむらたかのぶ》宛の遠江国引間口での戦いに際しての大村の被官小左近《しょうさこん》や神村小六《かみむらころく》などの戦功を賞した氏真《うじざね》の感状（三―三二九七・八）では、「鉄砲相放」と記された文言が見え、今川方の鉄砲使用例の初見といえる。これは鉄砲伝来から二〇年前後あとのことになる。これが遅いと見るか早いと見るかは一概に決めがたいが、交通・流通の発達した東海道筋に盤踞した戦国大名としては、物足りないものが感じられる。今川氏の体質を窺わせるものであろうか。

周辺氏族の服属化

雪斎は、天文十五・十六年の今橋城・田原城攻略につづいて、今橋城周辺の世谷口《せやぐち》や西郷谷（愛知県豊橋市関屋町・西郷町か）、さらに北部の長沢などに砦を普請し、飯尾氏や井伊氏、東三河牛久保《うしくぼ》の牧野氏などに命じて、兵粮を確保し陣備えをした（三―一八五六・八）。また、義元は、三河西北部の設楽郡山中《したらぐんやまなか》（同新城市）一帯に勢力を張っていた作手《つくで》氏や藤河氏、あるいは奥平氏といった大小の地侍・国人に本領を安堵したり新知を与えて服属させていった（三―一八五五・一八八三）。

その後も引き続いて織田氏の侵攻があり、今川勢は、それに対抗するために東海道筋を北上して岡崎城の手前小豆坂《あずきざか》(同岡崎市)において織田勢と正面衝突することとなる(三―一八九五・六)。世に小豆坂合戦といわれる戦いで、天文十七年三月のことである。この戦いの様相については、松平家忠《いえただ》の曾孫忠冬《ただふゆ》が、『家忠日記』を増補追加するという体裁で幕府創業の歴史を編述した『家忠日記増補追加』(三―一八九五)に次のように記されている。

(三月)十九日、織田信秀岡崎ノ城ヲ陥レント欲シテ、兵ヲ三州ニ発シ、安祥ノ城ニ至ル。予メ駿州ニ其ノ聞エアリ。是ニ依テ今川義元、広忠君(松平)ニ援兵トシテ雪斎和尚(駿州臨済寺ノ住持)ヲ首将トシ、両朝比奈・岡部五郎兵衛尉等ヲ相副エ、軍士数千騎ヲ三州ニ発シテ、藤川ノ駅(同岡崎市)ニ屯ス。

同書はつづいて、このあと両軍の部将の名前を挙げて、その活躍の様を織り交ぜながら、両軍が一進一退したことを記したあと、次のように締めくくっている。

其ノ外織田カ兵死亡ノ者五十余人。是ニ依テ信秀又戦フ事ヲ得ズ、軍ヲ上和田(同前)ノ砦ニ退ク。又駿州ノ兵モ藤川ノ駅ニ兵ヲ収ム。其ノ後信秀上和田ノ砦ヨリ陣ヲ安祥ノ城ニ移シ、織田三郎五郎信広ヲシテ、此ノ城ニ留テ守ラシム。信秀ハ兵ヲ引テ尾州ニ帰ル。是ニ依テ今川カ兵モ又軍ヲ駿州ニ収ム。

『三河物語』の記述

家康の家臣大久保彦左衛門忠教《おおくぼひこざえもんただのり》の記した『三河物語』（三―一八九六）においてもほぼ同様のことが記されている。これらの記述は合戦から半世紀前後のちに著されたものでどこまで事実に基づいたものか断定はできないが、伝聞とはいえ人々の記憶が薄らぐ以前の時期のことと思われるから、一応信頼のおける記述といえよう。

今川勢の視点からいえば、雪斎を大将として、両朝比奈氏や岡部氏が参陣しており、それなりに総力を挙げての戦いであったといえよう。そして額田郡《ぬかたぐん》藤川宿を確保したことは、西三河への足がかりを得たわけで、三河侵攻にとって大きな前進であった。

三河支配の開始

義元は、戦後、家臣西郷弾正《だんじょう》左衛門尉（三―一八九四）、松井惣左衛門（三―一九〇二）、朝比奈藤三郎信置《とうさぶろうのぶおき》（三―一九〇八）、岡部五郎兵衛尉元信《もとのぶ》（三―二二四二）などに、合戦での戦功を賞する感状を与えており、西郷や大村弥三郎（三―一九二七）などには三河で所領を安堵したり給与したりしている。また、額田郡山中八幡宮（愛知県岡崎市）の神職竹尾二郎左衛門尉（三―一九二六）、渥美郡《あつみぐん》東観音寺（同豊橋市、三―一九一三）、同太平寺（同前、三―一九一五）、同長興寺《ちょうこうじ》（同田原市、三―一九一五）などの寺社に対しても寺社領の安堵や寄進を行っている。こうして、軍事的侵攻に平行して三河支配を着々と調えていった。

氏輝十三回忌供養

義元は、小豆坂合戦の直前の天文十七年三月十七日に駿府臨済寺で兄氏輝の十三回忌の仏事を執り行っている（三―一八九〇）。その法事に際して京都天竜寺三秀院《さんしゅういん》住持の江《こう》心承薫《しんじょうくん》が読み上げた拈香文《ねんこうもん》（死者に哀悼の意を表して読み上げる文）に、以下のようなことが綴られている（三―一八九一）。

大日本国駿河州居住大功徳主源朝臣義元、天文十有七年三月十有七日、伏して臨済寺殿（今川氏輝）用山玄公大禅定門一十三白遠忌の辰に値《あ》い、預じめ大竜山（臨済寺）に就き、緇流《しりゅう》（僧侶）を集め、白業《びゃくごう》（善業）を修め、大日覚王尊像者（大日如来像）一躯を彫刻させ、法華妙典を頓写、漸写させ、若干部を印写す。水陸妙供・円通妙懺各一会。英檀（義元）、自から寿量一品を書し、且つ十の如是を十首の和歌に演出す。筆墨を以て仏事を成す者を尚《たっ》とぶべし。

義元の素養と気概

臨済寺での氏輝十三回忌に際して、義元は大日如来像を彫らせ、法華経を写経させるなど、その法会《ほうえ》を用意し、自らも法華経寿量品を書写し、一〇点の如是（仏説）を詠み込んだ一〇首の和歌を奉納したということで、幼少から仏門に帰依した素養と気概が感ぜられる。拈香文は、そのあと、雪斎についても読まれている。

且つ復た太原禅師、竜山（臨済寺）山主として、晨《あした》に鐘、暮に鼓（を鳴らすごとく）、礼楽を一新す。月に斧、雲に斤《まさかり》（を打つごとく）、輪奐の美を尽くし、頃日山門・仏殿落成す。鳳《けだか》き手で施し修め、修造す住持、説法す住持、二難相并び、今日適《たまたま》此の忌辰に際し、禅師、英檀の厳命を伝え、雲老師（大休宗休《だいきゅうそうきゅう》）を拝霊し、陞座して、普説《あまねくとか》しむべしと。

雪斎の役割

雪斎もまた、臨済寺住持として、「修造住持、説法住持」と云われるように伽藍の維持と教説の布教に努めていたが、この日の仏事を執り行うことができないことより、義元の厳命で京都妙心寺住持の大休宗休を招き導師としたということである。あからさまに三河攻めの大将であるから参列できないとは記されていないが、今川氏としては、三河攻めには大将である雪斎を欠かすことができずこのような仕儀になったのであろう。しかし、考えてみれば両者の役割はおかしなものといえよう。武家の長である義元が仏事を執り行い、寺家の長である雪斎が軍事を司るというのは、普通に考えれば逆転しているといえよう。しかし、これが不思議でないところが義元と雪斎の関係であったといえよう。二人が車の両輪のようにして今川領国を維持し拡大しつつあったのである。

大休宗休を臨済寺に招く

なお、この直後大休宗休が、臨済寺住持として入寺している。そして、義元に秀峰《しゅうほう》宗哲《そうてつ》という法名を与え、「富士蓬萊《ほうらい》日本東、山顔不老寿無窮、虚空背上擡頭看、百億須弥立下風」（三―一九〇四）という祝いの偈《げ》を詠んでいる。富士山の大きさに譬《たと》えて戦国大名としての義元の発展を祝したものであろう。しかし、大休宗休は翌年八月二十四日に、その後の義元の発展の様を見ることなく死没する（三―一九三六）。

松平広忠の暗殺

今川勢が、小豆坂合戦を優勢の内に終息させたあと、西三河で急変が起こる。天文十

安祥城跡

八年三月、西三河の中央に位置する岡崎城の城主であり、これまで今川氏を頼って織田氏と対抗していた松平氏の宗家広忠が織田方の刺客によって殺害されたのである。事態は当主の死没だけですんだが、世継ぎとなるべき嫡子の竹千代が織田方に人質として取られている状況であり、宗家および岡崎城存続の危機ということができる。そこに乗じて、今川勢は雪斎以下の軍勢を岡崎城に入れ、同城を接収する。

今川勢の三河侵攻

その後、今川勢は、荒川義広《よしひろ》なる者の本拠である吉良荒河山（八ツ面山、愛知県西尾市）を攻め（三―一九四八）、引き続いて北上して当時織田方に与していた桜井松平氏の桜井城（同安城市）を破る。さらには、三河の中央部に位置する安祥城や岡崎城の北部の上野端《うえのは》城《じょう》（同豊田市）を攻め（三―一九五九）、ついには信秀の子織田信広《のぶひろ》が守備する安祥城を遠巻きにした上で攻撃に取り懸かる。

今川方の部隊編成

江戸時代初期に編まれた徳川氏創業史の一つである『三河記』は、その時の今川方の部隊編成を次のように記している（三―一九五〇）。まず、大将は雪斎長老で、松井・朝比奈が名代として、義元に代わって軍を指揮したことになっている。部隊編成は、大手表の一番は岡崎衆、二番は朝比奈備中守《びっちゅうのかみ》組、三番は近習《きんじゅう》・雪斎和尚で、搦手《からめて》は鵜殿長《うどのなが》門守《とのかみ》組・岡部五郎兵衛組、南面は三浦左馬助《さまのすけ》・葛山播磨守《かずらやまはりまのかみ》、西ノ手北口は飯尾豊前守《ぶぜんのかみ》という布陣であった。岡崎衆が大手表《おおておもて》一番組になったのは、岡崎城の松平一門や譜代の面々が、このたびの戦いは自分たちの存亡に懸かることであり、地理・地勢に詳しいことから案内者となるという申し出によるものであったと記す。

戦闘の様子

次に、『家忠日記増補追加』では、その後の戦闘の様子を次のように記している（三―一九五二）。まず、松平方の兵が、織田方の援兵である平手政秀《ひらてまさひで》の陣を不意に襲って破り、その後追撃して、安祥城に攻め入り二の丸、三の丸を破る。敵方もよく奮戦して、味方の本多平八郎忠高《ただたか》が前嶋伝次郎《まえじまでんじろう》の矢に当たり討死し、榊原藤兵衛尉《さかきばらとうべえのじょう》なども戦死したということである。戦死した本多や榊原は、いずれも松平広忠の家臣であり、先掲『三河記』に記された「大手表一番岡崎衆」に属する者たちということができる。こうして今川・松平勢が安祥城を包囲した上で、捕虜にした織田信秀の庶子信広と織田方に人質となっていた松平竹千代との交換が行われたのである。六歳の竹千代は今度は駿府に送られた。

三河全域を制圧

こうして安祥城の合戦に至る一連の戦闘において、勝利した今川方は、幡鎌《はたかま》平四郎（三—一九四八）、天野景泰（三—一九五九）、弓気多《ゆげた》七郎次郎《しちろうじろう》（三—一九六三）、御宿《みしゅく》藤七郎（三—一九六四・五）、大村弥三郎（三—二〇八二）などに感状を与えている。それとともに、三河国全域をほぼ制圧したことにより、その支配を整備、強化していくこととなる。とくに後述するように天文年間末年に今川・武田・北条三氏による駿甲相三国同盟が取り結ばれて以後、義元の三河国の寺社や給人への所領の宛行《あてがい》・寄進・安堵《あんど》に関わる判物《はんもつ》などの発給が多くなること（三—二二五七〜二二六七）を見てもそうしたことがいえよう。

雪斎の上洛と妙心寺入寺

なお、三河が今川氏の領国にほぼ組み込まれた段階で、そのことを主導した雪斎が、三河を離れ上洛していることは、その後の三河の支配にとって重要な点であろう。雪斎の上洛は、天文十九年正月二十六日に内裏《だいり》で歌会を主催していることによって知られる（三—一九六九）。三月二十九日には、雪斎は京都妙心寺に入山し、第三十五世の住持名義となり、後奈良天皇より紫衣《しえ》を受けている（三—一九七七・八）。小和田哲男氏によると、この時、雪斎は、妙心寺山門造営経費として五〇貫文を寄進し、大徳寺《だいとくじ》に牧渓筆の三幅対の「中観音左右猿鶴図《ちゅうかんのんさゆうえんかくず》」を寄進したということである（「太原崇孚雪斎研究」『小和田哲男著作集』第二巻所収）。おそらくこれらの寄進行為は今川氏の財力があってのことと思われる。

広範な雪斎の活動

その後、雪斎は、閏五月二十七日に、義元正室である武田氏（信虎娘）の病気見舞いに駿府を訪れた武田氏家臣駒井政武（高白斎）と会っており（三―一九九二）、駿河に帰国していたことがわかる。また、六月二日に行われた同女の葬儀に際しては僧団の一人として秉炬《へいきょ》の儀を執り行っている（三―一九九三）。さらに十一月十七日付の後奈良天皇女房奉《にょうぼうほう》書《しょ》の雪斎宛の権大納言《ごんだいなごん》四辻季遠《よつつじすえとお》副状奥書（三―二〇一七）によれば、翌春に再び上洛する予定になっていたようである。この女房奉書は、後述するように三河国鴨田郷大樹寺《かもだごうだいじゅじ》（愛知県岡崎市）が天皇の勅願寺《ちょくがんじ》でありながら、衆中に内紛が生じ義元にその保護を求めたものである。これを受けて、雪斎と朝比奈泰能《やすよし》は同月二十九日付で大樹寺に対して不入の地として寺領および祠堂以下を安堵している（三―二〇一九）。また、この頃のものと思われるが、義元と織田信秀の和睦を取りはからうようにという後奈良天皇女房奉書（三―二〇二八）が雪斎に出されている。

このように、雪斎の上洛は、単に臨済宗の僧として最高位の妙心寺住持になる目的だけでなく、おそらくは、義元の三河領国化についての朝廷・幕府筋への了解取り付けの運動のためであったと考えられる。この間、雪斎は、十二月十一日付で義元に対して、今川家としての諸宗寺院に対する取るべき礼式を書き記している（三―二〇二六）。

今川氏の三河支配

今川氏は三河国に軍事的に侵攻するとともに、その領国化を進めていたが、その方策は多岐にわたっていた。今川氏の三河支配について研究上その先鞭を付けた新行紀一氏は、⑴義元は三河守護としての立場に立ち、三河一国の行政権を掌握した。⑵三河の諸領主に対して本領安堵や社寺領の安堵・寄進を行った。⑶検地を実施し、百姓前直納体制を創出した。⑷「領」を設定し、支城在番制をとった。⑸松平家臣団の解体・再編を行った。⑹交通制度の整備に務めた。以上の六点を指摘している（「今川領国三河の支配構造」）。こうした包括的な指摘を受けて、その後研究が深められ、一九九二年には所理喜夫氏（「戦国大名今川氏の領国支配機構」）や久保田昌希氏（「今川領国三河の政治的特質」、同氏『戦国大名今川氏の領国支配』所収）らによって、その領国支配機構を論ずる研究が同時に出され、その推移と構造が明らかにされた。

所氏は、天文十九年までの本格的三河侵攻期とその後の相対的安定期に分けて、前期は、非常時における大名権力の代行者としての雪斎が、義元の側近である朝比奈親徳や泰能らとの合議によってその支配を施行したとされ、後期には雪斎が三河の国政から離れ、駿府の宿老《しゅくろう》・奉行人の中から選任された「御奉行」が駿府政権の意を受けながら国政を執行したと、時期的にそのあり方を区別された。ただ、西三河については、松平党の国人一揆機構を「駿府政権→奉行人→小奉行人（松平宗家上層家臣団）→松平庶家一門・被官」といった関係に転換させたとして、その独自性を指摘されている。これに対して、久保田氏も、東三河と西三河とでは支配機構に差が見られ、東三河では今川氏権

西三河の支配体制

力が貫徹していたが、西三河では基本的に松平氏の譜代給人が奉行となり在地支配を行っていたと主張され、両氏の見方は基本的に一致しているといえよう。こうした先学の研究は傾聴に値するものといえる。

雪斎の位置づけ

とくに雪斎の位置付けについては、これまでしばしば指摘されているような軍事的に謀略・策略に長けている軍師といったような見方ではとらえきれない。所氏が検討されているように、天文十五年前後に出されたと見られる朝比奈泰能から牧野保成《やすなり》宛の九月十六日付の書状（三―二〇五三）に見える「雪斎其国事倓条、諸事御談合尤候」の文言に端的に示されている「三河国事」という雪斎に委ねられた権限をどう理解するかが問題となろう。

雪斎発給文書と権限

この間の雪斎関係の文書を見ると、天文十六年の田原城攻めに際して牧野保成に対して陣備えや兵粮確保について指示しており（三―一八五六・一八五八）、天野景泰に「陣番慰労」の書状（三―一八七七）を出している。天文十八年の上野端城攻めに際しては天野景泰の戦功を賞した義元の感状（三―一九五九）に、「雪斎異見」に任せて後詰めの手当として安祥城に留まっていたことが賞されている。上述した軍記物などに記されている軍勢の大将としての働きだけにとどまらず、軍事指揮権や催促権を掌握していたといえる。また、天文十五年の今橋城攻略後に、野々山甚九郎《ののやまじんくろう》に対して忠節を賞し、細谷郷《ほそやごう》（愛知県豊橋市）を交付する判物（三―一八二三）を出しており、天文十八年には大津郷太平寺領の寺領目録（三―一九二八）を作成している。おそらくその前提には寺領検地を実施していたと考えられる。こうしたことから、雪斎は占領地における下地支配権も委ねられていたといえる。

また、天文十六年には吉田の牛頭天王社《ごずてんのうしゃ》（同豊橋市）の神輿《しんよ》を造営（三―一八四三）したり、同十九年には先記の大樹寺が「衆中未断衆相交わられ候」状況で「猥僧」が出現し混乱していることに対して、朝廷の意向を受けた雪斎と朝比奈泰能が連署（三―二〇一九・二一〇）して住持に「御勅願所の上は、不入の地として、本末寺・田畠の直務、祠堂以下、旧規のごとく相違あるべからざる者也」とその保護を伝えている。このように寺社興行権も発動していた。

義元の存在

ただ、このような三河の現地での雪斎の権限も義元のオーソライズがあって初めて最終的に効力を持ったのである。先に挙げた野々山甚九郎に対する細谷郷の交付も、翌年二月三日付の義元の「雪斎契約の旨にまかせ、これを充行うところ也」と記された判物（三―一八三三）によって保証されており、太平寺の寺領目録についても義元の証判が据えられることによって効力を持ったのである。吉田の天王社造営についても義元を大旦那としており、大樹寺における紛争についても翌年の六月に義元が裁許を下している（三一二〇五一）。前記した天野景泰軍勢の手負い注文に対して義元が証判（三―一八六〇）を加えているのもそうした意味である。公事訴訟についても、雪斎が天文十五年の今橋城陥落後、牧野保成が今橋は自分の名字の地であることからその跡職《あとしき》を要求した訴訟などに対して、朝比奈親徳や泰能などとともに対応しているが（補遺―一二四・五）、それには「屋形判形を遣わされるの上は、別儀あるべからず候。尚只今承り候間、我等印を加え申し候」と、義元の裁許が前提となっている。

義元の代行者

以上のごとく雪斎の権限は、あくまで三河国での当面の処断であって、今川氏当主である義元の権威と権力を背景として意味を持っていたのであり、その役割と性格は、先学の指摘するように代行者以外の何者でもなかったといえる（平野明夫「太原崇孚雪斎の地位と権限」『駿河の今川氏』一〇、一九八七年）。しかし、雪斎という高い識見と広い視野の持ち主でなければ務まらなかったことも事実であろう。

第四　領国支配と経営

一　領国支配の手法

義元発給文書

現在、義元が発給したと思われる文書は総数五三〇点ほどが知られている。その内、花押《かおう》を据えて発給した判物《はんもつ》や書状といった書判状《かきはんじょう》は四〇〇点余りで、印章を捺して印《いん》判状《ばんじょう》の様式で出されたものが一〇〇点余りである。花蔵《はなぐら》の乱に勝利し家督を相続した直後の天文《てんぶん》五年（一五三六）六月九日に発給した文書も、出家時代の僧名であった「承芳《じょうほう》」という二文字を印文として刻んだ方形の黒印《こくいん》の捺された印判状（三―一三八一）である。

印章・印判状

その後、義元は時をおかずして還俗《げんぞく》し、時の幕府将軍足利義晴《よしはる》の諱《いみな》より「義」の一字をもらい、八月には義元と署名した書状（三―一三八五）を出している。そして十月には、その実名「義元」の二文字を印文とした方形の印章を朱印《しゅいん》として使い始める。その後、北条氏と争った河東一乱《かとういちらん》が終息した直後の天文十四年十月二日付で沼津妙覚寺《みょうかくじ》大善坊に下した制札が、印文「如律令《にょりつりょう》」の円形朱印の捺された最初の印判状（三―一七五九）である。それ以降一〇数年間、印判状では方形「義元」印と円形「如律令」印とが並行して使用され、三河国《みかわのくに》の領国化が達成され、嫡男氏真《うじざね》に家督を生前譲渡した頃から、新

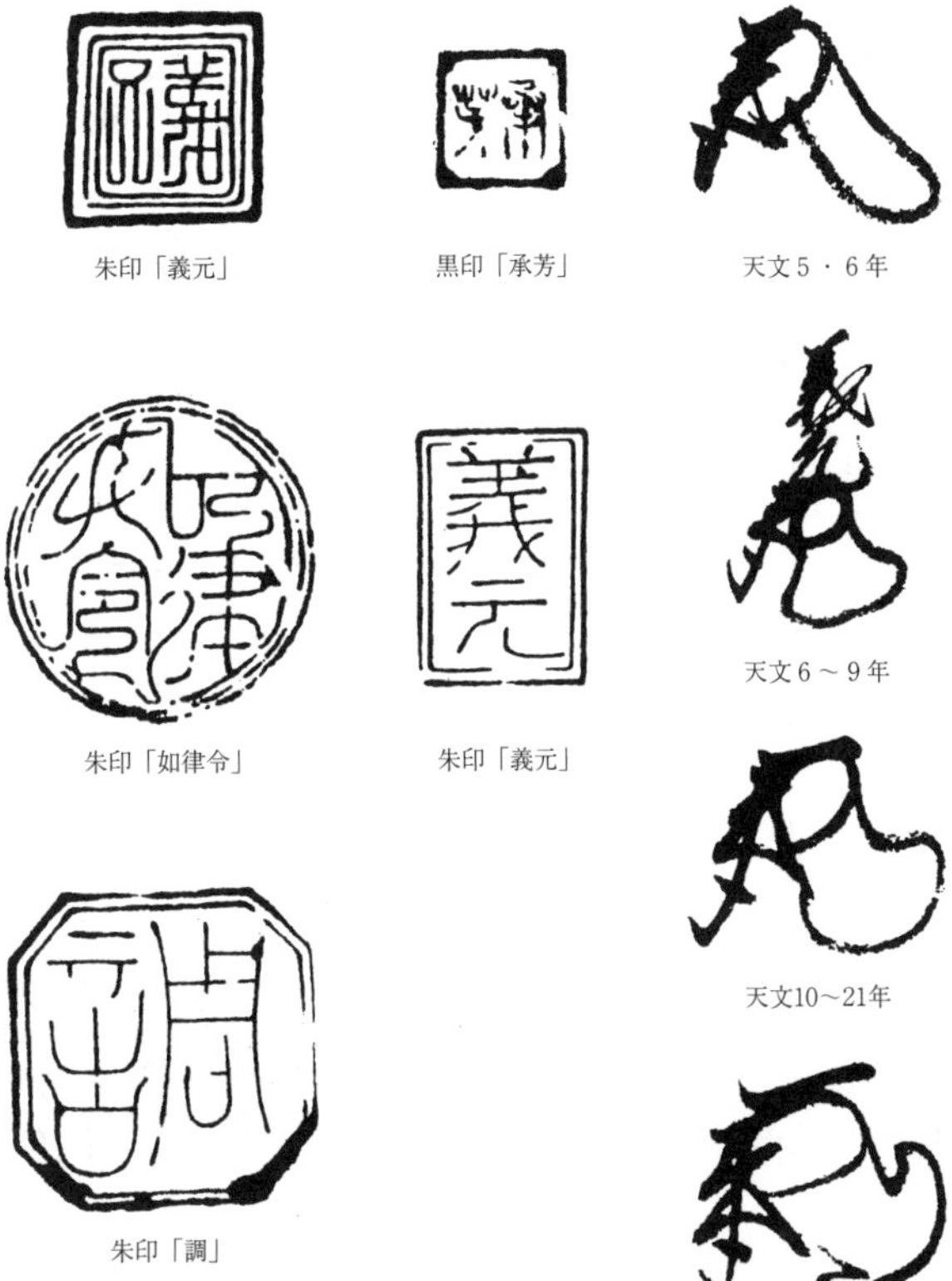

今川義元の花押と印章

花押は,『静岡県史』資料編7中世三「花押一覧」より転載.
印章は,『国史大辞典』第一巻図版「印章」より転載.

たに印文「義元」の矩形《くけい》朱印、引き続いて印文「調」の八角形朱印を使用している。結局、義元は、黒印一顆《か》と朱印四顆の併せて五顆の印章を使用したことになる。

印章の使用と今川氏

このように書判状とともに印判状も使って領国を治める手法は、東国の戦国大名に共通してみられるものであるが、既に述べたように、その先鞭を付けたのが実は義元の父氏親《うじちか》であった。氏親も内紛のあと家督を相続し当主の座について最初に発給したと思われる長享《ちょうきょう》元年（一四八七）の文書が印文未詳の方形印の捺された黒印状（三―一〇五）であった。現在、この黒印状が戦国大名の印判状の初見とされている。氏親はその後同じ方形印を朱印として使ったり、実名「氏親」の二文字を刻んだ方形朱印を使用したり、晩年には法名紹僖《しょうき》に因んで印文「紹貴」の方形朱印を使っている。氏親のあとを継いだ氏輝《うじてる》は印章を使用しなかったが、その後見人であった氏親の後室寿桂尼《じゅけいに》は印文「帰」の朱印を使って氏輝を補佐していた。

書判状と印判状

こうして、今川氏当主は早くから多様な印章を使って黒印状や朱印状を発給して領国支配を進めていたが、印判状を発給するということは、それまでの当主の人格的な象徴である花押によって命令を発し、支配するという人格的関係に基づく支配とは異なって、それなりの文書発給システムが権力内部に形成されていたことの証といわれている。義元の発給した文書の宛先や内容を見ると、比較的上級の家臣や格の高い寺社宛、また、主従制の根幹である所領などの給付や安堵《あんど》、あるいは軍功に対する感状《かんじょう》類などは従来通り判物（書判状）で出されているが、下級家臣や格の低い寺社宛に対しては印判状で出されている度合いが相対的に高い。また、禁制《きんぜい》・法度《はっと》類や郷村支配に関するものなど百姓や職人・商人など庶民層に告知する必要のある場合にも印判状によるものが多い（拙稿「今川氏の印章・印判状」）。

領国統治と印判状

戦国大名が、人格的依存関係によって家臣団を構築し、統率するだけでなく、領国の主権者として独自の公儀を打ち立て領国を一円的・一元的に掌握しようとした場合に、その方策の一つとして比較的簡便な形で文書を発給することのできる印判状様式が取られたと考えられる。しかも、印判状に捺される印章にも、大名の権威と理念を示すためにさまざまな工夫がほどこされた。その一つとして、北条氏の二代目氏綱《うじつな》以降の歴代当主は虎が横たわっている姿に印文「禄寿応穏《ろくじゅおうおん》」を刻んだいわゆる「虎朱印《とらしゅいん》」を使っており、武田晴信《はるのぶ》（信玄《しんげん》）・勝頼《かつより》の二代当主は竜がとぐろを巻いた姿を刻んだ「竜朱印《りゅうしゅいん》」を使用した。このように大名は印章に獣類を刻み、それを受け取った者に対して畏怖の念をもたせ、そうした印章を代々家印《けいん》として使用し、大名権力に対する権威を確立させていったのである。

「如律令」印

義元は円形「如律令《にょりつりょう》」印も使ったが、後継者の氏真が同じ印文の方形朱印を使用したことから、「如律令」印は今川氏の家印となっていたということができる。この「如律令」印に込められた今川氏の理念とは何であったろうか。この三文字は、「急急如律令」という日本では古代から唱えられていた悪魔を退散させる呪文からとったものと解釈されている。

今川氏の理念

しかし、「急急如律令」のそもそもの意味は、「中国の漢代の公文書に、本文を書いた後に『この主旨を心得て、急々に、律令のごとくに行なえ』という意で書き添えた語」(『日本国語大辞典』)であり、「律令」という言葉がほとんど「法」と同意語で使われていたことを考えれば、「如律令」の意味合いは、法に従って物事の判別、判断を決定するという姿勢、理念ということができよう。氏親の制定した「今川かな目録」に加えて、義元は次に見るように天文二十二年に「かな目録追加」を制定し、さらに訴訟を裁決するに際しての規定として訴訟条目を制定しており、戦国大名の中でも際だって分国法《ぶんこくほう》を整備している。このように領国支配に対して法治主義を建前としていたといえ、「如律令」印はその象徴であったといえよう。

「如律令」印は河東一乱終息と同時期、義元二十七歳の時に使われ始めており、義元が群雄割拠する動乱の時代に主体的に独自の道を歩み始めた証左ともいうことができよう。

浅間社宛義元判物

義元は、三河攻めが一段落を遂げ、後述するように駿甲相《すんこうそう》三国同盟が進行している最中の天文二十二年（一五五三）三月二十四日付で、駿河国《するがのくに》富士浅間社《せんげんしゃ》（富士宮市）大宮司富士氏に対して、「富士上方当知行百姓内徳の事」と題する次のような三点の内容を記した判物（三―一二八四）を与えている。

百姓内徳の扱い

①富士又八郎が富士上方の内で当知行をしている土地において、地頭である富士又八郎に知らせずに百姓が内々に抱えている徳分（内徳）を給恩として望む者がいたとしても、そのような訴願は一切受理しない。

検地

②この土地は、丙午《ひのえうま》・庚戌《かのえいぬ》の両年（天文十五・十九年）の検地《けんち》によって、収取・知行高が確定している。その上、本田に含まれている荒地やその外の芝原を開発した耕地についても、本年秋に実施する奉行改め（検地）を受けて、富士又八郎が所務せよ。

増年貢

③その上、さらに新しい百姓が増分（増年貢）を納所すると申し出て、その耕地の用益権を競望したとしても、法度に記されているようにもとの百姓に増年貢の納所を受け入れるかどうか尋ねた上で、そのもとの百姓が請け負わないということならば、新百姓にその耕地の用益を申しつけるものである。

法治主義的性格

この文書には、今川氏の検地政策や百姓内徳の扱いなど在地掌握について、重要な問題を含んでいるが、それらについては後述するとして、ここでは、③の部分について見ておきたい。ここに記されている「法度」は、単なる一般的な文言として使われているのではなく、氏親が制定した「今川かな目録」の先に掲げた第一条（一九頁）に基づいているのである。本条文の解釈については、今川氏の検地研究において論点の一つとして注目されているが、ここでは、先の義元の判物がこの条文の「かの名田年貢を相増すべきよし、のぞむ人あらバ、本百姓に、のぞミのごとく相増すべきかのよし尋る上、其儀なくば、年貢増に付て、取放つべき也」の部分を受けて出されたものであることを指摘して、義元が、いかに法に基づいてことを処理しようとしていたかという、その法治主義の姿勢を強調しておきたい。

喧嘩両成敗法の定立

中世における紛争解決方式として一般的に慣行とされていた当事者による自力救済観念を止揚して、「喧嘩に及ぶ輩、是非を論ぜず、両方共に死罪に行うべき也」と喧嘩両成敗法を法として定立させたのも、前述したように氏親の「今川かな目録」（第八条）であった。

以上、義元は戦国動乱の時代状況の中にあって、紛争解決、ひいては在地掌握、領国支配において、上記のように氏親以来の手法を継承・発展させて、印章・印判状という新たな文書様式を用い、分国法を制定し、法治主義の姿勢を確立、強化させようとしていたといえる。とくに、「如律令」印に見られるようにそのことを文書発給対象者に直接的に示したことは注目してよいであろう。

二　「かな目録追加」と「訴訟条目」

「かな目録追加」の制定

義元は、三河の領国化がほぼ達成された天文二十二年（一五五三）、三十五歳の時に「かな目録追加」二一か条（三―二二七二）を制定している。これについても、すでに勝俣鎮夫氏によって、その解釈や意味するところ、また歴史的意義について詳説されており（「『かな目録追加』と『訴訟条目』の制定」『静岡県史』通史編2中世）、それらに学びながら私の関心に従って二、三のことに触れておきたい。

法治主義の徹底

まず、これは、その名称が示すように、氏親制定の「今川かな目録」に追加する形で制定されたものである。氏親の制定から三〇年近く経っており、激動する戦国動乱の時代にあって諸矛盾が複雑に入り組み、変化のめまぐるしい状況を受けて、次に見るように条意の改正が行われており、いかに現実の社会動向に対する法の適合性に意を凝らしていたかが窺える。繰り返すことになるが義元がいかに法治主義の立場に立っていたかの現れといってよい。その第一九条で、法度を定めても当事者が遠慮して訴え出なければ意味がなく、訴えることこそ忠節であると、法廷・法治主義をわざわざ一か条にして広く徹底させているのである。

適合と改正

条意の改正でいえば、第六条の経済的困窮による返済の猶予を求める訴訟を禁止した規定は、「増善寺殿《ぞうぜんじ》(氏親)の時の如く」とあるように、「今川かな目録」第二〇条を受け、その罰則を強化したものである。あるいは、第一四条の訴訟半ばでの狼藉を禁止した規定は、「今川かな目録」第四条を踏襲したものであるが、同条が相論に道理があっても訴訟半ばに手出しをしたならば越度《おちど》となり、三年間は相手方の勝訴となる規定であり、追加第一四条は、「非儀をかまふるの輩」が、同条を逆手にとって、審理を引き延ばし、相手方の手出しの咎を狙い、三年間の所務を得るといったことを防止する改正である。また、第一三条の田畠野山境相論《そうろん》の規定は、「先条これ有りと雖も」と記されているように、「今川かな目録」第二条を受けたものであるが、知行三分一の没収から、「問答の傍示《ぼうじ》境《さかい》一ばい」に罰則が緩和されている。

法治主義の追求

以上のように、義元は、さまざまな紛争や要求に対処して、既定の法を改正し、また新たな規定を追加し、支配の安定性と公平性を確保し、法治主義を追求していったのである。

「かな目録追加」で、とくに注目すべき条文は、第二〇条の不入権に関する規定と第二一条の奴婢雑人《ぬひぞうにん》妻子に関する規定である。

守護使不入の否定

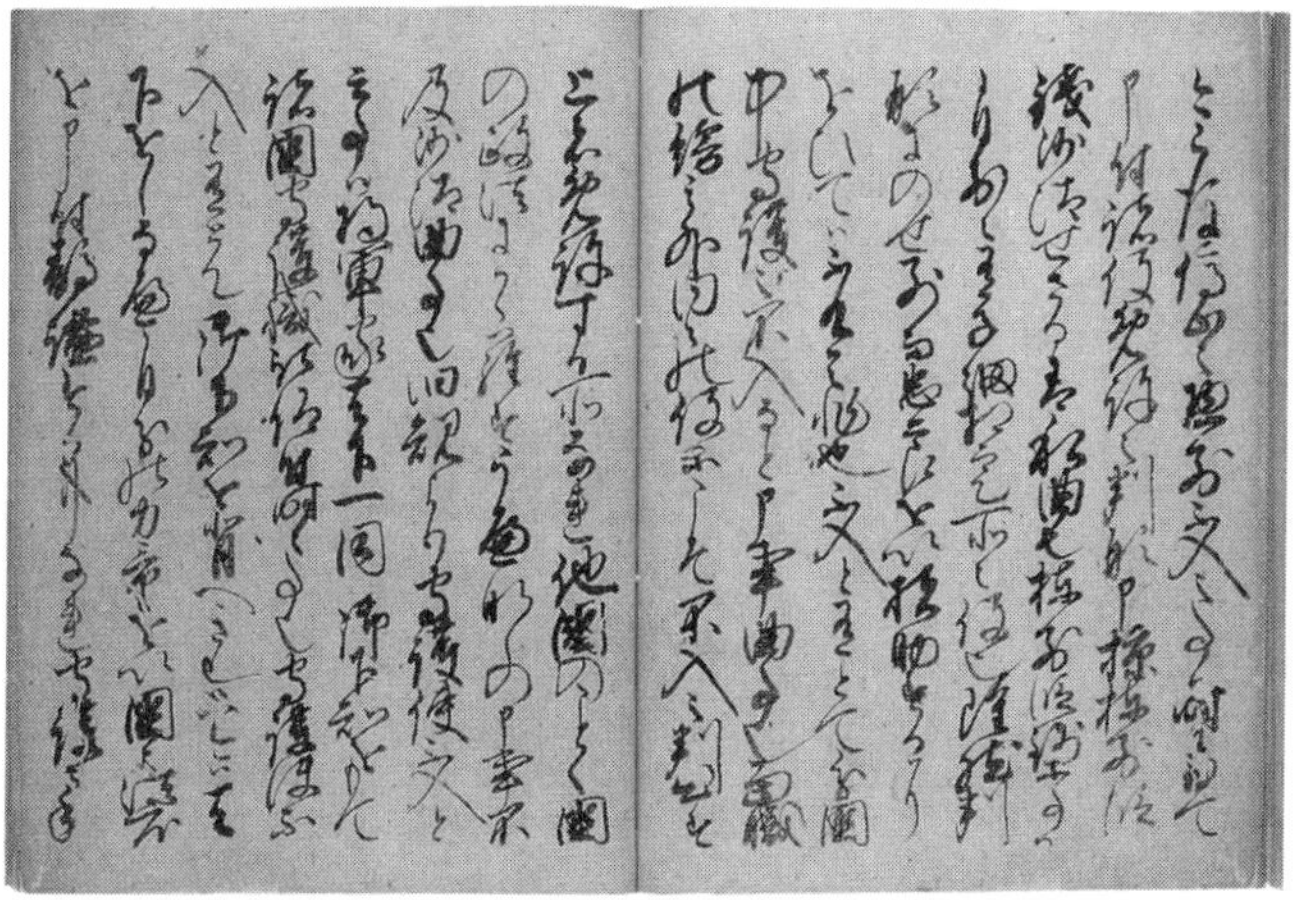

「かな目録追加」第20条（明治大学博物館蔵）

第二〇条では、まず、今川氏が寺社や給人領に認めた不入の地の権利について、「惣別不入の事は、時に至て申し付く諸役免許、又悪党に付ての儀也」と端的にその意味を規定している。このことは、別に「当職の綺《いろ》い、其外内々の役等こそ、不入の判形出す上は、免許する所なれ」とも表現されており、大名が与える不入権は諸役免許と検断不入の権利であるとして、その効力の範囲を限定しているといえる。第二〇条は続いて、将軍家が天下を治めていた時代には、将軍家によって補任《ぶにん》された守護は、その管国内の荘園や寺社・給人領に将軍が与えた守護使不入の権利を認めないわけにはいかなかった。しかし、現在は、大名が自分の力量で国を治めるものであって、守護使不入であると主張して、大名の支配を拒むことは、他国のごとく国の制法を無視した申しごとであって曲事《くせごと》であると、従前の守護使不入の権利と大名（今川氏）が与える不入権との違いを明確にし、前者の権利を否定したのが、この箇条の眼目といえる。

問題は、義元がなぜあえて自ら定めた「かな目録追加」に、こうした守護使不入の権利の否定を規定したかということである。それは、おそらくこの「かな目録追加」を制定した天文二十二年という時期に関わることと考えられる。この時期、河東一乱終息後手をつけてきた三河の領国化がほぼ達成されていたが、三河国はそれまでの支配領域であった駿遠両国と異質な在地状況にあった。一言でいえば、一向宗徒《いっこうしゅうと》による門徒領国ともいえる一向一揆体制が成立していたのである。

三河国の在地状況

こうした門徒集団が寺内町・門前町を中心として「守護使不入」を楯に一種の治外法権圏を形づくり、武家支配に対抗していたことが、義元の三河領国化にとって深刻な問題となっていたのである。そうしたことに対する義元の対応策がこの条文であったといえよう。守護使不入を主張する勢力を退け、「只今ハをしなべて、自分の力量を以て、国の法度を申し付け、静謐する事なれば、しゆごの手入り間敷事、かつてあるべからず、兎角の儀あるにおいてハ、かたく申し付くべき也」という領国の主権者としての政治理念を法文に入れるという義元の熱い思いが伝わってくるのである。

下人の子分け規定

次に、第二一条は奴婢雑人妻子に関する規定で、とくに奴婢雑人の子分けを規定した条文である。氏親の制定した「今川かな目録」にも、先述したように他の戦国大名と同様に欠落《かけおち》・逐電・走《はしり》入《い》りなど自己解放を企てる奴婢・下人など私的隷属民の動向に対して、あくまで彼らを家内奴隷として包摂した家父長的大経営の維持に腐心する規定が織り込まれていた。

氏親時代の継承

義元の「かな目録追加」第二一条も、そうした奴婢や下人の間に産まれた子供の所有権は主人にあり、奴婢・下人の親権が否定されていることには変わりなく、義元も基本的には家内奴隷制を基礎とした家父長的大経営の維持を踏襲している。しかしながら、ここで注目すべきことは、主人が異なる下人と下女の間に産まれた子供の所有権がどちらの主人にあるかという、いわゆる子分けに関する規定である。この条文では、「所詮幼少より扶助をくはふる方へ、落着すべき也」という原則が示されている。

規定の歴史的変化

この奴婢・下人身分の子分け規定は、古代律令制時代の「捕亡令《ほもうりょう》」第一四条では、すべて母方の主人に帰属させることとなっている。それに対して鎌倉幕府が定めた『御《ご》成敗式目《せいばいしきもく》』第四一条では産まれた子供の性別によって父方、母方の主人に分けると規定されている。「塵芥集《じんかいしゅう》」第一四三条でも性別子分けを踏襲しているが、「結城氏法度《ゆうきしはっと》」第一五条では、「かな目録追加」と同様に、所有権を主張する場合にはしかるべく養育しておくべきと規定している。こうした歴史的な変化を見ていくと、奴婢・下人の子供の帰属はあくまで本主権に含まれているが、その子分けについてはより人間的な進歩の跡が見られるといってよい。義元の定めた規定もそうした歴史的流れを受けたものということができよう。

人間的進歩

訴訟条目の制定

「今川かな目録」および「かな目録追加」が収載されている伝本（黒川本、明治大学刑事博物館所蔵）には、それらに続いて訴訟条目である一三か条の「定」（三―二一七三）が所載されているが、それには制定者・制定年次ともに記載が見られない。しかし、その第一条に、毎月の評定日について、駿遠両国は二日、六日、十一日とあり、十六日、二十一日、二十六日は三河の公事を行うとある。さらに、半年は三河に在国して公事を裁断するとあることより、これが三河の領国化を進めた義元によって制定されたものであることは明らかである。しかも、義元が、天文二十二年（一五五三）三月二十一日付で三河の奥平定《おくだいらさだ》勝《かつ》宛に発給した知行安堵状（三―二一八二）に、「敵内通法度《はつと》の外の儀、これ有るに就いては、越訴《おつそ》に及ぶべき事」とあり、訴訟条目の第一三条の敵地内通禁令を引用していることから、「かな目録追加」の制定された天文二十二年二月二十六日とほぼ同時期に連動して制定されたものと見て間違いないといえる。

訴訟条目の規定

訴訟条目では、訴訟を評定して裁く担当者およびその者たちの心得と訴人《そにん》・論人《ろんにん》といった訴訟当事者の手続きについて詳細に規定されている。訴訟の担当者としては、宿《しゅく》老《ろう》と奉行人が挙げられているが（第一条）、宿老については、別に評定衆《ひょうじょうしゅう》とも記されており、決められた時刻に同心一人を伴って出仕し、怠慢なく公平に裁くように規定されている（第七条）。訴訟人は、寄親《よりおや》や奏者《そうじゃ》を通じて訴えるのが本来であるが、そのような頼りのない者は、目安箱《めやすばこ》に訴状を投げ入れて、訴訟日に門外に待機するように規定されている（第二条）。その場合に、訴人の氏名・在所の明らかでない場合は、落書《らくしょ》として不受理とするとか（第三条）、訴訟人の訴えである目安の筋目を変更したり（第一〇条）、訴訟担当者と内通した場合や（第一一条）、論人が提出すべき返答書を延引したりした場合は、相手方を勝訴としたり（第四条）、厳科に処するといったことが規定されている。また、直訴・濫訴を禁止し（第八条）、裁許が遅れて三〇日以上たった場合には「訴訟之鐘」を撞いて督促するようにと規定されたりしており（第三条）、裁判の公正・円滑・迅速化が求められている。

このように、義元は、法治主義を貫くために、詳細な訴訟制度を打ち立て、その実行を促したのである。

三　公事検地と収取

今川氏の検地

多くの戦国大名は、その領国の一円的、一元的支配を達成するために、大名の直轄領のみならず領国内の土地について、検地を実施し、そのより正確な把握をめざした。今川氏の検地は、先述したように氏親の時代に始まっており、新征服地である遠江国《とおとうみのくに》で五例を数えることができる。氏輝の時代にも引き続いて見られる。その後、義元の時代になると義元が亡くなる永禄三年五月までの二五年間に三河《みかわ》を含めて五〇例ほど見られ、ほとんど連年のように実施されていたことがわかる。ちなみに、義元のあと今川領国を受け継いだ氏真の時代には、一〇年前後の間に二〇数例を数える。このように検地政策を取り上げても義元の領国経営に対する積極的な取り組みの姿勢が窺える。

検地実施の意義

指出検地

検地の実施とは、直轄領や寺社領あるいは家臣の所領に対して、その規模や範囲、収取しうる年貢の量を明らかにし、その上で、家臣などに対する軍役や奉公を義務づけ、領国支配の基本としたものである。基本的には家臣や寺社、郷村の百姓層から指出《さしだし》（申告）を提出させ、奉行人によって改められて、一筆ごとの耕地面積とそこから収取する年貢高、およびその負担者である百姓を確定するものであった。後年の豊臣《とよとみ》政権による太閤検地《たいこうけんち》のように実際に田畠に竿や縄をあてて面積を算定するといった実測検地とは異なって、いわゆる指出検地と呼ばれるものであった。そこに両者の土地掌握の徹底性に格差が存在するが、太閤検地への大きな一歩を踏み出した点は否定しがたい。

検地の目的は、直轄領については領国の主権者としての自らの物質的基盤を確立することであり、家臣の所領についてはその経済的基盤を安定させて大名が動員すべき軍役の確実な把握のためのものである。また、寺社領の検地については今川氏の武運と領国内の多くの人々の精神的安穏を祈願する寺社を保護するためであり、いずれにおいても領国を維持、安定させるためにきわめて重要な政策であったといえる。

給人検地

なお最近、今川領国における検地について、大名である今川氏が実施する検地とは別に、給人（家臣）が独自にその給地において実施する給人検地が存在し、給人はその検地の結果を指出として今川氏に提出し、分限帳が作成されるという給人検地に注目した論考が出されている（尾崎晋司「今川領国下の分限帳と給人検地」）。ただ、大名検地とは別個に給人検地を位置付けるのか、大名検地の一環として給人検地が実施されていると捉えるのか、検討の要する問題といえる。

実施の契機

ただ、その実施の契機についてであるが、北条氏の場合は、当主の代替りを契機としての一斉検地が顕著に認められ、武田氏においても後のことになるが、「諸郷一統之御検地」という文言（『戦国遺文武田氏編』三五七〇号）もみられ、一斉に実施されたことが窺える。このように、北条氏や武田氏の場合は、検地を実施する大名側から、一定の政策的意図に基づいて積極的に検地が実施されたといえる。これに対して、今川氏の場合は必ずしもその実施の契機・目的が明確でない。

今川氏検地の特徴

今川氏の場合も実施事例を具体的に見て行けば、そこに一つの特徴があったことがわかる。例えば、弘治《こうじ》三年（一五五七）六月十八日付で遠江国池田庄領家方《りょうけかた》（磐田市）の後藤真《まさ》泰《やす》に出された次の義元判物（三―二五六五）である。

遠州当知行池田庄領家方の事

右、奉行人を以て検地せしめ、増分これ有るにおいては、所務せしむべき旨、印判を出し置くの処、今度訴人有るにより、検地せしむの処、増分出来《しゅったい》の条、相違なく収務すべし。但し、其の員数に随い知行役を増すべし。然らば、向後芝新田・河原起田畠、百姓相拘うる神領・寺庵等、見立の如く永く支配せしむべし。其の上重て訴人出来し、申し出る旨有りと雖《いえど》も、許容すべからざる者也。仍って件の如し

検地の経緯

ここでは、訴人→検地→増分出来といった経緯が読みとれよう。また、天文二十一年二月二十三日付で遠江国相良庄西山寺《さがらのしょうさいさんじ》（牧之原市）に宛てた義元判物（三―二一〇八）には、「亥年（天文二十年）訴人有り、郷中地検せしめ、祈願所たるの間、本増共新寄進として領

掌し畢《おわんぬ》」とあり、ここでも、訴人→地検→本増寄進といった経緯が見られる。

検地訴訟

さらに、天文二十三年十月十五日付で三河国の奥平定勝に出された義元判物（三―一二四六）には、「惣別去年検地せしむべき訴訟を企つの間、印判を以て領掌《りょうしょう》の処、今に検地と云々」とあり、検地訴訟という企てが見られたことがわかる。

公事検地

こうした一連の文書から検地が在地における所務紛争を契機に訴人→訴訟→検地→増分出来→裁断（＝公事《くじ》）という経緯で実施されていたことがわかる。義元はそうした機会を積極的に取り上げて公事検地（訴人検地）を実施してゆき、在地掌握を深めていったといえる。

公事と訴願

この場合、文書上に見える訴人・訴訟の文言が、特定の係争相手があって公事＝裁判を求めるといった意味や使われ方をするだけでなく、上位者である大名に訴願・愁訴・嘆願するといった意味や使われ方がされているので、一概にすべてを訴訟＝公事と解するのは間違いであるという批判が出されている（下村效「有光友学氏今川検地論批判」、拙編『戦国大名論集11　今川氏の研究』所収）。しかし、大名への訴願・愁訴・嘆願自体、在地に何の矛盾もない時に行われることはないわけで、相手が特定されているかどうかは別として自分の意に反して何らかの利害の衝突、紛争が生じているからこそ訴願・愁訴・嘆願しているのであって、大名がそれを受理した時には領国の主権者として評定の場で裁断されるのである。この点近代的な裁判制度をそのまま想定してそれと異なるからといって捨象してしまうのはいかがかと考える。

検地の実施範囲

なお、検地の実施地域、範囲についていえば、おのずから紛争地を中心としたことから、それは広くて庄・郷規模であって、大概は寺社領や家臣の所領単位で行われており、きわめて限定的・局所的規模であったということができる。

百姓の訴訟

では、公事検地の契機となった在地における土地の所務紛争とはいかなるものであるのか、前記の後藤氏の当知行地での検地例についてみておきたい。義元はおよそ一か月後の弘治三年七月二十三日付で、同人に次のような内容の判物（三―二五七三）を与えている。

遠州当知行池田庄領家方の事

一今度訴人として大橋源左衛門を始め其の外の輩立合い、検地を遂ぐるの処、見立の増弐百四拾五貫参百余也。然りと雖も此の内九拾五貫三百余ハ、百姓等ニ指し置き、残る百五拾貫文は納所すべきの旨、訴人大橋一筆致すの条、其の儀に任せ領掌し了《おわんぬ》。此の儀に依り当座の褒美として弐拾貫これを出すべし。後年に至らばこれを出すべからざる也。此の上もし後年において増分出来においては、所務を遂げ其の分限に随い役を加増すべき事一当知行の田畠、領主に知らせず百姓等が売り渡す事、堅くこれを停止せしむ。もし此の旨に背き売り渡すに就いては、百姓職改易せしめ、新百姓に申し付くべき事

増分の検出

一条目前半の文意は、大橋源左衛門らが訴え出てきたので、検地をしたところ二四五貫三〇〇文余の増分が見出された。そこで、その内九五貫三〇〇文は百姓らに指し置いて免除する。残りの一五〇貫文は領主後藤氏に年貢として納めると、訴人である大橋が誓約をしたので了承するものである、といったことであろう。ここから、訴人である大橋源左衛門が、年貢納所を請け負う百姓身分の者であることが明らかとなる。

紛争の争点と裁可

では、百姓大橋は、何を問題として誰を訴えたのかである。おそらく大橋は、これまで後藤氏の当知行地である池田庄領家方における百姓としての土地用益権を有していなかったのであろう。そして、そうした権利を有している百姓らが後藤氏にそれまで納めていた年貢量（本年貢）に対して疑義を申し出て、自分に委ねてもらえばより多くの年貢を納めることができると訴えたものと思われる。そこで、検地を実施したところ、大橋の申し出たように増分が生まれた。義元は、その結果、増分の四割を百姓に免除し、六割を大橋が後藤氏に納める約束をさせ、この土地の用益権を大橋に委ねたものといえる。また、後藤氏に対して、増年貢になったことから、褒美としてその内から二〇貫文を大

橋に与えるよう命じたものである。

以上のことから、この訴訟は、増年貢をめぐる本百姓と新百姓との争いということがわかるわけで、先記した氏親の制定した「今川かな目録」第一条で想定された在地紛争そのものであり、その規定に従って処理されたものということができる。

紛争の性格と処理規定

以上、義元の実施した検地の多くはこうした百姓層によって提起された訴訟を解決するための公事検地であったと思われ、在地紛争の解決を法とその執行によって果たそうとしていたといえる。

増分とは

では、在地紛争の争点となった増分とはどのようなものであったのか、次に見ておきたい。天文二十一年（一五五二）三月二十四日付で遠江国宇苅郷《うかりごう》西楽寺《さいらくじ》（袋井市）に出された今川義元判物（三―二一二二）に、「去年惣郷中地検せしめ、其の改め成るに依り、増分出来すと雖も、代々祈願所たるの間、永く本増共新寄進として領掌し訖《おわんぬ》」という記載がみられる。すなわち、天文二十年に宇苅郷全域がなんらかの事情から大名の検地をうけ、その結果、同郷に存在した西楽寺領などにおいても、増分が出来し、「本増共」が改めて西楽寺に寄進されたということである。

この「本増共」とは、本年貢と増分のことであって、本年貢とは、その検地対象地において、検地以前に年貢として把握されていたもののことで、それは、公方年貢とも呼ばれていた従来の荘園年貢の系譜を引くものである。それに対して、増分とは、検地の結果新たに把握された年貢分である。北条氏や武田氏の検地などにおいても、このような増分の把握がみられるが、今川検地では、ほとんどの事例において「増分出来」とか「本増共」の記載がみられ、今川検地の特色の一つといってもよい。次の史料は、増分が具体的にどのようなものであったのかを示してくれる好個の文書（四―七三）である。

増分の具体例

賀嶋《かしま》の内前田の郷、前々より拘え置く名職の事

右、去る乙卯《きのとう》年（弘治元年）訴人有り、本増五拾弐貫七百文を改め出す。此の内参拾五貫五百文は納所《なつしよ》の分、残りて拾七貫弐百文は加地子《かじし》。此の外居屋敷・外屋敷・寺屋敷・彦四郎屋敷共給恩として出し置かる。天沢寺《てんたくじ》殿御判形明鏡の上は、前々の如く扶助せしめ畢《おわんぬ》。（中略）

永禄十二己巳年　八月四日　氏真（花押）

神尾藤七郎殿

文書自体は、今川氏が滅亡したあと北条氏に庇護された段階の氏真の判物であるが、引用した部分は、天沢寺殿、すなわち義元の判形によったものであり、内容は義元時代のことと見て良いであろう。弘治元年に富士郡賀嶋《かしま》の前田郷（富士市）で、訴人が出て公

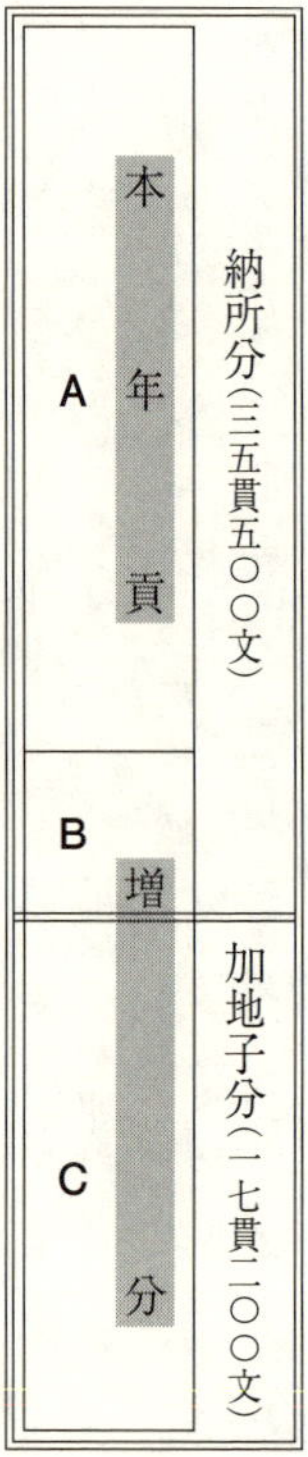

賀嶋前田郷検地の本年貢と増分の関係

事検地が行われ、新たに本年貢と増分と併せて五二貫七〇〇文の貫高が打ち出された。そして、義元は、その内三五貫五〇〇文を神尾藤七郎が前田郷で抱えている名職の年貢として領主に納所せよ、残り一七貫二〇〇文は加地子として、その外の諸屋敷とともに神尾に給恩として宛行うというものである。

加地子

加地子とは、本来的には荘園公領制のもとで成立した名主・作人間の請作関係における名主得分であって、この時代においても、本年貢とは区別された在地の有力百姓層の留保分であった。

加地子の把握

　このことを図示すれば右のようになろう。ここで、増分（B+C）の主要な部分は加地子分であり、Bの部分がどの程度の分量になるか明らかでないが、その出所は、芝河原の新開によるものか隠田《おんでん》の摘発によるものかいずれかであろう。いずれにしろ、今川氏は、それまで領主権の埒外《らちがい》にあった加地子＝在地得分をも検地によって把握したということがわかる。

内徳分

また、当時、大名においても、加地子が在地における内徳と認識されていたことは、義元死没後のものであるが、永禄四年六月十一日付の氏真朱印状（三―二九三六）からも明らかである。そこでは、駿河国志太郡《しだぐん》焼津郷《やいづごう》の入江明神社（焼津市）の修理に、百姓が抱えている神田の加地子、すなわち内徳分でもって造作するよう神主が百姓と談合したが、百姓が難渋したため、借銭で造営をしたことは神妙である。その借銭の分は百姓の年貢米から本利合わせて勘定して引き取って良いということを命じたものである。内徳分が加地子であることが明示されている。

内徳分安堵

今川氏の寺社や家臣への所領安堵状に、「行広《ゆきひろ》郷（愛知県豊田市か）六貫六百文幷びに内徳分共山屋敷・同居屋敷の事」（三―二九〇九）が領掌されていたり、「年貢・内得とも一円寺務たらしむべし」（三―二九〇〇）とか、あるいは「水沼（富士宮市）代官分、此の内社役年来の如くこれを相勤め、其の外内徳分を所務すべき事」（三―二九〇六）などと、内徳分の安堵がしばしば記されている。

公事検地実施の意味

以上のことから、検地による増分の出所は加地子がかなりの部分を占めており、それらが内徳と認識されていたことがわかる。もっとも先の前田郷の文書のように、加地子＝内徳分は、増分として一旦は今川氏によって把握されたが、その大部分は今川氏から改めて付与されたり、納入免除されているのである。検地によって今川氏の在地掌握は深化したが、在地の収取関係を根本的に改編するものではなかったこともみておくべきであろう。

隠田摘発

勿論、増分が、百姓の内徳とされていた加地子だけではなく、それ以前に年貢を収取していた面積以上に、新たに収取しうる面積を摘発し、年貢量を増やすといった場合も否定できない。氏親時代の永正《えいしょう》十七年（一五二〇）八月六日付の今川氏の奉行人連署状（三―七五四）に見える遠江国笠原庄の高松社（御前崎市）の検地（検田）例で、別筆で新たに三反四丈の「ふミ出」が記され、一貫一四六文の年貢が新寄進されている。この「踏出」分は、明らかに増面積である。また、氏真時代になってからのものであるが、「芝興こしの事、千疋（一〇貫文）程は開発次第所務すべし。其の上に至り奉行を以て相改め、其の役を勤むべきの旨、先判に任すところ也」（三―二八三〇）と記されていたり、「隠田有るにおいては相改め、寺務有るべし」（三―二八三一）などと記されていて、開発新田や隠田など、従来把握されていなかった耕地面積も新たに増分として把握されたのである。

増分の出所

以上、増分の出所について、それが加地子分を含む内徳か、隠田摘発とか新田といった増面積としての踏出か、両面が見られるが、おそらく二者択一的なことではなく、両者を含んだものであるという理解が正しいのではないかと考える。

今川氏の検地基準

次に、今川氏が検地を通じて、田畠それぞれについて一反当たりの年貢量の標準をど

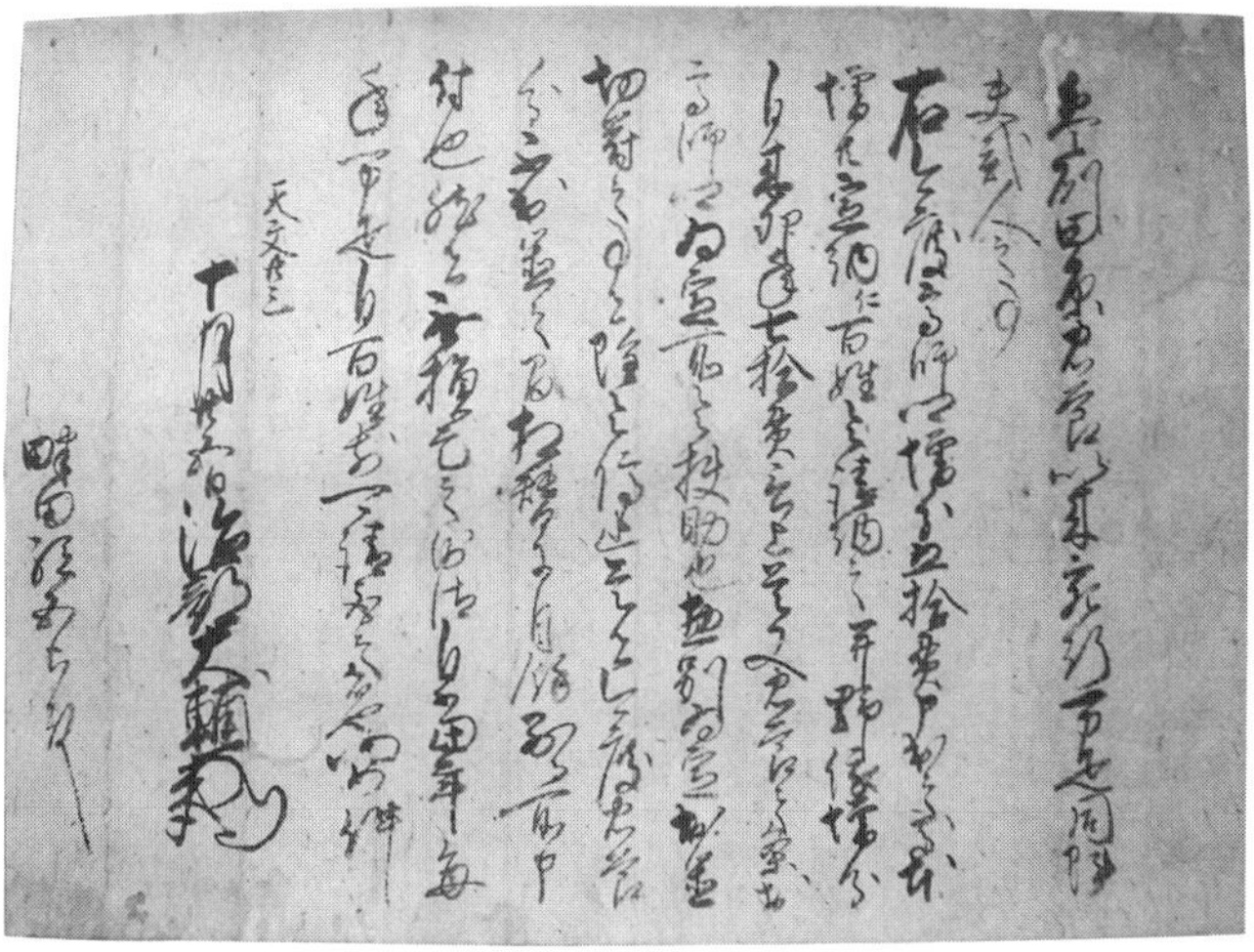

今川義元判物（天文23年10月25日，著者蔵）

のように捉えていたのかが問題となる。北条氏の場合、早雲以来五代当主を通じて、一貫して原則一律田地反別五〇〇文、畠地反別一六五文が基準とされた。武田氏も田地反別五〇〇文が基準であった。これに対して今川氏の場合は、必ずしも明確ではない。田地一筆ごとの貫文高の記されている事例である天文十三年の遠江国浜《はま》名《な》神戸《かんべ》大福寺領の寺領目録（三―一七〇〇）と天文十八年の三河国大津郷太平寺領の寺領目録（三―一九二八）を比較してみると、両者とも反別五〇〇文に筆数がかなり集中しているが、他の筆の反別貫文については、大福寺領の方は五〇〇文より高く分布し、太平寺領の方は逆に五〇〇文より低いというように、正反対の分布を示している。両史料の性格は異なるが、その間には、隔たりがありすぎるといえよう。到底一律の基準があったとはいえない。また、とくに米高で表示されている場合には、その反別斗代にはまったくといってよいほど基準値はみられず、全体として、今川氏の検地においては統一的な検地基準がみうけがたいということになる。

もっとも、最近見出された天文十二年に書き改められた「孕石《はらみいし》氏知行田数目録」（三―一六六三）の中に、「壱反五百文代に、公方御検地の時より相定められる」という記載がみられる。この公方が今川氏のことを指すとすれば、今川氏も前述の北条氏と同様に、田地反別五〇〇文という基準を用いた検地が実施されているということになる。

今川氏の積極性と限界

このように必ずしも一貫しない結果や文言の史料が見られるのは、在地やその時点の状況によって、現状を追認したり一定の基準を設けたりしていたからと解される。いうまでもなく、歴代当主にわたって検地を継続的に実施しているのは、今川氏が、その領国を一円的・一元的に掌握しようとしたためであり、そうした今川氏の積極性を見落すことはできない。しかし、守護から出発して戦国大名化し、従前の国人《こくじん》・地侍・名主層を家臣としてや郷村の年貢納入責任者として把握・組織していくためには抜本的方針で臨むことは難しかったといえよう。さらには、義元が、永禄三年という戦国期の比較的早い時期に敗死したということもあり、検地政策についてもより強力な方針を打ち出し、実施するまでには至らなかったということも考慮すべきであろう。

検地の目的

戦国大名が、その領国において検地を実施したのは、一つには、そこからどれだけの年貢等が収取できるかということを明らかにすることが眼目であった。北条氏は、前述したように大名直轄領・寺社領・家臣の所領を問わず、検地に際して早くから一律の基準でもってその土地の年貢高を貫高で算出し、家臣や寺社に提示した。家臣などはそれに見合った軍役などの奉公が求められたのである。一方百姓は、その貫高《かんだか》から井料《いりよう》（用水経費）や小代官に対する給分といった「引物《ひきもの》」を差引いた高を、毎年年貢として納入する義務が課せられたのである。そして、納入された年貢が、直轄領では大名の財源となり、家臣や寺社領ではそれぞれの収益となった。

貫高制

このように所領高の表示から、百姓の年貢負担量、家臣などの軍役高に至るまですべてが貫高で表されることとなり、このような方式が一般に貫高制と呼ばれている。北条氏の場合を典型として、武田氏やその他の戦国大名においても多く用いられている方式で、戦国大名の収取システムの特徴とされている。これに対して、今川氏の場合はそれほど単純ではなかった。

米方・代方

義元は、天文二十年七月十五日付（天文十二年と誤記されている）で前当主氏輝の菩提寺として創建された駿府臨済寺に駿遠両国の九か所におよぶ寺領を寄進する判物（三―二〇五六）を出している。その内中心的な六か所において年貢高が「米」と「代」で記載されている。

この「米」とは、今川氏領国においては、一般的に「米方《こめかた》」と記され、田地からの年貢高を示す。一方「代」とは、同様に「代方」と記され、畠地年貢を中心としてそれ以外の課役を含む場合もあるが貫文高で示されている。このように、今川氏領国においては、米方・代方制をとる地域が散在的ではあるが広範に存在した。他方、先の大福寺領や太平寺領のように、田地からの年貢もはじめから貫文高で表されている場合もある。

二元的年貢収取

このように、今川領国においては、年貢収取において、米方・代方制を取る地域と貫文制を取る地域とが併存し、二元的方式で行われていたことがわかる。もっとも、氏親・氏輝時代における収取の在り方については、史料的に数が少ないことによりはっきりしたことがわからないが、田年貢が米高で表示されたり、貫高で表示されたりしている。しかし、米方・代方という文言が表れるのは義元時代になってからであり、米方・代方制を敷いたのは義元時代になってからと考えて間違いないであろう。

長松院の事例

例えば、遠江国長松院（掛川市）領について、永正二年に氏親は「遠江国佐野郡牛岡郷内長松院分奥野、并びに下西郷内仏堂寺・同国榛原郡《はいばらぐん》金屋郷《かなやごう》深谷内宮田名」（三―三八八）を新寄進しているが、家督相続したばかりの義元も天文六年の段階では、「遠江国佐野郡牛岡郷内長松院分奥野、并びに下西郷内仏堂寺・同国榛原郡金屋郷深谷内宮田名并びに棟別《むねべち》の事、門前奥野村仁藤内堂脇、榛原宮田名、彼三ケ所は、前々免許有るの証文に任せ相違すべからず」（三―一四三九）と、その院領を安堵しているに過ぎなかった。それが天文十一年になると、折からの寺奉行賀茂《かも》右京亮《うきょうのすけ》との訴訟の裁許で「当年彼寺領分相改め、所々増分石米四石参斗余、代方七貫五百余、奥野并びに□□の内、堂脇割分せしめ、右京亮彼の綺を停止し、毎年公方《くぼう》進納として相渡すべき也」（三―一六〇六）と、米方（石米）・代方制が打ち出されている。

氏真時代の変化

そして、氏真時代になってからと考えられるが、「米方」の米高を何らかの換算値でもって貫文高に置きかえ、「代方」とあわせて「米銭共」として貫文高で記されている場合もみられ（三―二九三七）、貫高制により近づいたシステムが敷かれようとしていることが窺える。ただ、その換算値については、「時の相場」に依ったのではないかという私の主張に対して批判も出されており（平山優「戦国期東海地方における貫高制の形成過程―今川・武田・徳川氏を事例として―」（上）『武田氏研究』三七、二〇〇七年）、今後の検討課題といえよう。以上の今川氏の収取体制のシステムを図示すれば次のようになる。

今川氏の収取システム

では、なぜ今川氏の場合、このような複雑な収取システムとなっているのかについて

漸次的整備

今川氏収取システム構造図

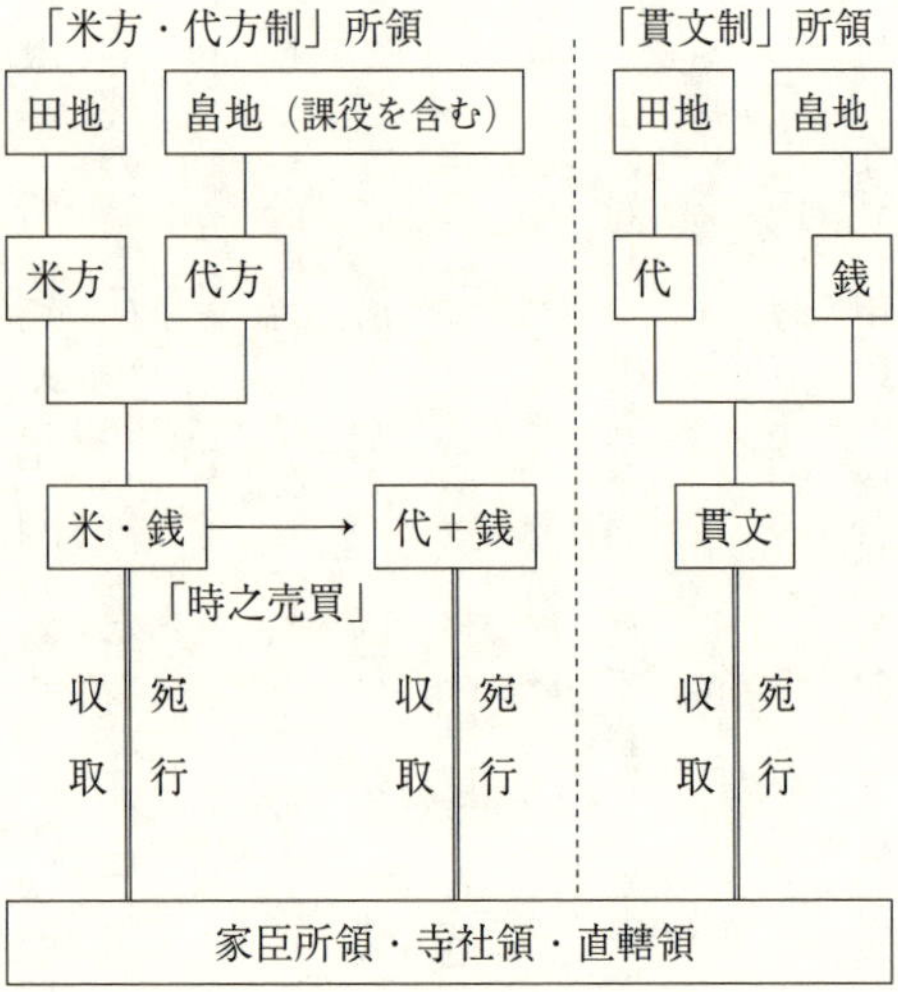

注　『静岡県史』通史編２中世掲載図3-15の転載.

は、一つには前代の荘園公領制のもとにおける年貢収取の実態を踏襲していたことと、今川氏が守護から戦国大名化した権力であることから国《こく》衙《が》領《りよう》＝公領における収取方式を引き継いだことによるのではないかと考えられるが、その道筋についてははっきりとはしがたい。

しかしながら、戦国大名として、統一した知行制・軍役賦課を構築していくためには、なんらかの統一策が考えられなければならなかったわけで、その結果として、義元時代に一定の統一策が取られ、氏真時代にさらに「米銭共」として貫文高に換算するようになり、北条氏や武田氏に見られるような貫高制へ進んだと考えられる。このように今川氏の収取システムは、ドラスティックな方式を生み出すことはなかったが、漸次的に整備されていったのではないかと思われる。そのことは、米高の容量を計る枡や俵についてもいえることで、北条氏は榛原枡を公定枡として使用していたが、今川氏の場合統一されていたとはいえず多様な桝や俵を追認していた。

多様な桝・俵

また、年貢収取以外の棟別銭《むねべちせん》や段銭《たんせん》など課役の徴収についても、北条氏が天文十九年（一五五〇）に行った税制改革といったようなドラスティックな方式を生み出すには至っていなかった。守護から戦国大名化したという今川氏の領国経営の限界といえよう。

今川氏の限界

なお、最近、今川氏の収取方式もより貫高制に近い方式がとられていたという見解も出されており、さらなる検討が必要と思われる（平山優前掲論文）。

第五　流通経済の発展と都市と交通

一　流通経済の発展

今川領国の地勢

義元が前代から受け継いだ駿河《するが》・遠江《とおとうみ》と自ら領国化した三河《みかわ》の三か国は、当時の東西の首都である京都と鎌倉を結ぶ東海道の中央部に位置し、歴史的にもっとも人や物資の動きの激しい地域である。加えて、北は富士山をはじめ数々の険しい山々を背にしており、冬の厳しい北風から守られ、南は海に面して時には強風の吹き荒れることもあるが、概して穏やかな風雨の恩恵を受け、一年中気候温暖の地でもあった。また、富士川、安倍川、大井川、天竜川、豊川《とよがわ》などの大河が、おおむね北の山地から豊かな水を集めて海に注いでおり、海沿いには豊沃な平野部が形成され、実りある田園地帯と人々が集住する都市を生み出す条件を備えていた。勿論、こうした大河は時には荒れ狂い多大の被害をもたらしもしたが。

農工商業の活発化

以上のような諸条件によって今川領国は、農作物をはじめ海や山の産物に至るまで豊富な成果を人々にもたらしていた。それを受けて、さまざまな職人たちによって手工業生産が営まれ、それらの生産物を扱う商人の活動も活発となっていった。

山科言継の記録

弘治《こうじ》二年（一五五六）から翌年にかけて半年ばかり駿府に滞在した公家山科言継《やましなときつぐ》は、その日々の生活や人々との交流、見聞した様子を日記（『言継卿記』。三―一三五六〜一五五五）に克明に書き残している。駿府滞在中に行われた義元をはじめとした今川氏一族や家臣、僧侶、折から駿府に滞在している公家や文化人・芸能者などとの宴会の食膳に供された食べ物や、お互いにやりとりした贈答品の記載を見れば、いかに多種多様な品物が登場しているか、数え上げればきりがないほどである。次表（「駿府滞在中の山科言継日記に見える食品・贈答品一覧」）は、その品物を種類別に書き出したものである。実に一五〇品目にものぼる。ここでは、言継が、駿府の人々に贈った京からの土産品や医薬に心得があり診療として与えた薬種類は除いてある。

流通経済の発達

これらの品物の中には、当時の生活環境においては自給し、自前で加工・調理した物や、領主として年貢や課役として収取した物も含まれているであろうが、商人や手工業者から調達した品物も多かったことがわかる。浜名納豆・沖津《おきつ》（興津）鯛・富士海苔・遠江国三ツ坂名物の蕨餅《わらびもち》・同磐田郡で産するナガラミ貝・同佐束郷《さつかごう》（掛川市）で生産されるサツカ紙など領国内からの品物でもかなり遠方からもたらされており、伊豆酒（江

駿府滞在中の山科言継日記に見える食品・贈答品など

酒類	酒・樽・鈴・寒酒・古酒・伊豆酒(**江川酒**)・田舎酒
主食	米・強飯・赤強飯・干飯・粥・赤粥・湯漬・入麺・アツ麦(熱麦，熱くしたそうめん・うどん)・ヌル冷麦・湯麦・ムシ麦・蒸麦・餅(善哉)・草餅・カチン(女房詞，搗飯・餅)・餅・茶子餅・**蕨餅**(葛餅，遠江国三ツ坂名物)・サタウ餅
調理物	七五三の膳・吸物・田楽・雑煮・豆腐・餅入豆腐・油物
調味料	油・醤(ひしお，発酵調味料・しおから)・**酸**(酢)・ガラミ(山葵)・**法論味噌**(大和国の特産)
嗜好品	茶・山茶・蜂蜜・**奈良ツケ**・**浜名納豆**
魚類	魚・鯛・**沖津鯛**・カツヲ魚・鮭・イナダ・サワラ・糸ヨリ(魚，ヤガラの異名)・アンガウ・海老・イルカ・鯨・鯉・鯛《アエ》(鮎か)・鰻・**鮒**・干ブク・干魚・振海鼠
海産物	昆布・**若和布**・**富士海苔**・カマホコ
貝類	蛤・蜊(あさり)・鮑・生鮑・**鮑(伊豆国物)**・熨斗鮑・ササイ(さざえ)・杓子貝(イタヤガイ)・ナガラミ貝(きさご，遠江国磐田郡の方言)・スワウカフト貝(兜貝，ウニの異名か)・シシミ貝・田螺
鳥類	雁・雉・山鳥・鴨・鶴(鉄砲)・鵠(鉄砲)・雉羽・君不知(鷹の翼の裏の毛)
山菜類	フシベ・せり・蔓草・牛蒡・大根・**松露**(きのこの一種)・早蕨・土長(土筆)・椎茸・フスベ草(くすべた草)・トコロ(野老，ヤマイモ科)・葛・唐之薯蕷(ながいも・やまいも)・ウド・クルミ・串柿・熟柿・カチ栗・煮栗・蜜柑・杏李煎
菓子類	菓子七種・湯瓶(柚餅子)・アン入餅・饅頭・小センベイ・羊羹・茶子(茶うけの菓子か)・**アメ**
布類	木綿・段子(毯子，段通のことか)・ハツリ(解り，絹布などをほぐして縫糸にしたもの)・ハツリノキレ・小袖・袷・肩衣・袴・西根ツムキ・**嶋ツムキ(八丈島紬か)**・木綿袴・綿頭巾
紙類	雁紙・厚紙(鳥の子紙)・甲州紙(藁檀紙)・サツカ紙(遠江国佐束紙)
工芸品	屛風・鞠・香具・香之筒・香箸・香合(入コ)・皮籠・師子皮コ(獅子模様の皮箱か)・ハマ弓矢・矢之根(鏃，菊川産)・大黒
花類	紅梅・八重梅之枝・結花(梅)・桜之作枝・菊・紅葉・竜胆・花椿・金銭花(金盞花，キク科)・土筆花・仙翁花(草花の一種，石竹科)
その他	蝋燭・畳・尻カヒ(馬に付ける緒)・手縄(馬を引く縄か)・聚分韻（善得寺版)・**香炉灰**・炭

注　ゴチック体は，『毛吹草』巻4「古今名物」記載品

川酒）・法論味噌《ほろみそ》（大和国の特産）・奈良ツケ・鮑《あわび》（伊豆国物）・甲州紙（藁檀紙《わらだんし》）のように他国からの渡り物も見られ、商人の介在が窺われる。また、紙類や工芸品として分類した物は、職人の手になるものといってよい。これらは、駿府という限定された地の、いわゆる上流社会における実態を示すものではあるが、その背景に流通経済の広がりを想定することができよう。

木綿生産

義元の時代の今川領国において、日常的にも軍事的にも重要な衣類となってきた木綿が生産・販売されていた地域を拾い出せば次のようになる。まず、天文《てんぶん》十三年（一五四四）十一月十八日付の遠江国大福寺で作成された寺領目録（三―一七〇〇）に「岡本刀禰《とね》名《みよう》の分」の内に「三丈　代三百文　木綿一巻　上田ヨコ枕」とあり、浜名湖北辺の寺領内で

木綿販売

木綿生産が行われていたことがわかる。次に、同二十一年四月二十六日付の義元朱印状《しゆいんじよう》（三―二一二三）で、駿河国中の富士浅間社《せんげんしや》への参詣道者に対して、浅間社社家の那古屋《なごや》榊《さかき》大夫《たいふ》が山伏や陰陽師《おんみようじ》などと、袈裟《けさ》や円座《まろうざ》などとともに木綿の販売権を争い、認められている。このことは、木綿製品が手広く販売されていたことを示しているであろう。

木綿役

後掲する同二十二年二月十四日付の駿府の商人頭友野二郎兵衛尉に与えた義元の掟書の第四か条目には、江尻《えじり》（静岡市清水区）・岡宮《おかのみや》・原・沼津（以上沼津市）の四か所の木綿役の徴収権を友野氏に安堵《あんど》していることが見える。江尻以下の四か所は、湊や寺社の門前

で町場が形成されていた地で、この木綿役とは木綿商買に対する課役ということができる。

「わた」

同十六年九月二十五日付の駿河国篠間郷《ささまごう》上河内村《かみかわちむら》ひなたわき（川根町）の年貢書出（三―一八六九）には、「わた百三十め」の年貢として三七〇文が勘定されている。篠間郷上河内村といえば大井川の支流笹間川《ささまがわ》沿いの山間村落である。果たしてこの「わた」が木綿のことか真綿のことか断定できないが、一般に今川領国でも養蚕による綿・糸・布製品については、「生絹」（三―一七〇二）とか「桑代畠」（三―二六六六）などと記されていることから、ここでは木綿の可能性が強いといえる。また、弘治三年（一五五七）四月十七日付の今川氏家臣武藤氏定《むとううじさだ》判物（三―二五六一）にも、遠江国周智郡《しゅうちぐん》の天宮社（森町）社家中村助太郎に神役田・名職を安堵するとともに、「定夫参ケ一・入木入草等代物に積り、此の代九貫文、此の外綿百文目・布参ツ」を前々のごとく納所《なっしょ》せよと記されている。ここに見える綿も木綿のことと考えて良いであろう。木綿は駿遠両国の西端から東端に至るまで生産・販売されていたといえよう。

酒造生産・販売

　酒造生産・販売についても、駿府（三―二九五九・二九九二）・江尻（三―一六〇七）・志太郡《しだぐん》青山（藤枝市、三―一九三三）・富士上方（富士宮市、三―二一〇一）といった駿河国内のあちこちで見ることができる。富士郡の史料では魚類商買を禁じた掟書が義元より出されており（三―二一九六）、遠江国相良庄《さがらのしょう》平田寺には、野菜運送船（三―一九四〇）が存在した。

多様な物資の生産、輸送、販売が活発化しつつあったことが知られる。

商品流通の基本姿勢

義元が制定した「かな目録追加」第八条から、今川領国での商品流通に対する基本姿勢が読みとれる。そこには、分国中で商買をすることを認められた者は、以前から決められている課役を納めるべきで、その免除は不憫であるが認められない。今まで課役を逃れてきて、新たに課役を負担するからといって商買の特権を望む者が後をたたないが、許可しない。今後、そのような訴願を取り次ぐ者は知行地の十分の一を没収する。知行地のない者は、それ以外に与えた給恩の軽重に随って処置する、といった内容である。

この箇条から、一つには、今川領国において商買をしようとする者は、今川氏との間で商買をする特権が付与される代わりに課役を負担するという双務的契約のもとにあったということ。第二には、そうした契約関係を前提として、商買をする権利を認めてもらいたいという新規の商人が際限もなくいたこと。第三には、しかし、今川氏はそうした新規の商業活動を認めず、すでに特権を与えた商人の権利を保護するという現状維持の姿勢を貫いていたこと、などがわかる。

商品流通の統制

こうしたことの背景には、東海道筋にあって、前述のように次第に商品流通が活発化しつつあったことが挙げられよう。そして、義元は、そうした傾向をそのまま是認するのではなく、領国の主権者として商品流通すなわち流通経済の側面においても統制をはかり、その安定と円滑な活動を保証したということであろう。そのことは、換言すれば、進展しつつある手工業生産の成果を領国支配やその拡大のため権力として吸収しようとしていたといえる。そうした統制の実際を示したのが、次の文書（三―二一七一）に現れる友野座の存在である。

友野座の事

一当府前々の如く商人頭たるべきの事

一諸役免許の事

一友野の者、他座に就き商買せしむと雖《いえど》も、伝馬の事は友野座に加わるべき事

一木綿役、江尻・岡宮・原・沼津前々の如くこれを取るべきの事、当年より馬番料として木綿廿五端進納すべき事

一友野座へ他座より前々の子細なく、新儀を以て申懸くと雖も、許容すべからざる事

右、先判壬子《みずのえね》年（天文二十一年）正月廿七日焼失の由、訴訟を遂ぐるの間、重て判形を出すところ也、条々領掌《りょうしょう》永く相違有るべからざる者也。仍って件の如し

天文廿二年二月十四日

友野二郎兵衛尉

文書の存在意義

この文書は、今日写でしか伝わっておらず、その差出人に関する記載が見られないが、おそらく時期・内容から考えて義元の発給した判物《はんもつ》あるいは印判状《いんぱんじょう》と考えられる。先の「かな目録追加」制定の一〇日余り前の発給である。

この文書は、従来から中世後期における商業発達史の研究の中で種々検討されてきた著名なものである。一般に織田信長《おだのぶなが》による楽市楽座令《らくいちらくざれい》に結びつくものとして、戦国大名もその領国における商品経済の発展策として、従来の特権的な座商人を否定したり、種々の特権の廃止を行ったとされているが、この文書の存在はそうした考え方にブレーキをかけるものということになる。

経済統制の二重構造

ここでは、駿府を中心とした今川領国における商品経済の世界において、商人頭と個々の商人、友野座とその他の座といった、それぞれ上下関係に位置づけられる二重の関係が、義元によって友野二郎兵衛尉を通じて編成されていたことがわかる。そして、友野氏には諸役を免許するとともに江尻以下の四か所における木綿役の徴収という特権を認め、一方で友野座に伝馬の運営権を与え交通・運送の統制もはかっていたのである。

友野・松木氏の優遇

友野氏および友野座は、氏真《うじざね》時代の史料になるが、酒役が免除され、胡麻油商買役の徴収権（三―二九五九）や米売買の優先権（三―三三六二）が認められている。また、同じく氏真時代の史料であるが、友野氏とほぼ同様の特権の認められた商人松木与三左衛門の存在も見られ（三―二九九一・三二七四）、友野氏・松木氏に対して他国の商人を排して染料としての茜の専売権を与えている（三―三四二七）。また、友野氏や松木氏といった年寄商人の許可なく駿府の今宿への他国商人の寄宿を認めないという宿の統制も彼らに委ねている（三―三三六二）。さらに、両氏に関わる伝来文書中には、屋敷地や田地などの売買証文が残されていることから、彼らが不動産売買や金融業も行っていたことがわかる（三―二四九九・三三五四・六一）。

経済利益の吸収

このように、義元をはじめとした今川氏は、友野氏や松木氏といったいわゆる御用商人を使って、領国内の商品経済は勿論、他国商人による商業活動に対しても統制を加え、その結果として手工業生産をはじめ商品生産の発展による経済利益を領国支配やその拡大のために吸収していったのである。

皮生産の統制

次に見ることになるが、義元は戦乱の世の中において重要な物資であった武具の材料である皮生産についても統制を加えていたが、そうして生産された皮製品の販売についても、皮生産職人の頭領である大井掃部丞《かもんのじょう》に対して「薫皮・毛皮滑革以下れんじやく商人、他国へ皮を商売致すと云々、其の所に来る町人等、皮を持つや否やの事問い尋ね、荷物ニ隠し置く者を糺し、押え置き注進申すべし」（三―一六七九）と、諸国を渡り歩いて皮製品を販売している連尺《れんじやく》商人に対する糾明を命じている。

寺社と職人の服属関係

中世の地方における手工業生産を担う職人や細工人は、多くが古代からの系譜を引き、地方の寺社権門や守護所などに付属し奉公する存在であった。戦国期になってもそうした関係は色濃く残っており、今川領国においても依然として寺社などに付属する職人が存在した。弘治三年（一五五七）十一月十一日付富士浅間社社家春長《しゅんちょう》宛の義元朱印状（三—二五九二）に見える「諸寺諸社門前・諸給主・鍛冶《かじ》・番匠《ばんしょう》・山造、其の外の輩」といった存在はそうしたものであろう。同二年十月十三日付志太郡《しだぐん》相賀《おおか》高山《たかやま》白山社（島田市）禰《ね》宜《ぎ》惣七郎宛の義元判物（三—二三八二）に見える同社の修理を行う大鋸引《おおがひき》職人も同様であろう。天文五年九月十七日付駿河国小坂安養寺《おさかあんようじ》（静岡市駿河区）宛の義元判物に見える「諸職人」（三—一三九一）や永禄《えいろく》八年（一五六五）七月二日付同国久能寺《くのうじ》宛の氏真朱印状（三—三二七三）に見える「諸細工人」なども、それぞれの寺院に付属したものであろう。永正《えいしょう》六年（一五〇九）九月六日付駿府宝樹院《ほうじゅいん》宛の氏親判物（三—四九九）に見える「駿河国内屋郷《うつのやごう》（静岡市駿河区）の内仏光寺田幷びに番匠給」や弘治三年十二月十四日付三河国岩崎郷日蔵院（愛知県豊橋市）宛の義元判物（三—二六〇四）に見える「坊領護摩田・経田・番匠免」の番匠に対する給分の存在は、各寺院に付属する番匠に対するものであろう。さらに、享禄《きょうろく》三年（一五三〇）三月十八日付駿河国新長谷寺《はせでら》（静岡市葵区）の敷地の買得を安堵した千代菊宛の寿桂尼《じゅけいに》朱印状（三—一〇六七）に見える「国大く（工）」とは、国衙《こくが》から守護所へ

職人統制

引き継がれてきた国方の大工のことと思われる。以上のように、戦国期今川領国においても寺社などに付属する職人・細工人が存在していたことがわかる。

しかし、一方で義元は前述の商人頭と同様に、次に見るように職種ごとにそれぞれの職人頭をおき配下の職人を統率させていた。

定め置く皮作商売の事（印文「義元」）
一在々所々に於いて売買せしむべき事
一皮作の外、商買の儀、停止の事
一毛皮の宿相定め、売買せしむべからざる事
一押買すべからざる事
一御用の時は、誰の被官《ひかん》たりと雖も、違乱に及ぶべからざる事
右、皮作八郎右衛門・彦太郎両人ニ堅く申し付くべし。其の上御用の時、無沙汰せしむに就いては、重て皮留の儀仰せ付けらるべし。もし違乱の族においては、彼の者前商買永く相留むべきもの也。仍て件の如し

天文十八己酉
八月廿四日
大井掃部丞殿

皮作商人と大井氏

大井氏は、氏親《うじちか》時代の大永《だいえい》六年（一五二六）の時点で皮作職人彦八から皮役の徴収を行い、また、急用の際には彦八を国中に走り回らせ皮を調達させる働きを今川氏から命じられていた（三―九二〇・一〇二五）。そして、右の義元朱印状（三―一九三五）からは、皮作職人八郎右衛門と彦太郎の二人を抱え、彼らの皮作および販売を五か条にわたって規制して統率するよう命じられていた皮職人頭というべき存在であったことがわかる。北条氏の領国伊豆国でも皮作二一名の統率を命じられている長岡（伊豆の国市）の革作九郎右衛門といった存在が見られる（三―一四六〇）。

鍛冶職人の統制

次に、幕末に著された地誌であるが『駿河志料』の「府内部鍛冶町」の項には、鍛冶職人について次のような記述が見られる。

鍛冶職に三種あり、本府には地鍛冶、瀬名《せな》鍛冶と云は刀剣・農具を作る。上鍛冶は釘・舟具を作る。此町に居住するは三鍛冶の長なり。藤原兼法《かねのり》助右衛門、初代兼法は永禄・天正《てんしょう》年中の人にて、美濃国《みののくに》関の流れ本国に移り、後に入道法安と云う。

ここでは、「永禄・天正年中の人」ということで義元時代以後のこととなるが、鍛冶職人の「長《おさ》」、すなわち鍛冶職人頭が存在したことがわかる。

義元時代の今川領国における職人として、他にも鉄屋大工・鋳物師《いもじ》・塗師《ぬりし》・紺掻《こうかき》などが存在していたことが史料的に確認でき、諸役免許などの特権が与えられていた。しかし、前述した皮職人頭や鍛冶職人頭の存在は、義元など今川氏が、特定の職人を御用職人として把握し、旧来の寺社などに付属していた職人・細工人などを、商人頭と一般の商人との関係のように、その配下に編成しようとしていたのではないかと考えられる（久保田昌希「戦国大名今川氏と職人」、同氏『戦国大名今川氏の領国支配』所収）。

職人頭の設置

二 都市の発展

駿府

今川領国において都市的場としてまず挙げられるのは今川氏の館の存在する駿府である。駿府は、当時府中とか府内、あるいは城府とも呼ばれていたが、その名の示すとおり古代に設置された駿河国の国府の系譜を持ち、駿河国のほぼ中央の安倍川下流左岸平地に形成された都市である。駿河守護今川氏の四代範政《のりまさ》の時代（一五世紀前期）と考えられるが、それまで同国山西《やまにし》の藤枝近辺に政庁を置いていたのを駿府に移し館を構えて以降、この地が今川氏の政務を執り行う中心地となり都市的発展をとげたものである。

政治・経済の中心地

戦国期においても、駿府は今川氏当主が居住し、政務を執る今川館を中心としており、軍事的な城郭や城塞の構えは施されていなかったと考えられている。そういう意味では、駿府の町は前代の全国的に見られる守護所に近いもので、いわゆる城郭を中心として形成された城下町とはいえない。駿府の町の防御施設としてはすぐ北に存在する標高一七〇メートル余の賤機山《しずはたやま》の南北に延びる細長い尾根沿いに築かれた賤機山城がほとんど唯一のものであるが、その規模や構造については明らかでない。その立地条件からみてどれほどの防御機能が備わっていたか疑わしいといえる。後年、武田氏が駿河に侵攻してきた際、今川氏がこの城に拠って戦ったという形跡も窺えず、むしろ武田方の陣地となったともいわれているほどである。駿府は政治・経済の中心地として発展した都市ということができる。

都市的景観

享禄三年（一五三〇）に駿府に火災が起こり二〇〇〇余軒が焼失したということが、京都にいた公家三条西実隆《さんじょうにしさねたか》の記した日記『実隆公記』（三―一〇六四）に記されており、また、弘治年間に駿府に滞在した山科言継の日記にも、二度にわたって火災が発生し、一〇軒、一〇〇軒といった規模で家屋が焼失したことが記されている（三―二四五一・九一）。こうした記載から、家屋がかなり密集して建ち並んでいた都市的景観が窺われる。

町の構成

駿府の町の構成については、史料がほとんど残されておらず明らかにしがたいが、それでも残された史料の断片的記載から想定されるところでは、まず、中心に今川氏の館・政庁があり、それを取り囲むように武家屋敷が存在し、その西側と南側に主に商人や職人の居住する町屋が形成され、さらに、寺社が市中および外縁に武家屋敷や町屋と入り交じるように存在していたと思われる（小和田哲男「今川氏による城下町駿府の経営」『小和田哲男著作集』一巻所収）。

今川館

今川館についても、その所在や規模について知ることのできる史料はほとんど残されていないが、先年徳川時代に築城された駿府城址の一角が発掘調査された時、戦国時代と思われる面から大溝・池状遺構・暗渠《あんきょ》や多数の井戸などが現れ、陶器片・金工品・渡唐銭などの遺物も多数出土しており、今川氏居館とは判断しえないにしても今川氏関連の遺構ではないかと考えられている（『駿府城跡内埋蔵文化財発掘調査報告』静岡県文化財保存協会、一九八三年）。今川館については、江戸時代になっての元禄《げんろく》六年（一六九三）秋に版行された「洛南紅染山鹿庵子謾《らくなんこうせんやまかあんしまん》」と称する茶人によって著された「古今茶道全書《ここんさどうぜんしょ》」（国立国会図書館蔵）巻五に、「駿州義元公露地庭并びに書院庭の事」として二葉の富士山を借景とした絵が載せられている。また、天文十九年（一五五〇）正月に武田晴信《はるのぶ》の使者として駿府を訪れた駒井政武《こまいまさたけ》（高白斎《こうはくさい》）を、義元は数寄屋《すきや》でお茶や酒で振る舞ったことが政武の日記『高白斎記』（三—一九六八）に記されている。こうしたことから、今川館には、茶室が設けられ露地庭や書院庭がしつらえられていたことが窺える。

武家屋敷

武家屋敷としては、先の『言継卿記』にも、遠江引間《ひくま》城主飯尾《いのお》氏や懸河《かけがわ》城主朝比奈《あさひな》氏、駿河郡葛山《かずらやま》（裾野市）城主葛山氏など遠方の重臣や、今川氏一家の瀬名氏や各和《かくわ》氏・新《にい》

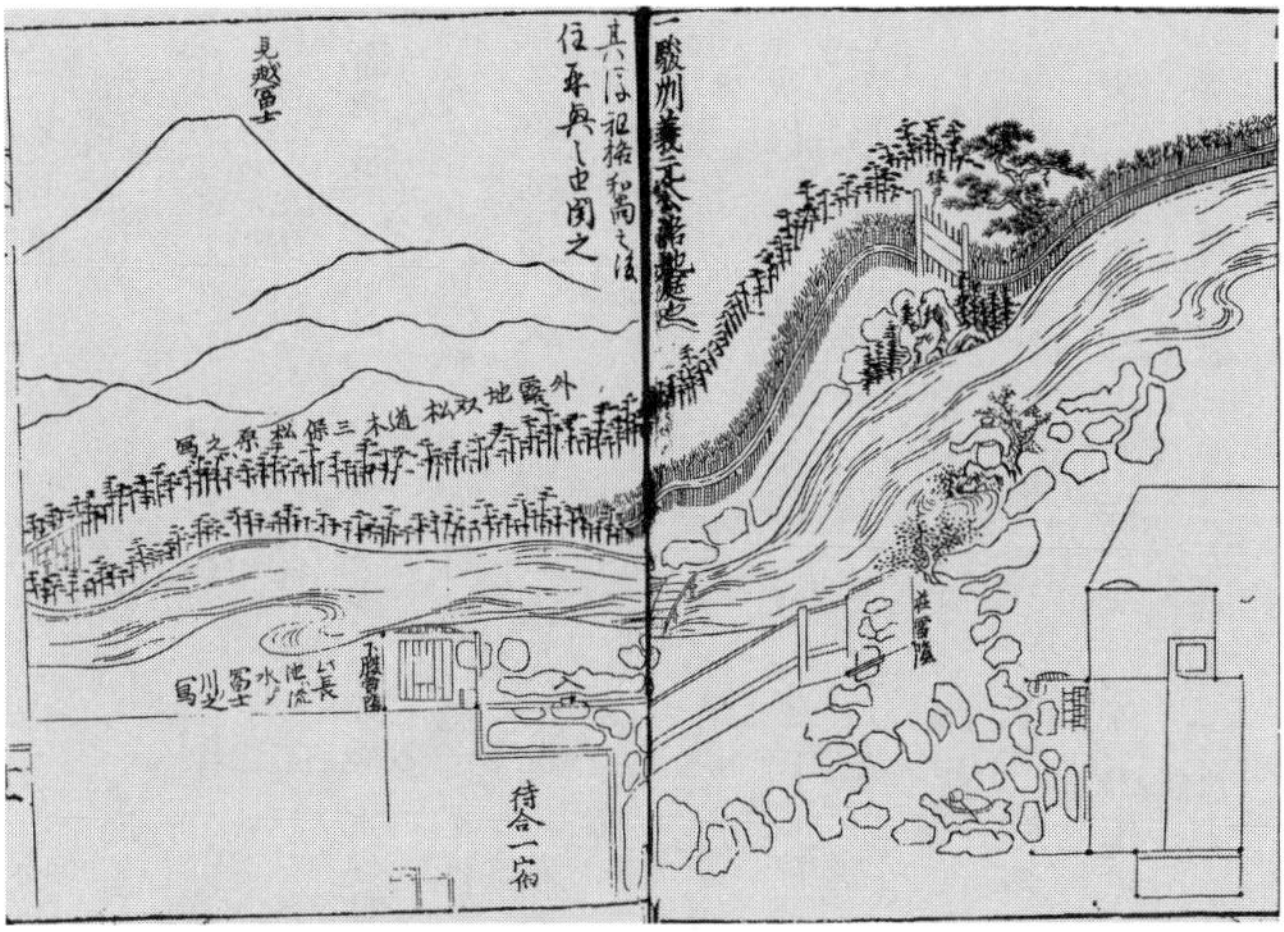

「駿州義元公露地庭幷びに書院庭の事」露地庭図
（「古今茶道全書」巻5，国立国会図書館蔵）

野《の》氏、あるいはその他今川氏の宿《しゅく》老《ろう》・奉行人などが数多く歌会や宴席に参列しており、こうした人々の屋敷が駿府に存在していたことは間違いないであろう。また、京から下向し駿府に長期滞在していた公家の中御門宣綱《なかみかどのぶつな》・三条西実澄《さねずみ》・黒木殿《くろきどの》（寿桂尼妹・山科言綱《ときつな》妻）なども屋敷を構えていたであろう。中には、言継や三河の松平親乗《ちかのり》のように屋敷を構えることなく新光明寺塔《たっ》頭《ちゅう》に居住した者もいた。

町屋としては、永禄九年（一五六六）十月二十六日付で氏真が今宿《いましゅく》商人等宛に三か条の法度（三―三三六二）を下しているが、この今宿は、現在の静岡市中心街の呉服町・七間町・人宿町辺りで、今川館が所在したと考えられる地点から西側に当たる辺りと考えられている。ここでは前述した今川氏の御用商人である友野氏や松木氏などが店を構え、米座を営み、酒造などをしていたところで、伝馬の発着地でもあり宿場町でもあったと思われる。また、前述した皮職人頭大井氏に与えられた氏親や寿桂尼の朱印状（三―九二〇・一〇二五）に「府中西のつら、かハた彦八か、ゆる川原新屋敷、壱町五段」が安堵されていることから考えて、皮職人の居住地は駿府の西を流れる安倍川岸に近いところにあったと考えられる。前述した鍛冶職人の長である藤原兼法が居住していたのが近世の鍛冶町で、現在の紺屋町にあたり今川館より南にあたる。以上のように商人・職人の居住した町屋は当時の駿府の西部と南部であったと考えられる。

寺社

次に、寺社であるが、まず今川氏歴代当主が崇敬した駿府浅間社が駿府の北側、前記した賤機山城が存在した尾根の南端にあり、そこから東にかけて社家の居住地が存在していた。また、その東には当時浅間社の供僧寺であった国分寺があり、その塔頭仙憧院《せんどういん》（千灯院）は天文十五年に一度焼失したことが義元判物（三―一八五四）から知られる。その近辺には新長谷寺が一三〇〇坪の規模で存在したことも享禄三年（一五三〇）三月十八日付の寿桂尼朱印状（三―一〇六七）で明らかである。浅間社から賤機山の東側裾野にそって北上すると、いくつかの寺院が並び、その先に氏輝の菩提寺として義元が創建した臨済寺が所在する。

小京都の由縁

また、駿府の東北方面に谷津山《やつやま》という小丘陵が存在するが、その南の裾野には義元の重臣朝比奈元長《もとなが》の創建になる音羽山清水寺《おとわさんきよみずでら》があり、谷津山の並びの小丘陵は愛宕山《あたごやま》と称されていた。また、駿府の南に位置する八幡山の南には八幡宮が所在し、永正十四年（一五一七）に氏親が社殿を再興している（三―六五二）。これらはいずれも京都の名勝になぞらえたものと思われ、駿府が小京都といわれる由縁となっている。また、先述した西側の町屋の中にも時宗の駿河国の中心寺である長善寺《ちょうぜんじ》（安西寺）があり、また、南側の町屋の中には臨済宗宝泰寺《ほうたいじ》や先記の新光明寺などが並んで存在していた。

複合都市

以上、駿府は、東海道筋のほぼ中央に位置し、当時最大の政治的・経済的・宗教的・文化的複合都市であったということができる。今川氏はそうした駿府を、氏親時代から「駿府の中不入地の事、これを破り畢《おわんぬ》、おのおの異儀に及ぶべからず」（「今川かな目録」第二三条、三―九一六）と規定して、その直轄化を指向していた。義元も「駿府不入の事停止の由、かな目録に有るうへは、沙汰に及ばず」（「かな目録追加」第五条、三―二一七二）と、そうした駿府市中に知行地や屋敷地を有する領主の治外法権的権利の否定を継承した。これは、前述したように同じ「かな目録追加」にある「不入の地の事、代々判形を戴し、おのおの露顕の在所の事は沙汰に及ばず」（第二〇条）という規定と比べると、駿府を特別視していることがはっきりするであろう。領国最大の都市の直接的統制をめざしたものということができる。

見付府

今川領国では、駿府以外にもいくつかの都市的場が形成されていた。その一つは遠江国の国府の系譜を引く見付府《みつけふ》（磐田市）である。見付府は同国の中央部に位置し、磐田原台地南端に開けた都市であるが、近年磐田原台地南部の丘陵上から中世の多様な形状の二〇〇〇基にも及ぶ墳墓遺構が発掘された（『一の谷中世墳墓群遺跡』磐田市教育委員会、一九九三年）。時代的には平安時代中期から江戸時代初期まで続くものであるが、おそらく見付府に居住した人々の埋葬地であったと思われる。ということは見付府の都市形成はかなり早くから進んでいたものと考えられる。

周辺の地理

見付府は、南側に東海道が通り、その南方には遠州灘から入江状に入り込んだ今之浦《いまのうら》が存在した。一三世紀中旬、京都から鎌倉に下った旅人が、この浦について次のように書き残している。「遠江の国府、いまの浦につきぬ。爰に宿かりて一日二日とゞまりたるほど、あまの小舟に棹さしつゝ、浦の有さま見めぐれば、しほ海、湖の間に、州崎遠くへだゝりて」（『東関紀行《とうかんきこう》』、一—八九七）とあり、州崎を挟んで今の浦と外海である遠州灘とが結ばれていたことがわかる。おそらく太平洋岸を航行する船が出入りしていたであろう。このように見付府は陸上・海上交通の要衝の地であったのである。

また、見付府には、築城時期は判然としないが戦国期には町場に接して見付城が存在し、城下の様相も呈していたと思われる。見付城は遠江今川氏の流れをくむ堀越氏が拠っていたが、先述したように義元の家督相続後の河東一乱《かとういちらん》に際して北条氏に与《くみ》したため、天文六年（一五三七）に今川方の天野氏の軍に攻められ退去している（三―一四三三）。

見付府の自治都市化

その後、義元は、見付府を今川氏直轄地として代官をおいて支配していたが、天文十年におそらく見付府町人百姓の要求を受け入れたのであろうが、年貢を五割増しにする代わりに代官支配を停止している（三―一五五一）。見付府の自治都市化として研究上注目されているところである。しかし、天文十九年には義元が惣社神主職を安堵し（三―二〇二二）、同二十二年には、米屋弥九郎に問屋・宿屋などを直接安堵しており（三―二一七四）、続いて弘治三年には今川氏による検地が実施されるとともに（三―二五八五）、米屋弥九郎と奈良次郎左衛門尉に問屋・宿屋などに対して年貢五貫五〇〇文が懸けられており（三―二五六二）、再び直轄支配となったと考えられる。

伝馬と酒造

弘治二年に駿河下向途中の山科言継は奈良屋に泊まっており、宿主が「南都の者と云々、女は山科北花山の者と云々」（三―二三五八）と書き残している。その後の史料から、米屋弥九郎と奈良次郎左衛門尉は伝馬を請け負っており、また、米屋弥九郎は酒造も行っていることがわかる（三―二八二八・三二九三）。また、永禄七年（一五六四）五月二十三日付の

見付市升と升座

今川氏家臣匂坂長能《さぎさかながよし》宛の氏真判物（三―三二一）に、知行分として遠江国宇刈郷（袋井市）の年貢を給与するに際して、「米方は見付市升壱斗宛積り也」と記されており、在地升として見付市升が存在し、かなり広範に使用され、今川氏もそれを公認していたことが知られる。永禄十二年七月、遠江に領国を拡大させた徳川家康《とくがわいえやす》はその朱印状（四―六九）で見付升取方に対して五か条にわたる升座の制を定めている。見付府には升を管理する升座も存在していたのである。

江尻・清水

次に都市的場としては、駿府の東北に位置し、砂州状の三保《みほ》半島に抱かれるように形成されていた入江に成立していた江尻・清水（静岡市清水区）の港町が挙げられる。江尻津は駿府の外港として南北朝時代から伊勢《いせ》・志摩《しま》の湊と結んだ太平洋岸の海上交通の拠点として発展してきたが、天文五年（一五三六）に家督を相続したばかりの義元が、江尻の

小柳津氏

商人で今川氏にも中間《ちゅうげん》として奉公している小柳津藤次郎《おやいづとうじろう》に対して「毎月三度市、同じく上下の商人宿の事、并びに屋敷弐間、前々の如くたるべきもの也」（三―一三九八）と市の開催と商人宿の営業を安堵している。三度市は別の史料で「五日市場」と見え（三―一五〇一）、五日市であったことが知られる。さらに、小柳津氏には、天文十一年に新たに酒家甕・桶および酒造に対する課役もあわせて免除している（三―一六〇七）。なお、この文書では商人宿について「橋の東西とも」と記されており、おそらく巴川《ともえがわ》に架かる

橋であろうが、商人宿が増えていることを示している。また、後述するが小柳津氏は、持船の今川分国中の諸湊への出入りが認められ、手広く回船業を営んでいた存在でもある。江尻津と清水湊の関係については後述する。

沼津

江尻と同様な性格を持つ都市的場として駿河湾奥、狩野川《かのがわ》河口に形成された沼津がある。沼津は、愛鷹山《あしたかやま》の南東麓から黄瀬川《きせがわ》の西岸に展開していた大岡庄《おおおかのしょう》の一つの郷である沼津郷として歴史を重ねてきたが、その内には狩野川によって運ばれてきた伊豆《いず》方面の物資の積出し湊としての湊と、東海道筋に位置して箱根路の登り口にも当たる車返《くるまがえし》の宿《しゅく》といった宿の機能もあわせもって、古くから開けていた都市的場である。戦国期の義元時代には先述した河東一乱によって北条氏に占領されていたこともあって具体的な様

山中氏

相は明らかでないが、その以前に氏輝は、天文三年（一五三四）七月三日付で被官山中源三郎に対して「大岡庄上下の商人問屋」の管理権を安堵している（三―一二八五）。そして氏真の時代になると、永禄十一年九月付で同じく被官山中源三郎に「大岡庄上下商人・道者・問屋幷びに諸湊より船で以て出入の商人等」に対する管理権も認めており（三―三四八二）、この間に宿における商人としての活動や問屋営業だけでなく、湊に出入りする回船業者などに対する管理者へと、被官山中源三郎の権限と経済活動は拡大していることが窺える。これらの文書は現在「駿河志料」に「沼津駅家文書」として伝わっているこ

とから、江尻の小柳津氏と同様に今川氏に被官として奉公しながら沼津の商人頭的役割を担っていたといえる。このように、沼津は湊と宿さらには商人の活動の場としての市の機能をもった都市的場として発展していたのである。

吉原

江尻や沼津と同様な性格を持つ都市的場としてその中間に位置する駿河湾最奥の吉原（富士市）を挙げることができる。吉原は、富士川と潤井川《うるいがわ》の河口付近の東海道筋に形成された都市である。その機能としては駿河湾に開かれた入江に湊があり、後述するように水運の拠点であるとともに、東海道を往還する人々のための富士川などの渡し場として機能した陸上交通の要地であり、さらに、北方に存在する富士浅間社への参詣人の宿駅でもあり、多岐にわたる機能を持った都市といえる。そうした様子を一幅の絵画として描かれたのが、一五世紀中旬の狩野元信《かのうもとのぶ》筆になるといわれている「富士曼荼羅図《ふじまんだらず》」である（一九四頁）。絵の下部には海辺に浮かぶ数艘の帆掛け船が描かれ、富士川と思われる川面には渡船が見られ、白装束の参詣人や旅装の人々が歩いている様子、さらには藁葺きや板葺きの家並みが描かれている。

矢部氏

天文二十三年（一五五四）九月十日付で義元は吉原の矢部孫三郎宛に三か条にわたる安堵状（三―二二四二）を与えている。その一か条目は「吉原道者商人問屋」を安堵したものであり、二か条目は「吉原渡船」を安堵し、三か条目は「立物の事」として「西は蒲原《かんばら》、東は阿野《あの》境迄」の諸役免除と、吉原の内の新屋敷三〇軒の棟別銭《むねべちせん》と四分一役の免除を安堵、給恩としたものである。道者とは、富士浅間社やその御神体である富士山への参詣・登山を目的とする行者・信者のことである。渡船については、富士川と潤井川とは源流から川筋が異なり、現在はかなり距離的に離れており、しかも吉原の市街地からは潤井川が近くで、潤井川の渡船とも考えられるが、潤井川自体はそれほどの川幅と深さがあったとは思われず、むしろ当時制御されないまま乱流していた富士川を渡る渡船であったと考えられる。先の「富士曼荼羅図」に描かれている川および渡船もそのように読みとれる。「立物」とは、漁獲物のこととも考えられるが、ここでは前後の文脈から建物（あるいは倉庫の意か）のことと思われ、蒲原（庵原郡《いはらぐん》）から阿野（駿河郡）境までということになればかなりの距離であり、その間の家屋に対する諸役が矢部氏に免除されているということであり、矢部氏の勢力圏は相当なものであったといえよう。その中心となっていたのが新屋敷三〇軒という吉原の町屋であった。吉原の都市としての発展が窺えるとともにその管理を委ねられた矢部氏の支配力の大きさも推測される。ここでも矢部氏を吉原の商人頭と性格づけることができよう。今川氏滅亡後も北条氏・武田氏・徳川氏とこの地域の支配者が移り変わっても、矢部氏は引き続いて吉原の管理を任されていたことが残された史料から窺える。なお、前述した河東一乱の際、河東に侵攻した北条

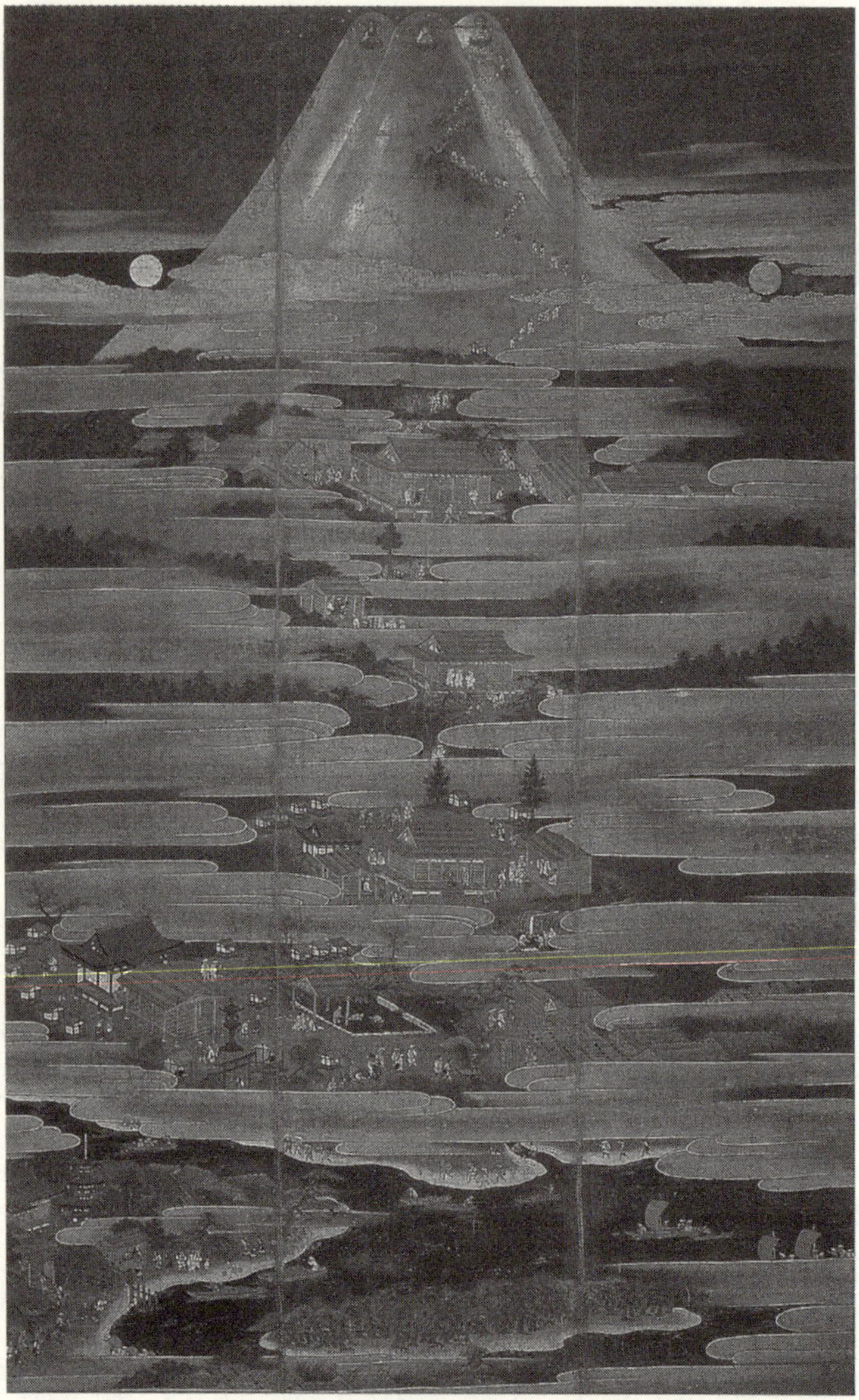

「富士曼荼羅図」(富士山本宮浅間神社蔵)

氏はこの地に城を構えていた。都市としての吉原の経済的重要性をも考慮しての築城といえる。

大宮

次に都市的場としては、富士浅間社の門前町として形成された大宮（富士宮市）を挙げることができる。大宮は、吉原から甲斐府中に至る右左口路《うばぐち》（中道往還）の宿駅でもあり、また、東海道の蒲原に至る道も通じており、陸上交通の要地であった。享禄・天文頃には、浅間社の宿坊が三〇余坊あったという記録も残されている（「大宮道者坊記聞」浅間神社社務所編『浅間文書纂』名著刊行会、一九七三年）。

井出氏

代官富士氏

天文十八年十二月十三日付の義元判物（三―一九六〇）では、井出善三郎に対して大宮屋敷半分が安堵され、同二十三年四月二十四日付の義元判物（三―二二二八）では、井出氏の継承者千代寿に対して道者坊の安堵とそこからの収益の一部を浅間社の造営分として大宮代官へ納所することを命じている。この代官は、義元時代は村山浅間社（富士宮市）社家辻坊葛山氏であったが、永禄四年（一五六一）には氏真が葛山氏を改易し富士浅間社の大宮司で大宮城の城代である富士氏に申し付けている（三―二九五三）。大宮城についてはその直後に山造職人四〇人に対して興国寺《こうこくじ》城《じょう》とともにその普請を命じている（三―二九六四）。これは、桶狭間《おけはざま》の敗戦後武田氏や北条氏の駿河侵攻に備えるためと考えられる。そして永禄九年四月三日付で富士氏に対して大宮六度市の諸役を免除し楽市とすることを申し付けている（三―三三二六）。

このように、大宮も浅間社に参詣する人々や交通の要地として通行する人々の宿場として発展し、参詣人や浅間社に奉仕する社人、あるいは大宮城に拠って防備する兵たちを対象として近在の農作物や行商人の持ち込むさまざまな商品を売買する定期市が設けられ、都市的場として発展したものと考えられる。武田氏の支配下に入ってからの史料であるが、「富士大宮西町新市の事」として六斎市《ろくさいいち》が認められている（四―一三五五）。今川領国における都市的場としては、以上のほかにも各地に設けられた城郭に付随する城下町や太平洋岸に成立していた港町、あるいは有力な寺社の門前町などが考えられる。

城下町

城下町としては、朝比奈氏が城主を勤めていた遠江国懸川城や飯尾氏が城主の引間城の近辺に形成されていたであろうことは、これらの地のその後の歴史的変遷を考えれば推量することができる。ただ、残念ながら史料的制約のために具体的には明らかにしがたい。

門前町

港町を中心として形成されたであろう都市については、海上交通に対する義元の政策を述べる際に触れることとする。寺社の門前町については、例えば、天文十一年（一五四二）六月十二日付の駿河国大石寺《たいせきじ》宛の義元禁制（三―一五八三）に「一門前へ荷物を入れ、押買狼藉すべからざる事」とあり、同二十四年六月七日付の同じく大石寺宛義元禁制(三—二二七八)に「一門前商買の物、諸役あるべからざる事」とあり、門前で商売が行われ義元がそれを公認し諸役免除といった特権を与えていたことがわかる。ただ、あとの禁制では「一門前において前々市これ無き処、只今立つるの儀停止せしめる事」ともあり、門前商売が定期市のごとく恒常化することは抑制していたことも留意する必要があろう。しかし、一方では、氏真時代ではあるが永禄四年(一五六一)六月朔日付の志太郡清水寺(藤枝市)宛の氏真朱印状(三—二九三五)では、「稲葉郷内清水寺において、毎年正月十七日・七月十七日両度、新町相立つべき事、一商人諸商買役有るべからざる事」とあり、さらに「押買狼藉の事」が禁じられている。年二度ではあるが門前市が認められ、諸役免除という特権が与えられた楽市であったことが知られる。門前市に対する今川氏の対応はまちまちであるが、寺社の門前がこの時期商人が集う程に町屋が形成されつつあったことが知られる。

都市の管理と統制

以上、今川領国においても大小さまざまな都市的場が形成されていたが、義元はそうした場の統制策として、一定の抑制策を掲げつつ、駿府の友野氏や松木氏と同様に、見付府の米屋弥次郎・奈良屋次郎左衛門、沼津の山中氏、吉原の矢部氏のように特定の商人を商人頭として特権を与える一方管理を委ね、全体として領国経済圏を掌握していたということができよう。

三　陸上・海上交通と水軍

陸上交通

義元時代の今川領国は駿河・遠江・三河の三か国に拡大し、東西に長い東海道が貫通していた。また、北の甲斐《かい》や信濃《しなの》に通じる幹道が幾筋も枝分かれしており、人の往来や物資の動きも激しく、陸上交通は領国内は勿論、隣国をはじめ京や鎌倉への道筋にとって重要なものであった。義元は、そうした陸上交通路に対して硬軟両面の統制策を取っていた。氏親は、「今川かな目録」（三―九一六）第二四条で「一駿・遠両国津料《りよう》、又遠の駄之口の事、停止の上、異儀に及ぶ輩は、罪過に処すべし」と規定している。「遠の駄之口」とは、当時の領国の西の境であった遠江国と三河国の国境に存在した関所のことで、その撤廃を策したものといえる。当時関所が他にもあったのかどうかは不明であるが、国境の重要な出入り口である「遠の駄之口」を撤廃したということは、陸上・海上を問わず関銭《せきせん》等を徴収しない円滑な通行・航行を確保しようとしていたと解釈できる。

関銭・津料の免除

これに対して、義元は、例えば、天文二十二年（一五五三）閏正月十一日付で伊勢参宮道者四〇余人に与えた通行手形（三―一二六七）では、駿遠参三か国の「諸関・渡守中」に対して「諸関船賃の沙汰に及ばず」と関銭・津料の徴収を禁じている。氏親と同様に関銭等を必要としない通行等を認めたといえるが、これはこのたびの参宮道者に限っての特典授与であって、氏親のように関銭等を徴収しない自由な通行を認めたわけではない。同じ右の通行手形にも「但、今切渡し相定める船賃これ有るべし」と、遠江国と三河国の国境に近い今切渡し（浜松市西区）での船賃の徴収は免除されていない。

天文十二年六月十一日付の鋳物師《いもじ》頭領真継弥五郎《まつぎやごろう》宛の義元書状（三―一六三二）では、「内裏様　仰せ下され候鋳物師の儀、諸役・門なみ棟別幷びに諸関・駒口・諸商売役等、悉《ことごと》く座法を以て御免除の筋目、院宣《いんぜん》の旨に任せ、分国中相違なく申し付け候」と、鋳物師への関銭等の免除が行われているが、これも院宣という上位の意思によって行われたことで一般的な免除ではない。天文八年正月十八日付で井出駒若宛に出された義元判物（三―一四八七）では、「富士上野（富士宮市）関銭として、年中一度馬一疋前百文充、上方（富士郡）においてこれを取るべし」とあり、関を管理する関守が関を通行する馬から徴収した関銭の内から、井出駒若が年に一度馬一疋について一〇〇文充の勘定で上前を徴収することを認めている。これにより、富士上野関が今川氏によって公認された関であり、その通過者から関銭が徴収され、その一部が、義元から給恩として家臣に与えられていたことがわかる。

義元時代の関所

同様に、天文十三年九月二十八日付の海老江《えびえ》弥三郎宛の義元判物（三—一六九三）でも、駿河国の知行分の一つとして「一興津中宿并びに関壱ケ所、但鈴木中務丞《なかつかさのじょう》兼帯」が与えられている。義元時代の関所の存在としては、この他にも弘治三年（一五五七）二月十五日に駿府滞在中の山科言継が名所見物として三保松原から清見寺（静岡市清水市）へ出かけた折、清見関を見物したことを日記に記している（三—二五二五）。前掲「富士曼荼羅図」にも、関所の構えや関守の姿等が描かれている。また、同二年十二月五日付の菅沼十郎兵衛宛の判物（三—二四四二）で、義元がその戦功を賞して兄大膳亮跡《だいぜんのすけあと》を給与した内に「一所　津具村并びに関これ有り」と見える。当時の三河国吉田から信濃国飯田に通ずる伊那街道の途中の津具村（愛知県設楽町）に設けられた関所の管理が菅沼に任せられていたのである。

葛山氏領内の関所

義元時代に史料的に確認できる関所は以上の四か所であるが、駿河郡の今川氏の国衆ともいうべき葛山氏の支配領域において、相模国から長尾峠を下った二岡社（御殿場市）に「交の道者関」（三—九七八）、足柄路から籠坂峠を越えて甲斐国に通じる須走《すばしり》（小山町）に「須走道者関」（三—三二二）、富士山と愛鷹山のすそ野を走る根方街道に「富士の関」（三—一七九三）、吉原から富士大宮に通じる街道に富士高原の「定関」（三—二六四二）が存在した。この富士高原の「定関」については、葛山氏元がその管理者吉野郷三郎に対して関銭の上納を命じている。また、義元後のことであるが、「須走道者関」の管理を委ねられていた茱萸沢《ぐみさわ》宿（御殿場市）の問屋芹沢伊賀守に対して、同じく氏元はその朱印状（三―三二〇）で「須走口過書《かしょ》の事、半分六拾貫文に相定むの間、去正月より上荷物を勘定に合わせ、右の員数相調《ととの》え、公方《くぼう》へ直ちに納むべし」と、関銭を公方すなわち今川氏へ上納することを命じている。

関の役割

以上のように、各地に存在した関所の管理権を在地の領主や問屋等に給恩として宛行《あてが》ったり安堵して、通過する人や物資を軍事的に規制するとともに、関銭の徴収を通じて財源としていたことがわかる。また、関銭の徴収は、一種の関税的性格をもち、領国内の物資の流通量や価格を規制するという経済的効果を持っていたということができる。なお、陸上交通路に設けられた関所以外に、海上交通の規制のために湊や津に関が併置されていた。船関と呼ばれるものであるが、今川領国におけるそれらについては後述することにする。

伝馬制の整備

今川領国における公用の人や物資の輸送のために伝馬《てんま》制が調えられたのも義元時代であり、それも三河国の領国化がほぼ達成された天文年間末期（一五五〇年代）である。北条氏などはそれよりはるか以前の大永四年（一五二四）にすでに相模国当麻《たいま》宿（神奈川県相模原市）に対して、玉縄《たまなわ》や小田原から武蔵国の石戸（埼玉県北本市）や毛呂（同茂呂山町）への輸送に対

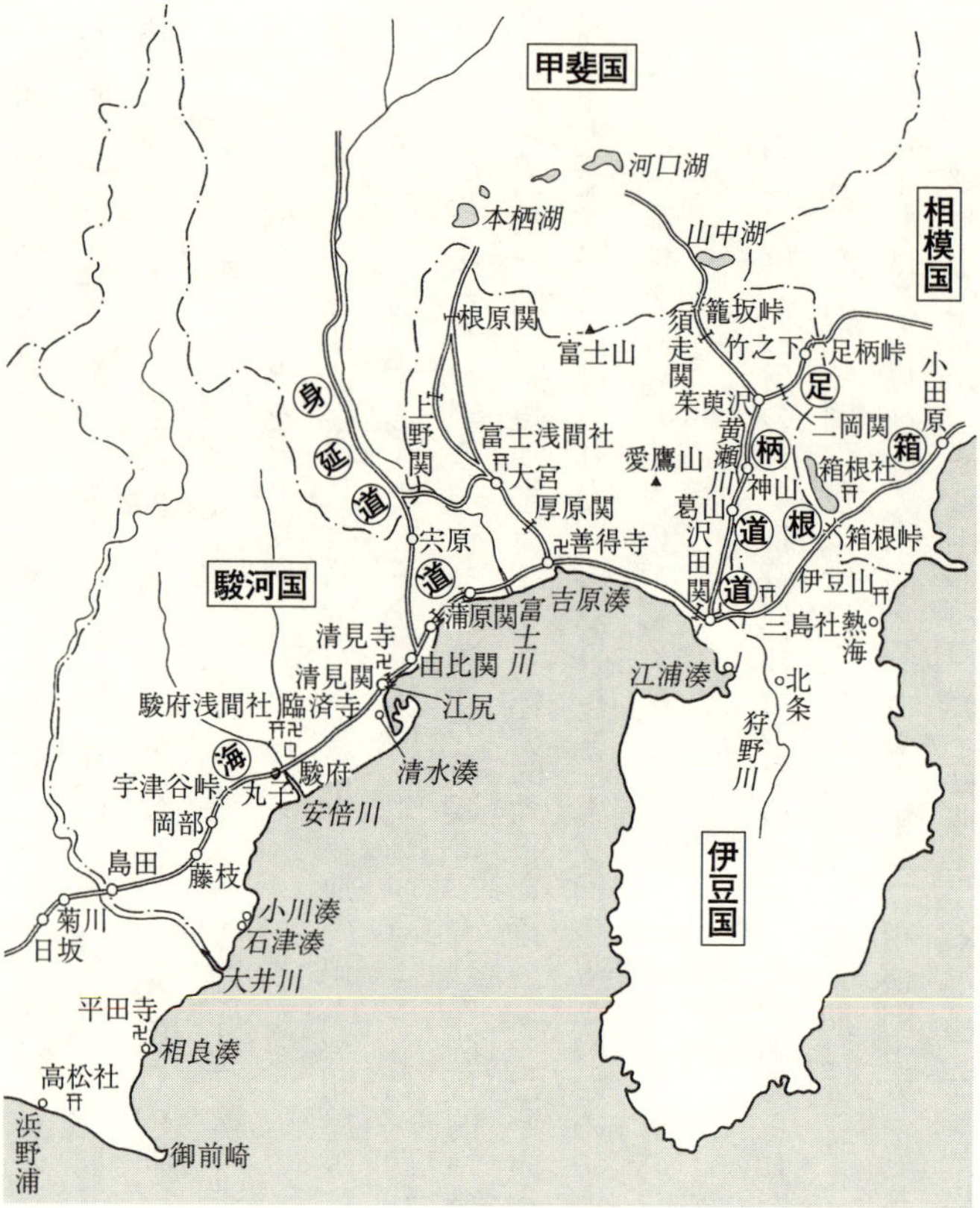

注　『静岡県史』通史編中世掲載図３-16の転載.

して虎朱印の捺された伝馬手形を所持しないものの輸送を禁じており、早くから伝馬制が調えられていたことがわかる。

伝馬手形の初見

これに対して今川領国では、伝馬手形の初見は、天文二十年三月二十七日付のものである（三―二〇四二）。その後、永禄元年（一五五八）八月十六日付で、義元が三河国御油（愛知県豊川市）の二郎兵衛尉宛に「当宿伝馬の儀、天文廿三年に判形を以て五箇条議定の処、一里十銭沙汰に及ばざる由申すの条、重ねて相定む条々」という伝馬掟（三―二六四五）

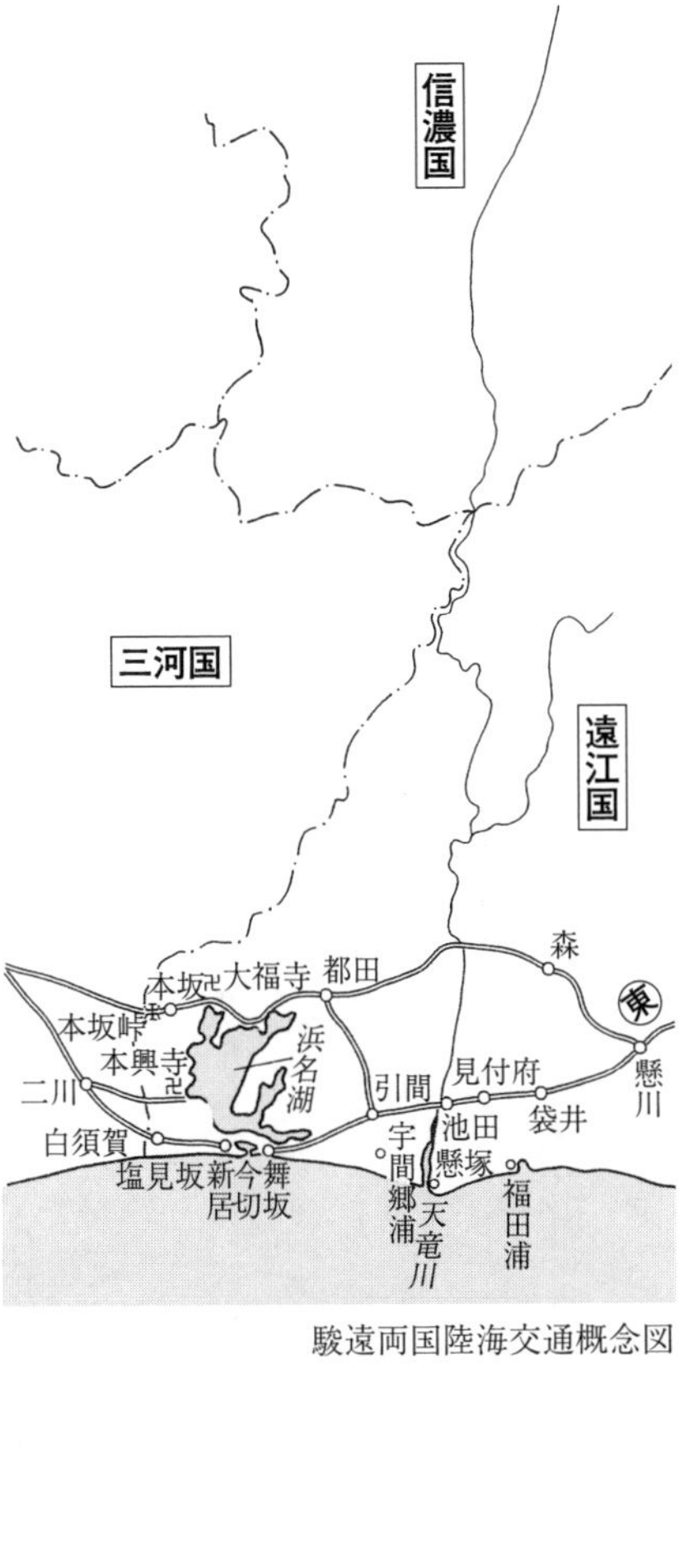

駿遠両国陸海交通概念図

を出している。この文書によれば、御油宿における伝馬については、天文二十三年に五か条でもって定められたが、それらが守られなかったので、この年に再度定められたということである。

伝馬掟

次に、永禄三年（一五六〇）四月二十四日に、今度は氏真によって駿河国丸子《まりこ》宿（静岡市駿河区）中に「丸子宿伝馬の事　右、公方荷物の事は壱里拾銭を除き、其の外の伝馬壱里拾銭これを取るべき旨、先年相定む処、事を左右に寄せ相紛れると云々」と記された伝馬掟（三―二七四三）が出されている。ここでも、公方荷物の無賃制や伝馬銭一里十銭制といった、もっとも重要な原則を含む伝馬掟が永禄三年より先年に定められていたことがわかる。

伝馬相論の裁許

また、永禄五年のことになるが、葛山氏元《うじもと》が、その支配領域中の駿河郡神山宿（御殿場市）代官である武藤新左衛門尉宛に八月五日付の伝馬相論裁許《そうろんさいきょ》朱印状（三―三〇五八）を出している。また、これと同じ日付のものとこれより先七月二十六日付の朱印状（三―三〇五九・四九）のあわせて三通の神山宿伝馬に関する文書を出しており、神山宿に屋敷をもち伝馬に従事していた伝馬屋敷の者と宿の近辺に住み伝馬稼ぎをしている散在の者との間で、軍需物資の輸送を目的とした陣伝馬を含めた伝馬の負担と伝馬銭の上納をめぐって相論になっていた件について、それぞれ半分ずつ負担すべきであることを裁許している。問題は、その裁許の根拠としたのが「先年苅屋・笠寺出陣の時、相定む如く」と記されているように、氏元が尾張国の苅屋（愛知県刈谷市）・笠寺（名古屋市南区）に出陣していた時に定められた規定によったということである。

苅屋・笠寺出陣の時

では、苅屋・笠寺出陣の時とは、いつのことであるか。太原崇孚雪斎《たいげんそうふせっさい》の活躍によって今川氏が三河を領国化し、引き続いて尾張へ侵攻した時、氏元が参戦していたことは種々の史料で明らかにされている。氏元自身、配下の植松藤太郎に対して天文十九年八月二十日に尾張出陣のために具足・馬料を与える朱印状（三―二〇〇二）を出している。一方、義元は、同年九月二十七日付で伊勢神宮御師《おし》亀田大夫に対して出陣の祈願として苅屋に近い重原（愛知県刈谷市）の料地を寄進している（三―二〇〇五）。また、『信長公《しんちょうこう》記《き》』首巻に天文二十二年四月十七日の日付で今川勢が笠寺に取出・要害を構え、葛山氏など五人の者が在城したと記されている（三―二一八八）。『信長公記』首巻の年次記載には種々混乱があり、記載をそのまま信頼することはできない。しかし、いずれにしろ今川勢の苅屋・笠寺などへの侵攻は天文二十年前後と考えて間違いないであろう。

伝馬規定

次に問題となるのは、氏元が文書で記す「相定む」の内容であるが、文書に示された伝馬屋敷の者と散在の者との伝馬の負担等の割合を定めただけのことなのかということである。それについては、一つはそれが今川勢の軍勢の中で決定されていること、第二には前記したように今川氏の伝馬掟も同時期に定められたと考えられること、第三には伝馬の性格上、地域的・個別的な事柄についての規定も定められたであろうが、領国全体に共通する原則的な規定が前提として存在しない限り、実際の運用ができないということ、それゆえ氏元の朱印状でも「府中（駿府）・小田原其の外近辺所用の儀も、年来の如く相勤むべし」（三―三〇五八）と、今川氏の本拠である駿府や姻戚関係にある北条氏の本拠の小田原への伝馬についても言及しているということであろう。以上のようなことから、苅屋・笠寺出陣の時に定められたのは、今川氏の伝馬掟に共通する伝馬の規定であったと考えられる。

伝馬掟制定の背景

以上のことから、今川氏領国における伝馬掟は今川氏の三河平定・尾張侵攻の過程の天文二十年前後に順次定められたものといえる。ということであるならば、義元時代に定められた今川氏の伝馬制は、流通経済の掌握を通じての領国体制の確立という意味とともに、きわめて軍事的・政治的意味合いの強いものであったということができよう。今川氏の発行した伝馬手形の宛先がすべて「駿遠参宿中」となっており、北条氏のようにどこからどこまでの宿宛かといったように具体的な宿名を挙げてのものでなかったということもそうしたことに起因しているといえよう。

伝馬制の内容

次に、伝馬制の内容であるが、伝馬はそもそもが公用の人や荷物の輸送のために設けられたものであって、第一には、各宿に何疋の馬を用意しておくかあらかじめ決められていた。御油宿では五疋と記され、神山宿では七疋であったと思われる。第二には、そうした常用の馬を使って公用の人や荷物を輸送する場合は、大名の発行する伝馬手形によって無賃であった。それが伝馬に従事する宿中の者に対する課役の意味を持っていたのである。第三には、伝馬手形をもたずに私用で伝馬を使う場合には伝馬賃として一里一〇銭を従事者に支払うというものである。伝馬従事者はその内から伝馬銭として収益の一部を管理者を通じて領主に上納するというものであった。一里一〇銭という距離に応じた賃銭の額は今川氏のみならず北条氏・武田氏とも共通するものであったことはすでに相田二郎氏によって明らかにされているところである（「戦国時代に於ける東国地方の宿・問屋・伝馬」『歴史地理』五一―五・六、一九二八年）。

三河国の場合

以上が、義元時代に定められた今川領国における伝馬制の根幹である。ところが、問題は、前記御油宿に出された義元の判物では、その一か条目に「如何様の公方用並びに境目急用たりと雖も、一里十銭不沙汰においては、伝馬を出すべからざる事」と、公用の伝馬についても有賃制がとられていたことである。これは、義元が軍事的に三河を平定し駿遠両国と同様に実質的に領国化したとはいえ、いまだ三河国に対する公儀権を有していなかったことによるものと考えられる。中世において伝馬制は幕府や守護の権限に属していたのであって、義元が三河国の守護として補任されていなかったことによる。

三河守の補任

永禄三年五月八日に義元は三河守に任ぜられた（三―二七四七）。三河守という受領《ずりょう》名はこの時代には実質的にはほとんど意味を持たない官職であり、また、守護補任とは関係のないことであるが、三河の国守という名目を得ることによって、先の問題を解決しようとしたのではないかと考えられる。

以上、陸上交通における伝馬制の施行を通じて義元は、駿遠参の領国の軍事的・経済的一体化を果たしたということができよう。

海上交通

次に、海上交通に目を転じてみよう。

駿遠両国に三河国を組み込んだ義元時代の今川領国は、駿河湾と遠州灘、さらに伊勢湾（三河湾）へと、いずれも太平洋に連なる海に面しており、海上交通発展の条件もそれなりに備えていたといえる。しかし、遠州灘は海底地形が複雑であり、北上する黒潮と南流する親潮とが衝突する海域で、潮の流れも激しく変化するところであり、また、海辺には砂丘が形成され単調な砂浜が続いて、風待ちの入江にも欠くといったように古くから海上交通の難所といわれているところである。文明《ぶんめい》十七年（一四八五）に関東に下向した禅僧万里集九《ばんりしゅうく》が天竜川河口の懸塚湊《かけづかみなと》（磐田市）から駿河湾西岸の小河津《こがわ》（焼津市）へ船で渡った際、その漢詩文集『梅花無尽蔵《ばいかむじんぞう》』に、懸塚を出帆したが、逆風のために舟を進ませることが出来ず、船頭すら酔ってしまい、湊に引き返したと記されており、結局、集九は二日後に再び出帆している（三―六〇～二）。このように遠州灘を船で渡ることは命がけのことであったのである。

水運の発達

しかし、そうはいっても米や陶磁器のように重量があったり嵩張る物資の運搬ということになれば荷駄による陸上より水運の方がはるかに効率がよいわけで、中世後期になると荘園年貢の上納や各地の特色ある豊富な物資が相互に売買されるために水運を利用する度合いが高くなっていたと思われる。

回船業者の出店

駿河湾の西岸の江尻湊には既に建武《けんむ》年間（一四世紀前期）に志摩国の回船業者の出店があり手広く商業活動を行っていたことも知られているし、駿遠の湊から伊勢神宮や熊野三山への貢納物の海上輸送の史料が断片的に残されている。また、一四世紀末の東京湾岸の品川湊に出入りする商船の船籍が伊勢国大湊（三重県伊勢市）であったことを示す史料なども残されており、駿遠参の沿岸湊にも寄港していたであろうことが推測される。天文二十二年（一五五三）に寿桂尼《じゅけいに》を訪ねて、妹である山科言継の養母黒木殿《くろきどの》が駿河国に下向したとき、伊勢の湊から直接駿府まで船で渡っているのも（三―一二八九）、こうした歴史に裏付けられたものといえよう。

永禄三年（一五六〇）三月十二日付で、義元は、中間藤次郎に対して次のような袖判状《そではんじょう》

（三―二七三六）を与えている。

（今川義元）
（花押）

清水湊に繋ぎ置く新船壱艘の事

右、今度訴訟を遂ぐるの条、清水湊・沼津・内浦・吉原・小河・石津湊・懸塚、此の外分国中所々、如何様の荷物・俵物以下相積み商買せしむと雖《いえど》も、彼舟の儀に於いては、帆役・湊役幷びに出入の役、櫓手・立使共免除し畢。たとい自余の免許の判形相破り、其の時に至り、一返の雇として臨時の役等申し懸くと雖も、時分に限らず他国（へ）の使い已下《いか》別して奉公せしむべきの旨申すの条、新給恩として扶助せしむ上は、其の沙汰に及ぶべからず。然らば自力を以て五拾貫文の買得これ有ると云々。分限役是又一返の役・臨時役等免許し畢。年来無足として奉公せしむの条、永く相違有るべからず。然りと雖も判形を以て諸役仕り来る湊に於いては、其の役勤むべきもの也。仍って件の如し

永禄参庚申年

三月十二日

中間藤次郎

湊の格付け

この中間藤次郎とは、前述したように義元から都市的場として成立していた江尻の市

の開催と商人宿の営業を安堵（三一一三九八）されていた小柳津氏のことで、彼はまた清水湊に船を所有し今川分国中の諸湊へ出入りし手広く商売をしていた回船業者であることが右の文書から知られる。問題は、冒頭に挙げられている清水湊以下の七か所の湊のことである。また、「此の外分国中所々」と記されていることから、当然のことながら義元も認知する湊がこの外にも数多く分国中に存在したわけである。しかしながら、先の七か所の湊とそれ以外の所々の湊が区別され格付けされているといえよう。七か所の湊が分国中の主立った湊ということができる。

江尻・清水湊

まず、清水湊であるが、ここは先記したように都市的場である江尻と一体となった湊である。もともと江尻津という少なくとも南北朝時代から外洋航路の船の発着する湊が存在したが、明応《めいおう》七年（一四九八）の太平洋岸を襲った大地震、津波によって壊滅的被害を受けた結果、清水湊がその北側に新たに成立したのである。小柳津氏はここを拠点として回船業者として活動し、自力で五〇貫文の土地を買得し、中間《ちゅうげん》身分として今川氏に奉公しており、江尻・清水湊における商人頭ともいうべき存在といえよう。

沼津

次に沼津であるが、ここも湊と東海道の宿、さらに市の機能をあわせもった都市的場として発展していたことは前述したとおりである。

内浦

次に内浦であるが、この地は、伊豆半島の付け根に湾曲して入り込んだ駿河湾の最奥に、戦国期には獅子浜《ししはま》・江浦《えのうら》・多肥《たび》・田連《たづれ》・尾高《おだか》（以上江浦入江沿岸、口野《くちの》五か村、沼津市）、重寺《しげでら》・小海《こうみ》・三津《みと》・長浜《ながはま》・重須《おもす》（以上内浦入江沿岸、内浦五か村、同前）、木負《きしょう》・久連《くづら》・平沢《ひらさわ》・立保《たちぼ》・古宇《こう》・足保《あしぼ》・久料《くりよう》・江梨《えなし》（以上西浦の村々、同前）といった漁村が続く。この内、口野五か村は駿河国に属し、他は伊豆国である。また、口野五か村については、今川氏の国衆でもある葛山氏の支配領域に属し、今川氏滅亡後は北条氏の支配下に入る。これに対して伊豆国の村々については一貫して北条氏の領国である。さらに、この時期の内浦五か村といわれる村々に関係して残されている史料は漁村支配に関するものであって、水運についてのものは見あたらない。それに対して、口野五か村については、何点かの貴重な水運に関する史料が残されている。以上のことから、先掲した義元の中間藤次郎宛の判物に見える内浦は、間接的ではあるが今川氏の支配領域に属する口野五か村、とくに江浦のことではないかと思われる。

江浦

江浦については、弘治三年三月二十四日付の葛山氏元の判物（三―二五五六）で、宛名の楠見《くすみ》善左衛門尉に着岸した伊勢船などとの商売の独占権や問屋の営業権などが認められている。今川氏および葛山氏が滅亡したあと、北条氏はこの口野五か村などに対して、他国船が着岸した時は人数・荷物などを「相改め押え置い」て注進すべきといった三か条の法度（四―六四三）をこの地域の領主である北条氏光《うじみつ》に下している。口野五か村、とくに江浦は、戦国期を通じて外洋を航行する船舶などが着岸し、回船業者が商業活動を手広く行っていた湊であった。

吉　原

吉原についても、富士川の渡船場として、また、富士浅間社参詣の道者や商人を相手とする交通の要地として、宿や問屋が建ち並び都市的場として発展していたことは前述した。一五世紀中期に吉原の住人三名が熊野那智社に願文を奉納している史料（二―二三九九）があり、おそらく熊野社の先達らが吉原湊から上陸して活動していたものと思われ、かなり以前から西国との行き来のあった湊といえる。

小河と石津湊

小河と石津湊は、大井川の扇状地の先端に形成された入江に隣り合って存在する湊であるが、石津湊（焼津市）については、近世に隣接する和田湊から大井川奥で伐採された用材を江戸へ積み出したという記録（『日本歴史地名体系22　静岡県の地名』）と、現在でも石津港という地名が存在すること以外、中世・戦国期の港として機能していた史料は見あたらない。それに対して小河湊は先述のように万里集九が懸塚湊から乗船して小河湊に着くのであるが、その時の模様を『梅花無尽蔵』で、湊に出入りし着岸している大船が多く、船頭は艤岸場所に迷い、時を空費したこと、また道路が人々の往来や物資の上げ下ろしなどによって、非常に混雑し汚れていたと記している（三―六三）。当時の小河湊の殷賑振りが想像される。小河湊にはその後連歌師《れんがし》宗長《そうちょう》も立ち寄り有徳人《うとくにん》といわれる長谷川元長を訪ね和歌千句を詠んでいる（三―九〇五）。義元の時代については、上記の判物以外明らかにすることはできない。

懸塚湊

最後の懸塚であるが、先述したように文明年間末年に万里集九は、この湊から乗船して小河湊に渡っているように、遠州灘に面した湊としては、ここが唯一外洋航路の船着き場であったようである。天竜川河口に形成された懸塚湊は、また、天竜川を使っての河川交通の湊でもあった。天文十年十月四日付の遠江国高松社宛の同社造営材木について、義元が天竜川川上から懸塚湊までの過書を与えていることからも知られる（三―一五六四）。

領国内の他の湊・津

以上、永禄三年三月十二日付で、清水湊の小柳津氏に与えた前掲義元判物に記された今川領国中の主立った七か所の湊について見てきた。勿論これら以外にも、領国沿岸にはさまざまな湊・津・浦が存在し、浦伝いの海上交通が行われていたであろう。駿河湾奥では、阿野庄内の原駅（沼津市）には、天文十七年に義元が、上松四郎兵衛に対して船一艘と立使（水夫か）に対する諸役を免除している（三―一八九九）。同湾西岸では興津や相良湊などにおける船役の免除が義元などによって認められている（三―三一八・一九四〇）。相良《さがら》湊では「野菜運送の船」が存在していた。遠州灘沿岸では、浜野浦（掛川市）・浅羽《あさば》湊（袋井市）・福田《ふくで》浦（磐田市）・宇間郷《うまごう》浦（浜松市中区）などが存在した（三―三〇〇二・一一八〇三・三三三六・三二〇二）。さらに浜名湖沿岸では、宗長が鵜津山城《うづやまじょう》（湖西市）で連歌会を催した時、「此の鵜津山の館といふは、尾張・三河・信濃のさかい、やゝもすれば競望する族ありて、番衆日夜油断無き城也。東・南・北、浜名の海めぐりて、山のあひ〳〵せき入、堀入たる水のごとく、城の岸をめぐる。大小の舟岸につながせ、東むかひは堀江の城（浜松市西区）、北は浜名城（同北区）、形部《おさかべ》の城、いなさ山、細江（以上同前）、舟の往来自由也」（三―九六九）と記しているように、湖岸の各城との間に自由に船が行き来していたのである。

三河沿岸の水運

義元が侵攻・平定した三河国沿岸については、古くから伊勢・志摩国との間に伊勢神宮御厨の貢納物などの運送のための水運が発達しており、その積み出し湊・津が各所に存在した。弘治二年九月に駿府に下向した山科言継は、その日記『言継卿記』に、十七日に伊勢国楠どろ塚（三重県伊勢市か）より乗船して「志々志摩江黄昏に及び着岸、十一里云々」、十九日に「参川国《みかわのくに》室津（愛知県西尾市か）に着了、十四里云々」と記し、続いて陸上を一里で吉田（同豊橋市）に着いている。以後駿府までは伝馬を使って陸上を通っている。また、翌弘治三年三月に帰京する際は、三河国岡崎までは陸上を使い、その後十四日、「岡崎を立ち六七町過ぎ、矢はぎ川舟にて渡る。三里過ぎ荒川の傍ら吉良、又一里過ぎ入海を渡る。舟、鷲塚《わしづか》（同碧南市）に着く。一向宗、次又一里過ぎ大浜に着き宿し了」、十五日「未刻乗船、五十町渡海、成波（鳴海か、名古屋市緑区）の宿に着す」、十六日「未の下刻乗船す。海上七里也。酉の下刻北伊勢ながう（長太、三重県鈴鹿市）に着く」と記している。

伊勢湾水運の発達

このように当時伊勢湾を船で横断して京と東国を往来する道中は珍しくなく、それだけ伊勢湾内海の海上交通、水運は開けていたといえる。義元も、三河侵攻と時をおかず、天文十七年二月十五日付で三河国宝飯《ほい》郡《ぐん》伊奈《いな》（愛知県小坂井町）の領主本田縫殿助《ぬいどのすけ》に、知行分として伊奈と「前芝《まえしば》湊并びに湊役」一所、「渡津《わたつ》・平井村（同前）船役」一所を安堵している（三―一八八六）。また、同年九月二十一日には渥美郡小松原（同豊橋市）の東観音寺《とうかんのんじ》に対して寺領とともに門前漁船五艘を安堵している（三―一九一三）。この漁船は、その後、氏真が与えた判物（三―三〇〇七）では「漕船五艘之分、櫓手・立使等の諸役一円免許せしむ」とあり、単に漁稼だけの船ではなく運搬船として水運に従事していたものと思われる。こうして義元も伊勢湾内海の水運を積極的に把握しようとしていたことがわかる。次に見るように、義元が敗れた桶狭間合戦の際、伊勢湾奥に本拠を置いていた海賊（水軍）が今川方として戦っていたことを見ても、義元が内海における海上交通、水運の掌握を目指していたといえる。

水軍の活動

義元の時代における東国の合戦は、主として国盗りといわれるように、城塞の奪い合いを通じて領土の拡張を目指したもので陸上で行われるのが通常であり、当時海賊衆とも呼ばれた水軍の活動はまだ小規模のものであった。その役割は、海上交通や水運を保護し、漁稼を守るためのものであったといえよう。しかし、合戦が大規模になってくると、軍兵の輸送や戦略物資の運搬に漁船や水運に従事する運送船が徴発、動員され、またそれらを阻止するための海上での戦いが行われ出し、各大名などは海賊衆を抱え水軍を編成し出すのである。北条氏の梶原《かじわら》水軍や武田氏の小浜《おばま》水軍などのように、伊勢や志摩国の海賊衆を招聘し、大規模な水軍として編成されたのはいずれも永禄年間以降のことで、それ以前は領国沿岸における小規模な存在であったと思われる。

興津氏

今川氏においても、駿河湾西岸奥に位置する興津郷を本貫の地とする興津氏は、すでに氏親の時代に彦九郎の名で「興津郷十艘舟役の内五艘の役の事、申されるによりこれを閣き畢、立仕以下の事は、速に申し付くべく候」（三―三一八）と、一〇艘の船を持ちその内五艘については船役を免除されているように、早くから水運に従事していた。その船数の多さからいって立仕以下の者を使って駿河湾の一定の海域において制海権を握っていたものと思われる。その興津氏は摂津守《せっつのかみ》の名で、永禄五年正月十一日付で氏真より、「遠州大坂（掛川市）の内知行浜野浦に繋ぎ置く新船壱艘」についての船役などを新給恩として免除する判物（三―三〇〇二）をもらっている。その上で「同じく立使肴買等申し懸くべからず、然りと雖も海賊惣次の時は、櫓手役勤むべきもの也」と、非常時においては海賊衆として活動することを命じられている。

今川氏の水軍

今川氏の水軍としては、以上の興津氏のことしかわからない。しかし、今川氏滅亡後、武田氏が今川氏旧臣を抱えた内に、重臣であった岡部氏や舟奉行であった伊丹氏が武田氏水軍の船大将として活躍したことが指摘されているが（柴辻俊六「武田氏の海賊衆」『信濃』二四―九、一九七二年）、こうした連中の今川時代の詳細は不明である。

水軍の編成

以上のように義元時代の水軍編成はいまだ緒についたばかりであったと思われるが、義元の最後となった桶狭間の合戦において注目すべき記録が見られる。それは、『信長公記』に記された次の記述である（三―二七五三）。

爰《ここ》に河内二の江の坊主、うくゐらの服部左京助《さきょうのすけ》、義元へ手合せとして、武者舟千艘ばかり、海上は蛛の子をちらすがごとく、大高の下、黒末川口迄乗り入れ候へども、別の働きなく乗り帰し、もどりさまに熱田の湊へ舟を寄せ、遠浅の所より下《お》り立つて、町口へ火を懸け候はんと仕り候を、町人共よせ付けて噇と懸出し、数十人討取り候間、曲なく川内へ引取り候キ

服部左京助

この記述の「義元へ手合せ」とは、義元と勝負するという意ではなく、連携してと考えられ、武者舟千艘を率いた服部左京助は、今川方の大高城近くの黒末川口に乗り入れ、

今川方として参戦しようとしていたことがわかる。その後、織田方である熱田《あつた》に攻撃を仕掛けようとしていたのである。同じ『信長公記』に、服部左京助は、これより遡っての弘治二年のこととして「尾張国端海手へ付いて石橋殿御座所あり、河内の服部左京助、駿河衆を海上より引入れ、吉良・石橋・武衛仰談《おおせかた》らはれ、御謀叛半の刻、家臣の内より漏れ聞え、則ち御両三人御国追出し申され候なり」と記されている。

信長への謀叛

服部左京助の根拠地である「河内二の江の坊主、うくゐら」とは、近世の尾張国海西《かいせい》郡《ぐん》荷之江村・鯏浦《うぐいうら》村（愛知県弥富《やとみ》市）地域で、木曽川の河口である。すぐ近くに蟹江《かにえ》城があり、近世初頭に著述された『家忠日記増補追加』の弘治元年の条に「三州及ビ駿州ノ兵、尾州ニ発シテ蟹江ノ城ヲ攻ム」（三─二三二─三）と記されている。先の服部左京助が信長に謀叛したという記述と時期、地域ともほぼ整合するといってよい。

義元は、伊勢湾で活動する海賊衆を味方にしていたのである。

第六　今川文化と寺社興行

一　都との交流

文化サロン

前述したように、氏親《うじちか》の時代に氏親の母（北川殿＝北条早雲《そううん》の姉）と姉（正親町三条実望《おおぎまちさんじょうさねもち》妻）、そして妻（寿桂尼《じゅけいに》＝中御門宣胤《なかみかどのぶたね》娘）といった三名の女性を媒介として今川氏および領国の人々と京都の公家や僧侶・歌人・文人といった人々との間にさまざまな交流が行われ、駿府を中心として文化サロンの場が成立していた。それはまた氏輝《うじてる》の時代にも受け継がれ、義元の時代になると、義元自身が太原崇孚雪斎《たいげんそうふせっさい》の師範のもとに京都で修行し、直接そうした人々と交わったこともあって、京都人との交わりは世代の移り変わりを見せながらさらに広がっていった。

山科言継

とくに、弘治《こうじ》二年（一五五六）九月から翌年三月まで駿府に滞在した山科言継《やましなときつぐ》が、そこで繰り広げた日々の交遊の様をその日記『言継卿記』に克明に記録しておいてくれたがために、その間に限ってのことであるが、その詳細を知ることができる。言継は自らが歓談したり、飲食をともにしたりした相手や義元など今川氏によって開かれた宴席や歌会、あるいは香合会《こうあわせのかい》・蹴鞠会《けまりのかい》などで同席したり、ともに興じた人々の名前を一々書き記している。そうした名前から義元の周りにはさまざまな人々が交遊していたことがわかる(後述)。なお、この『言継卿記』の記事から言継の駿府生活を詳細に整理したものとして村井章介氏の論述がある(「山科言継の駿府生活」『静岡県史』通史編2中世)。

義元と京都人

ここでは、まず、言継が下向してくるまでに義元と接触したと思われる人々を年代順に見ておきたい。義元が家督を継ぐまでにすでに駿府に滞在していた人物として正親町三条公兄《きんえ》が挙げられる。公兄は天文《てんぶん》五年(一五三六)十月十八日に同十三日になくなった母(仁齢栄保大姉、龍津寺殿《りゅうしんじどの》)の追善歌会を冷泉為和《れいぜいためかず》を指南役として行っている(三—一四〇〇)。この母は、氏親の姉、義元の伯母であり、当然義元も弔いに参列したであろう。また、為和も享禄《きょうろく》年間(一五二八〜三二)から駿府にあってさまざまな人々とともに歌会を催しており(三—一一三二)、この年の十二月には義元の和漢歌会の発句《ほっく》を詠み(三—一四一九)、翌年以降正月十三日の今川氏の歌会始には毎年指南役を勤めている。公兄は、その後もたびたび禁裏《きんり》に鵠《くぐい》(白鳥の古名)を献上しており(三—一五二〇)、また天文九年五月三日には母の菩提《ぼだい》を供養するために自領である駿河国服織郷《はとりごう》(静岡市葵区)の一部を龍津寺(同前)に寄進している(三—一五二五)。

義元が招いた僧侶

次に天文十年四月には、義元が京都妙心寺《みょうしんじ》住持を勤めた明叔慶浚《みんしゅくけいしゅん》を氏輝の菩提寺である駿府の臨済寺の住持として招いている（三―一五四九）。また、天文十七年四月には、同じく臨済寺の住持に、雪斎・義元の師である妙心寺の大休宗休《だいきゅうそうきゅう》を招いている（三―一九〇二）。なお、その直前の三月十七日の氏輝十三回忌仏事を、前述したように義元は大休宗休とともに天竜寺の江心承薫《こうしんしょうとう》を招請して執り行っている（三―一八九〇・二）。永禄《えいろく》三年（一五六〇）四月には、景筠玄洪を善得寺住持に招聘している（三―二七四四）。禅僧では他に天文十二年六月に京都西芳寺《さいほうじ》再興のための募縁を義元などに求めて鹿苑院《ろくおんいん》の子建寿寅《しけんじゅいん》が下向して来ているようである（三―一六三四・五）。このように当代一流の禅僧が京都と駿府とを往き来していた。

駿河を訪れた人々

天文十二年八月十九日には、公家の町資将《まちすけゆき》が駿河より上洛し内裏《だいり》修理料を献上している（三―一六四三）。また、翌年暮れには、後奈良《ごなら》天皇書写の般若心経を今川氏に配るために下向していたと思われる寿桂尼の甥の中御門宣治《のぶはる》が駿河より上洛している（三―一七一四・一七二八）。それと入れ替わるように連歌師谷宗牧《れんがしたにそうぼく》が東国下向の途中駿府に立ち寄り、歳末には義元と対面し、新年を駿府で迎え、正月十三日の今川氏歌会始にも参加している。その紀行文『東国紀行』には、義元に対して「先年御在洛のおりふし、別して御懇意の事とも有つる」と記しており、義元が出家時代に京都で親交があったことがわかる。

宗牧は、駿府の一か月余りの滞在中に宝樹院住持である三条殿息や中御門宣綱《のぶつな》といった当時駿府に滞在していた公家や、時衆《じしゅう》でのちの遊行《ゆぎょう》二十九世体光となる駿府一華堂《いっかどう》当住乗阿《じょうあ》、今川氏雑掌《ざっしょう》の惣印軒安星《そういんけんあんせい》（由比《ゆい》氏）、あるいは連歌師で宗長の子である誰庵《いあん》や顕甫《けんぽ》・竹軒《ちくけん》など多彩な人々と交わっている（三―一七一六）。寿桂尼の甥中御門宣綱は、この後、為和を指南役とした歌会を催す（三―一八〇八）などして弘治元年九月に一旦上洛している（三―二二九〇）。

また、後奈良天皇書写の般若心経を甲斐《かい》と伊豆《いず》に配るために下向してきた聖護院道増《しょうごいんどうぞう》が、天文十四年七月七日の駿府における義元邸での歌会に加わっており、そのことを記した冷泉為和の『為和集』には、道増が、前述したように河東一乱に対して和与の扱いに奔走していたことが記されている（三―一七四〇）。次に、三条西実澄《さんじょうにしさねずみ》が、天文十五年（一五四六）六月に四辻実遠《よつつじさねとお》という公家とともに甲斐の国へ行く途中立ち寄っている。この時数日駿府に滞在したようであるが、その一日、義元邸で歓迎の歌会が催されている（三―一七九八・九）。なお、この頃の四辻家に実遠という名の者は見当らない。この時期の当主は季遠で、『公卿補任』の天文十六年条では、「四辻季遠三十五〔在国。さ〕」とあり、京を離れていたことが判明することから、実遠は季遠の誤筆か誤写であろう。季遠は、『公卿補任』では永禄元年（一五五八）にも「在甲州」と見え、宮中御湯殿上《おゆどののうえ》の間に詰めていた女官が記した日記である『御湯殿上日記』の同二年十月二十九日条に駿河より上洛したことが記されている（三―二七一二）。

その他の公家たち

　その他の公家として、天文七年五月三日付で、飛鳥井《あすかい》雅綱《まさつな》が遠江《とおとうみ》の堀越氏延《ほりこしうじのぶ》に「蹴鞠条々」を秘伝している（三―一四六三）。雅綱が駿府まで足を延ばし義元と交わっていたかどうかは不明である。なお、天文十八年十二月三十日に「するがの御れう所かね十両まいる、御さいまつとも申さるゝ、御たいめんあり、あすかゐいなかよりのぼりて、くゞゐ（鵠）しん上あり」と『御湯殿上日記』に記されている（三―一九六六）。この「あすかゐ」は雅綱の孫の雅教《まさのり》のことと思われるが、朝廷から見たら駿河国は「いなか」であった。また、天文二十年に日野晴資《はるすけ》なる弁官が「去夏ごろ狂気に依り駿河国に下向、富士河を渡り水中に没すと云々、後に聞く、狂気に依り自害せしむと云々」ということで富士川に入水《じゅすい》している（三―二〇九四）。今川氏や義元との関係はまったく不明であるが、珍しい事件であるので記しておく。

　以上、言継下向までの時期においても、多彩な人々が駿河、駿府を訪れ義元と交流していたことが窺われる。以下に登場する公家と今川氏との縁戚関係については、二六・七頁掲載の「今川氏と公家との縁戚関係図」を参照されたい。

山科家の人々

　さて、『言継卿記』にみえる駿府滞在中の京都人の顔ぶれをグループに分けてみておきたい（以下、『静岡県史』資料編7中世三の史料番号二三五六から二五五五までに『言継卿記』の記事が収載されているので、一々の典拠を省略する）。第一のグループは、日記の記者山科言継に連なる人々である。言継がそもそも駿府に下向してきたのは、父言綱《ときつな》の妻（中御門宣胤娘、日記では御黒木殿《おくろきどの》）である養母が、天文二十二年に姉である義元の母寿桂尼を頼って駿府に下向し滞在しているのを訪ねるためであった（三―二一八六・七）。黒木殿の下向には、山科家の家司《けいし》大沢左衛門大夫《たいふ》と官女妙祐《みょうゆう》・尼宗寿《そうじゅ》などが同道していた。言継の駿河下向に同道したのは執事の沢路隼人佑《さわじはやとのすけ》と雑色《ぞうしき》の与二郎・与三郎・禁裏仕丁《しちょう》山国与七《やまくによしち》、沢路の小者又二郎などであり、さらに、京商人の小池与左衛門・前野与介・河合孫四郎などを召し具していた。

言継は、弘治二年十一月十九日に待ちに待った義元との対面が実現するのであるが、まず歌会では執事の沢路も参列しており、その後の宴席の場では義元に贈る桂蓮院宮《けいれんいんのみや》詩歌を大沢が言継に手渡し、その上で言継が義元に贈っており、大沢が同席していたことがわかる。すべてが終わった後、言継は養母黒木の方の許に出向きその日の様子を話し合っている。翌日は氏真《うじざね》邸での対面が行われたが、この時は山科側では言継だけ列席したようである。翌々日には、寿桂尼邸で宴が催され、義元も出座し、養母黒木殿、言継、沢路などが同席し、大沢も召されたようである。なお、この日の日記の最後に言継は「大守下戸たりと雖《いえど》も、十余盃受用せられ了《おわんぬ》」と記している。これは、義元が下戸であったという、その人柄を示す唯一の史料ともいうべき記載である。なお、禁裏仕丁山国与七は、永禄三年（一五六〇）正月に上洛し、言継に老母黒木殿や新光明寺住持忍誉《にんよ》の書状などを届けている記事が見られ（三―二七二五）、言継上洛後も駿府にとどまっていたのか、再訪であるのか不明であるが、駿府滞在の人々のための使者の役割を果たしていたといえる。

中御門家の人々

第二のグループは、中御門宣綱に連なる人々である。中御門家と今川氏との関係は宣胤の娘（寿桂尼）が氏親と結婚したことに始まる。宣胤の駿河下向はなかったようであるが、宣綱の父宣秀《のぶひで》は早くから駿府に下向していたが、享禄四年（一五三一）に京都で亡くなり、その後、宣綱がたびたび駿府と京都を往来していた。弘治元年九月四日に宣綱が上洛したことが『後奈良天皇宸記《しんき》』（三―二二九〇）に記されている。ところが翌年、山科言継が駿府に到着した九月二十四日には、宣綱が言継一行のために馬を用意して迎えており、宣綱はわずか一年の間に駿府と京を往復したことになる。宣綱四十六歳の時のことである。なお、宣綱は義元の姉妹と結婚しており、家系上ではいとこ同士の結婚ということになる。

駿府滞在中の宣綱に仕えた使者・内者として、庵原《いはら》左衛門尉・神尾《かみお》対馬《つしま》入道・同但馬《たじま》入道・浅沼彦四郎・高橋某・栗田某の名前が『言継卿記』にみえる。前の三人は今川氏の家臣でもあるから、今川氏から遣わされたのであろう。残りの三名は中御門家の家人《けにん》と思われる。前述の弘治二年十一月の義元の歌会には宣綱だけ参列しており、他の家人の名前は見られない。身分が低かったのであろう。

中御門家の人間としては、他に宣綱の叔父にあたる宣増《せんぞう》（真性院《しんしょういん》）が駿府近郊の名刹である建穂寺《たきょうじ》の別当《べっとう》となっており、また宣綱の姉妹の一人は葉室頼継《はむろよりつぐ》の妻（葉室母）となり、その間にできた娘が言継の妻（南向）である。他の一人は懸河《かけがわ》城主朝比奈泰能《あさひなやすよし》の妻となっている。このように言継は妻を介して葉室家と縁続きであることから、京都の葉室母と懸河の朝比奈泰能妻との間の言伝《ことづて》や書状の仲介をしばしば行っている。宣綱の甥の宣将《のぶまさ》は、永禄二年（一五五九）十一月に遠江国より上洛しており（三―二七一六）、彼もまた葉室母の縁戚ということで懸河の朝比奈氏のもとに下向していたと思われる。駿府に滞在していたかどうかは不詳である。

三条西家の人々

第三のグループは、三条西実澄に連なる人々である。実澄は、『言継卿記』で「三条亜相《あしょう》」と記されている。天文二十一年秋に二度目の駿河下向をし、それから引き続いて滞在しており（三―二一四七・二一六五）、弘治二年には言継は五十歳、実澄は四十六歳で年齢が近いということもあってか、ほとんど連日といってよいほど交遊している。実澄の妻は氏親の姉（龍津寺殿）と正親町三条実望との間の子である公兄の娘である。

正親町三条家の人々

正親町三条家は駿河国服織《はとり》荘や稲葉郷に所領が所在する関係もあって、実望は永正《えいしょう》年間（一五〇四〜二一）に駿府に下向、滞在し、没している。公兄も父と同時期に下向しており、また、永正十四年には加賀国《かがのくに》の知行地について幕府の命と相違するところとなり、それが要因となって京を出奔し駿河に下向している（三—六五九）。その後もたびたび駿河に下向滞在しており、人生の大半を駿河で過ごしたといえる。実澄が駿河に下向し、滞在するようになったのは、こうした正親町三条家の人々との姻戚関係があったからであるが、それだけではなく、三条西家と今川氏との関係も下地にあったからといえる。しかし、公兄は弘治二年七月と同三年四月というちょうど言継が駿府滞在の前後の時期に、駿河から禁裏に鵠を献上していて（三—二三五〇・二五六〇）、当時駿府に滞在していたことは明らかであるが、公兄と実澄・言継との交流の記事がまったく見られないことは不思議である。ただ、公兄の伯母妙珠院《みょうしゅいん》とは言継が訪ねたり音信を受けたりしている。

駿河での交流

三条西家の人物が駿河に下向したのは、永正十七年（一五二〇）に、正親町実胤の妻（北向）となっていた三条西実隆《さねたか》の娘が「近日駿州に下向すべきと云々」と『実隆公記』（三—七五三）に記されているのが最初である。しかし、実澄の祖父である実隆と今川氏との関係は極めて親密なものがあった。駿河出身の連歌師宗長を仲介として、氏親との間で和歌の添削や音物《いんもつ》の遣り取りのみならず、政治的な問題についても交流が行われていた。また、実隆と今川氏との交流は氏親一代に限らず、前述したように、義元が花蔵《はなぐら》の乱後家督を継いだ直後の天文五年八月十日付で、実隆に在京中の懇篤に対する礼などを記した書状（三―一三八五）を出しているように、出家修行中、京都において晩年の実隆に師事し、また家督相続に際しては多大の支援を受けたと思われる。こうした氏親・義元と実隆との密度の濃い交流もあって、実澄の駿河下向、滞在が見られたのであろう。なお、実澄には、家人木村左衛門大夫と内者三宮某などが随伴していた。木村は、実澄が参加した歌会や宴席にはほとんど同席している。

駿府一花堂

永禄四年に駿河に下向した歌人相玉長伝《そうぎよくちようでん》の歌集『心珠詠藻《しんじゆえいそう》』に、この実澄が駿府一花堂（静岡市葵区）を宿所としていたことが記されている（三―三〇〇二）。この一花堂は長善寺ともいわれ、当時時宗の本寺である相模国清浄光寺《さがみのくにしようじようこうじ》（神奈川県藤沢市）が焼失し、遊行上人がここに移り一時本寺とした寺院である。遊行二十九世他阿弥陀仏体光は、弘治三年八月に伊豆・駿河・遠江国を遊行した折りに詠んだ連歌を集めた歌集『石苔』（三―二五八〇）を作成している。そこには、「駿府一花堂より所望」とか「駿府より所望」、「今河礼部《れいぶ》（義元）亭において、和漢千句」などとして歌が載せられている。

冷泉家の人々

鎌倉時代の歌人として名高い藤原定家《さだいえ》の流れをくむ冷泉家の人々と今川氏との交流も

長くまた深い。延徳《えんとく》三年（一四九一）三月、冷泉為広《ためひろ》は、幕府管領《かんれい》細川政元《まさもと》の富士山遊覧に同道して東国に下向するはずであったが、堀越公方《ほりごえくぼう》足利政知《あしかがまさとも》の死去の情報が京都に伝わり、政元の下向自体が中止となり、為広の下向も取りやめとなるという一幕もあった（三—一五六・七）。ただ、永正五年（一五〇八）八月二十一日条の『実隆公記』に、「藤民部《みんぶ》□□駿河入道来る。近日駿州より上洛と云々」（三—一四八〇）とあり、この駿河入道が民部卿為広である可能性が強い。そうであるならば、為広は一度は駿河に下向していたことになる。また、永正七年十月五日条の『実隆公記』には、「冷泉中将為和朝臣来る。駿州より上洛の後初度也」（三—五二一五）とあり、これより以前に為広の子為和は駿河に下向していたことになる。

為和は、この後も、駿河にたびたび下向し、また、駿府を足がかりに小田原の北条氏や甲斐の武田氏のもとに出かけたりしている。そして行く先々で歌会を催し、その地の武将や僧侶、歌人など、あるいは滞在中の公家たちと交遊を深めていた。注目すべきことは、天文六年に義元と武田信虎《のぶとら》娘との婚姻を契機としての今川氏と北条氏との同盟関係が断絶する前後の行動である。武田氏との同盟関係が成立する以前は、小田原の北条氏を訪ねており、以後は武田氏のもとに出かけていて、際だった対照を示している。天文十三年には正月十三日の義元歌会始に出たあと、二月十三日の義元月次会《つきなみのかい》には「愚官甲州へ越し、十二日に帰府の間、労すべきの由と云々、十五日に張行す」とあり、わずか一か月で駿府と甲府を往復している。河東一乱《かとういちらん》の終息期でもあり、あるいは義元の使者として武田方へ内密の使命を帯びて出かけたとも考えられる。

今川為和

為和は「今川為和」と通称されたほど今川氏との関係はきわめて密であった。その歌集によれば、正月十三日に行われる今川氏の歌会始をはじめとして毎月十三日に行われる月次会などを含めて、少なくとも二百数十回の歌会に参加、指南し、五〇〇首以上の歌を詠んでいる。その間には、自らの所領の回復について駿河郡の国衆《くにしゅう》葛山《かずらやま》氏広《うじひろ》と今川氏重臣岡部《おかべ》左《さ》京進《きょうのじょう》らに訴願したりしている（三―一三二三）。この葛山氏広の後継者氏元を、為和は門弟にしており（三―一七八九）、藤原定家自筆本『伊勢《いせ》物語《ものがたり》』を書写して贈っている（三―一八二九）。

為和は、こうして今川氏だけでなく駿河の武将や僧侶、歌人を門弟にしたり、指南し、天文十七年二月駿河で出家し、翌年七月十日に六十四歳で亡くなっている（『公卿《くぎょう》補任《ぶにん》』）。

冷泉為益

その後、冷泉家の人々としては、『言継卿記』に数人の者が登場する。その一人は、弘治三年二月の記事に出てくる「冷泉黄門《こうもん》兄桂月斎明融《けいげつさいめいゆう》」である。この時の冷泉黄門とは為和の子の従二位《じゅにい》権中納言《ごんのちゅうなごん》為益《ためます》のことで、兄明融は二月二十一日に四、五日以前に奥州より上って来、同月二十七日朝ににわかに甲斐国へ出かけたというのである。この明融が駿府で宿所としたのが「冷泉弟の児」の宿所で、当時十四歳であった。これは為益の弟の子であろう。この人は、二月二十二日の駿府浅間社二十日会に、言継や中御門息らと桟敷で観覧している。そして、言継の上洛に際して、この子が「上洛すべきの間、諸事これを頼む由、母儀より言い伝えこれ有る」と記されており、言継の上洛に同道したと思われる。こうした記述から母とは為益弟の妻で駿府に滞在していたことがわかる。

しかし、為益もその弟も、駿河や駿府にいたという記録は見あたらない。為益は冷泉家を継いだ歌人であるから、駿府にいたならば今川氏の歌会などに出席していて当然であるが、言継の歌会の記事に一度も見えないことから、少なくともこの時期には駿府にいなかったと考えるべきであろう。ただ、戦国大名としての今川氏が滅亡した後、京都に滞在していた氏真が為益とたびたび交流していることが言継の子言経《ときつね》の日記『言経卿記』に見える。今川氏と冷泉家との親交は数代にわたって行われていたといえよう。冷泉家の今一人の人物として、言継が上洛する時に言継に「紙二束」を贈った冷泉局がいる。局ということから義元の側室という見方もできるが確かめようがない。むしろ先の「冷泉弟の児」の母ではないかと思われる。なお、言継が初めて寿桂尼と対面した時（三―二四〇二）に冷泉と号する上臈に帯二筋を贈っているが、この人物がこの冷泉局である可能性が強い。この上臈に「円明坊伯母云々」という傍注が付けられているが、円明坊については残念ながら不詳である。以上が、冷泉家の人々である。

義元と僧侶

また、『言継卿記』の記事によって、僧侶や芸能人など多彩な人々が駿河に下向、滞在して、義元などと交わっている様子が知られる。僧侶としては、天竜寺塔頭《たっちゅう》妙《みょう》智《ち》院《いん》住持で二度（天文六年と十六年）にわたって西国の戦国大名大内義隆の派遣した遣明船の副使・正使として入明した策彦周良《さくげんしゅうりょう》が下向してきており、言継と交流するとともに義元などと詩歌の会を行っている。異国の話で盛り上がったことであろう。また、京都栂《とがの》尾閼伽井坊《おあかいぼう》の僧如汐斎《じょちょうさい》が伊勢の一身田から下向しており、言継や三条西実澄らと蹴鞠に興じたり、言継に康永《こうえい》三年（一三四四）の吉岡住助の銘のある脇指などを見せている。時宗の僧としては法連寺《ほうれんじ》・三智坊《さんちぼう》・周阿弥《しゅうあみ》などと言継は駿府で交遊している。

芸能人

芸能人としては、猿楽師《さるがくし》の観世十郎大夫《かんぜじゅうろうたいふ》・二郎大夫・神六《じんろく》らが氏真歌会のあと音曲を披露したり、夕食のお相伴にあずかっている。変わったところでは、言継暇乞いの朝比奈泰能邸での宴席に奈良絵師式部《しきぶ》が出席したりしている。また、平家語りの座頭である城涌検校《しろわきけんぎょう》・良一《りょういつ》・法一《ほういつ》・直一《ちょくいつ》の名があちこちに見える。城涌検校は、寿桂尼主催の宴席に二度参列している。法一は「朝比奈備中守《びっちゅうのかみ》目懸の座頭」とあり、また駿府では備中守邸を宿所としていることなどから懸川在住の座頭であったのかもしれない。直一も言継上洛の途次の懸川城での晩餐に加わっていることから、同じく懸川在住の座頭であったか。珍しいところでは、唐人大貫《とうじんだいかん》なる者が中御門宣綱邸で言継や時宗法蓮寺などと湯豆腐で酒を飲み交わしている。また、「若州武田内牢人」の粟屋《あわや》左衛門尉が氏真の歌会に二度参列しており、一度は義元も参加している。言継の交流は以上にとどまらず「当国中将棋の指手」の一楽《いちらく》や「馬乗上手」の萩原といった変わり種などとも交わっている。

このように、当時の駿府では、歌会や蹴鞠会、あるいは寺社の祭礼や勧進興行《かんじんこうぎょう》の場で、義元をはじめとした今川氏一族、その家臣たち、下向したり途中に立ち寄ったりして滞在している公家や僧侶、芸能人、さらには領国内の一芸に秀でた人々が、入れ替わり立ち替わり、土地の名産や遠国からの到来物に舌鼓を打ちながら、酒を飲み交わし、談笑していたのである。戦国動乱の世とはいえ、文化サロンが成立していたと言える。

二　戦国期の寺社

寺社の経済活動

中世の寺社は、中央の大寺社であろうと地方の寺社であろうと、それぞれのよって立つ宗派の教学や神道の奥義を深め、それに基づく布教活動や信者の精神的安穏をもたらす供養、祈願や勤仕《ごんし》といった宗教者としての活動を行っていたのはいうまでもなく、それにとどまらず伽藍・社殿の修造・造営を大義としてのさまざまな経済活動を行っていた。社会全体の経済的営みが量質ともに活発となった戦国期には、とりわけそうした活動は比重を増していったといえる。

　今川領国においても、所在する地域の違いによって行っている活動に偏差はあっても、それぞれの寺社は周辺地域と結びつきながら生産・販売・金融といった経済活動を行い、流通経済に関与していたことが断片的にしろ窺うことができる。

座

　駿河湾に面する久能寺《くのうじ》では、寺用・土民用として汲塩《くみしお》・焼塩《やきしお》が行われており（三―一五八五）、沼津の妙覚寺《みょうかくじ》には塩座が付随していた（三―一四六九）。氏親の菩提寺である駿府郊外の慈悲尾増善寺《ぞうぜんじ》の門前には油座が存在し、氏親の菩提を弔うための燈明のために油屋一人が今川氏によって寄附されている（三―一六二九）。遠江国大福寺では浜名納豆が生産されていたことは有名であるが、今川氏や家臣への贈答（三―四四九・四六二）や公用として上納（三―九五五）されており、駿府に滞在した山科言継が浜名納豆の調理法を教わっており、広く販売・普及していたことを窺わせる。

船による交易

　寺社はまた、船を所有し、湊や津を管理し、交易を行っていたこともすでに指摘されているところである。船を所有していた寺社としては、三河湾に面した東観音寺、浜名湖沿岸の鷲津《わしづ》本興寺《ほんこうじ》（湖西市）、遠州灘に面した笠原庄の高松社、駿河湾に面した新庄《しんしょう》堀《ほり》野《の》の竜源寺《りようげんじ》（牧之原市）や相良《さがら》の平田寺、あるいは前記久能寺などが史料的に認められるが、必ずしも海に面していなくとも駿府郊外の小坂安養寺《おさかあんようじ》（静岡市駿河区）や前記増善寺なども船を所有していた。このことから、所有している船を寺社に所属する僧侶や社人が実際に運用していたというよりは、交易に伴う利益を吸い上げていたのであろう。そうした船には、材木相運船（遠江国本興寺、三―三二三八）、塵取船《ちりとりぶね》（同国高松社、三―一〇二三・二〇三七）、野菜運送船（同国平田寺、三―一九四〇）といった呼称の船も見られ、かなり専業化していたことが窺える。

金融活動

寺社はまた、祠堂銭《しどうせん》と呼ばれる、死者の供養とか堂舎の修造・造営を名分に信者から勧進によって銭貨を集め、それを資本として金融活動も手広く展開していた。駿河下之郷長慶寺《ちようけいじ》や駿府の義元菩提寺の大岩天沢寺《てんたくじ》（静岡市葵区）では祠堂蔵を有していたことが知られる（三―二四三五・三三五三）。遠江井伊谷竜潭寺《りようたんじ》（浜松市北区）や富士浅間社別当宝幢《ほうとう》院《いん》でも蔵を抱えていたことが知られる（三―二八四四・三二八九）。

門前市

こうした寺社の経済的活動の結果、その恩恵に浴そうとする商人や職人が門前に集まり、定期的な市が成立し、寺社はそこから市場税を得るといったように、相互にもたれ合うようにして門前市が立っていたことは、すでに述べたところである（本書一九六～七頁）。

紛争と対立

以上のように、地方の寺社においても宗教的活動だけでなく、俗世間に存在する一つの人間集団として経済的活動を行い、伽藍を維持し、多くの僧侶・衆徒《しゅと》・社人の生活を支え、ひいてはその教線を拡大していたのである。その結果、寺社相互や内部だけでなく地域社会との間にもさまざまな矛盾をはらみ対立する問題を起こしていた。

大石寺宛禁制

義元が、天文十一年（一五四二）六月十二日付で駿河国富士郡大石寺《たいせきじ》（富士宮市）に下した禁制（三―一五八三）の三条目に「寺中諸沙汰、真俗共速に裁許有るべき事」とあり、教学や宗教上の勤仕のみならず、寺領支配や先の経済的活動などに関わる寺中の諸沙汰に対して、出家者や檀那などの真俗が争論を起こし、裁許《さいきょ》が必要であったことを窺わせる。四条目に「権門《けんもん》の被官人《ひかんにん》と雖も、檀那と号し、寺中善悪の儀綺《いろ》う事」と見える権門の被官人とはおそらく富士浅間社の社家・社人を指しているのであろうが、彼らが檀那と称して寺中のことに関与していたことが想起される。また、五条目の「寺の郎従以下在家人等に至り、他より非道の儀申し懸くべからざる事」といった記述や七条目の「門前へ荷物を入れ、押買狼藉すべからざる事」といった記述、あるいは二条目の「当寺門前において、甲乙人《こうおつにん》等狼藉すべからざる事」などより、寺院に奉仕する地域の人々や門前に商品を入れて商売する商人など、さまざまな人々が寺院に対して狼藉や非道を行っていたことが推測される。

大石寺

大石寺は、日蓮宗興門派《こうもんは》に属し富士五山の一か寺で、このあと天文二十四年には同じく義元から三か条の禁制（三―二三七八）が下されており（口絵参照）、門前商買の者には諸役が免除され、新立ての市が停止されているように、既得権が保護され、経済的活動を活発に行っていた寺院である。そうした寺院において、右の禁制では、さまざまな矛盾対立が内包されていたことを窺わせる。こうしたことは、単に大石寺一か寺だけのことではなく、この時代の多くの寺社で見られたことである。

今川氏領国内の寺社

例えば、富士郡原田郷の永明寺《ようめいじ》（富士市）の住持職の相承《そうしょう》をめぐって、前住の守存《しゅぞん》長老が死去したあと、おそらく末寺であろう宝寿寺《ほうじゅじ》の僧が直弟子であると申し出て断りなく寺内に押し入ったことにより、奉行人による決断が行われ、結局は守存の譲与状によって祖麟《そりん》に相承を認める氏真の判物《はんもつ》が永禄三年（一五六〇）に出されている（三―二七四二）。同じようなことは、遠江国浜名郷の金剛寺《こんごうじ》（浜松市北区）においても「法祖一巨僧」なる者と寺とが問答に及び、永禄元年に氏真から先師延宝《えんぽう》の嗣法によって南隆《なんりゅう》なる僧の取り立てが言い渡されている（三―二六六九）。また、同年に三河国中嶋郷の崇福寺《そうふくじ》（愛知県岡崎市）に対して義元が五か条の条書《じょうしょ》（三―二六五〇）を与えているが、その四条目には「一門徒中老若、時々の法事に出仕懈怠《けたい》せしめ、剰《あまつ》さえ戒律を守らず恣《ほしいまま》の振舞を致し、草庵に居住に至るの輩は、寺物を改易すべし。其の已下《いか》の僧においては、衣鉢を焼却せしむべき事」とある。この「門徒中老若」は法事を懈怠したり、戒律を守らず草庵に居住する者たちであるということから、俗人としての門徒だけでなく僧侶も含まれていると見てよい。そうした老若に対して寺物を没収するということは、彼らの有していた寺内での物質的権利を否定することであり、寺内における経済的活動を含めた諸活動における矛盾の現れと見てよかろう。こうした寺社内における諸対立はさまざまな形で引き起こっていたと考えられる。

寺内の矛盾

その結果として、「寺僧或いは破戒、或いは師に敵対に及ぶ」（三河国長仙寺、愛知県田原市、三―二二〇九）とか、「破戒の僧寺内を退出すべき事」（駿河国東光寺、三―二一三五）とか、「社内鑰取《かぎとり》・神子《みこ》・宮仕等社役懈怠せしむ」（遠江国高松社、三―二〇三七）といったように、寺社内に時の上層部や今川権力に反抗する者や勢力が生まれていたのである。

寺社間・宗派間の対立

戦国期の寺社をめぐる内紛と対立は、以上のような寺社内部における事柄にとどまらず、寺社間や宗派間における対立や紛争をもたらしていた。

富士五か寺

今川領国の駿河国富士郡においては鎌倉時代以来日蓮宗の教線がもっとも広がり多くの寺院が存在していたが、中でも日興《にっこう》開創の前記大石寺・北山本門寺《ほんもんじ》、日華《にっか》の下条《しもじょう》妙《みょう》蓮寺《れんじ》、日郷《にちごう》の小泉《こいずみ》久遠寺《くおんじ》（以上富士宮市）、日代《にちだい》の西山本門寺（芝川町）は、日蓮直弟子の日興の流れをもつ日興門流の「富士五か寺」と呼ばれて、それぞれ本山として末寺を創出しながら展開していた。しかし、これらの諸寺は必ずしも同一宗派として和融していたのではなく、鎌倉時代から「対立拮抗関係による分立状態」として存続していたといわれている（高木豊「遠駿豆の日蓮宗」『静岡県史』通史編2中世）。

久遠寺

その内久遠寺については、この時代、日向国《ひゅうがのくに》の本永寺《ほんえいじ》を学頭坊とし、安房《あわ》妙本寺《みょうほんじ》を本寺とする日蓮宗日向門流の代官寺として位置付けられていたが、河東一乱に際して、富士浅間社の大宮司富士氏が北条氏と今川氏との争いの中で内部分裂して、当時の大宮司が北条氏に与することとなり、久遠寺代官であった日是《にちぜ》が、その大宮司に同心して久遠寺伽藍を焼亡させるという事態が生じた。こうした事態に対して妙本寺住持であった日我《にちが》が日郷の由緒と日向門流の立場から、その再建と妙本寺の代官職としての秩序回復に奔走し（三—一九五四）、再三置文を残しているのである（佐藤博信「安房妙本寺日我の歴史的位置」『歴史学研究』六八四、一九九六年）。

宗派間対立

また、宗派間の対立としては、織田信長《おだのぶなが》による浄土宗僧侶と日蓮宗僧侶との間で教義上の優劣を論争させ、京都などの町衆に影響力のあった日蓮宗の敗北を策した安土宗《あづちしゅう》論《ろん》が有名であるが、中世では、新仏教が次々と生まれ、それらの宗派が、お互いに信者を獲得し教線を伸張させるためには、他宗派への批判、攻撃が不可欠となり、教義上の正当性を争う宗論は頻繁に繰り返されていた。また、同じ宗派内においても教義の伝承や解釈が師弟間によって相承されていくことから、宗派内にさまざまな分派が形成され、それらがまたお互いに正当性を争うといったように、宗論や教線の競合といったことが大小さまざまに引き起こっていた。そして争いは、現実的には特定寺院の相承や本末関係の形成を通じて行われており、そこにはそれぞれの寺院の旦那であり外護する在地の俗的権力が関わる場合が多かったといえよう。

本興寺

遠江国鷲津の日蓮宗本興寺は、一四世紀後期に越後国《えちごのくに》の日蓮宗本成寺《ほんじょうじ》（新潟県三条市）の日陣が東海地方に布教に訪れた際に、真言宗の僧と宗論を行い屈服させたことより、その在住の寺院を改めて本興寺としたものである。文明七年（一四七五）には、時の住持日《にち》暹《せん》が七か条の置文《おきぶみ》を残しているが（二―二六二七）、その内には、日陣制作の重書（本尊曼陀羅か）の守護を命じ、悪口諍論は喧嘩闘諍の基として戒めている。宗論が引き起こされる素地が存在したことを窺わせるものである。戦国期の本興寺は、それが三河国との国境に近く浜名湖西岸に位置していることから、軍事的にも重要地点であったようで、今川氏はもとより在地領主の中山生心《しょうしん》やすぐ北の鵜津山城《うづやまじょう》代の長池親能《ながいけちかよし》、朝比奈氏泰《うじやす》、さらには大旦那である三河国上郷（愛知県蒲郡市）の鵜殿長持《うどのながもち》などが、無縁所として禁制を発したり、諸役を免除し、修造を加え、経典を寄進するなど、入れ替わり立ち替わり外護している。

三　義元と雪斎の寺社政策

分国法の規定

戦国期の今川氏による寺社に対する政策として、氏親や義元制定の分国法に数か条規定されている。「今川かな目録」（三—九一六）では、第二八条に「一諸宗の論の事、分国中にをいては、これを停止し畢《おわんぬ》」とあり、第二九条に「一諸出家取たての弟子と号し、智恵の器量をたださず、寺を譲りあたうる事、自今以後これを停止す。但し、事の体に随うべき歟」とある。「かな目録追加」（三—一二七二）では、第六条に、困窮による借銭の返済について、年期をのばしたり、弁済を滞ることのないように規定した上で「将亦《はたまた》徳人等、或奉公の者、或神社・仏寺領売得の事、一切これ有るべからず。但し、奉公の者、陣参急用に付いては、二、三か年の事は宥免也、神社・仏寺領の事も、修造顕然たらば、同前に是を免許すべき也、此の条兼日相定むと雖も、条目に書き載せるところ也」とある。

浅間社造営に寄附

第一四条には、公事の中途で相手方が手出しをして咎を受け、公事を有利にしようとすることを禁じた上で、「手出の越度あるにおいては、其の年の年貢を浅間造営に寄附し、後年に至て、公事の是非を裁許すべき也」と規定している。第一八条には「祈願寺の住持たる者、故なく進退あらためながら、寺を他人に譲与の一筆出す事、甚だ以て自由の至り曲事《くせごと》也、出家たいくつ（退屈）の上らくだ（落堕）せば、寺を速に上置くのよし、寺奉行を以て披露すべし、相応の住持申し付くべき也」とある。義元制定の訴訟条目「定」（三―二二七三）では、第九条には、偽りの判形をもって訴訟を行うことを禁じた上で、それを取り次いだ者に対して「罰金千疋を出すべし、浅間造営のために寄付すべき也」とあり、第一二条でも、知行分を申告した員数の外に隠し置き、奉公しない者は誤りであり、「知行三ケ一共かくし置く証跡あるにおいては、かくす所の十分一を、訴人に永くとらせ、残る所は浅間造営のために、其の年の年貢を寄附せしめ、翌年に至りては、本主に返しつけべき也」とある。

諸宗派への対応

以上の諸規定を通じて、今川氏は次に見るように寺社の宗教的活動の安定的な発展とそれを通じての領国秩序の確保をはかったといえる。

まず、氏親の時代から上述してきたような仏教諸宗派、宗派内の分派、寺院、僧侶などが、それぞれの立場で教線の伸張、信者の拡大、外護者の獲得などをめぐって競合し、対立していた状況の中で宗派間の宗論を禁止し、その安定化を図ったといえよう。残された史料で見る限り、今川氏の歴代当主が仏教諸宗派に対して、加えた保護に強弱はあるにしろ特定の宗派を批判攻撃したり対立するといったことは見られない。それぞれの

遠　江	曹洞宗	花蔵院	
〃	真言宗	西山寺	
〃	〃	摩訶耶寺	
〃	(臨済宗)	海雲寺	
〃	真言宗	西楽寺	
〃	(真言宗)	多法寺	
〃	(曹洞宗)	観音寺	
〃	(真言宗)	羽鳥郷八ケ寺	
〃	日蓮宗	妙立寺	
〃	曹洞宗	総真寺	
三　河	浄土宗	大樹寺	勅願寺
〃	真言宗	財賀寺	
〃	浄土宗	法蔵寺	普広院殿(足利義教)祈願所
〃	曹洞宗	全久院	
無　縁　所			
国　名	宗派	寺院名	備　　考
駿　河	日蓮宗	大石寺	富士五山
〃	〃	久遠寺	〃
〃	〃	本門寺	〃
〃	〃	妙慶寺	
〃	臨済宗	瑞応庵	
遠　江	日蓮宗	本興寺	番匠法橋・鵜殿休庵檀那
〃	〃	満勝寺	
〃	曹洞宗	春林院	原氏の創建・寄進
〃	臨済宗	竜潭寺	井伊直盛菩提所・祠堂銭
〃	〃	大通院	
三　河	曹洞宗	長興寺	三河利生塔

今川領国における菩提所・祈願所・無縁所等一覧

菩提所			
国　名	宗派	寺院名	被菩提者
駿　河	時宗	宝樹院	竹若御料(足利尊氏子)菩提所
〃	曹洞宗	竜津寺	(今川義忠娘)菩提所
〃	(臨済宗)	安養寺	安養寺殿菩提所
〃	臨済宗	臨済寺	臨済寺殿(今川氏輝)菩提
〃	(臨済宗)	大沢院	大沢寺殿菩提
〃	臨済宗	長慶寺	先祖之菩提(今川泰範)
〃	(臨済宗)	隆福院	隆福院殿(今川義元娘)菩提所
〃	〃	定恵院	定恵院殿(今川義元室)菩提
〃	(曹洞宗)	円隆寺	定源寺殿(今川彦五郎)菩提
遠　江	曹洞宗	昌桂寺	桂山(今川義忠)菩提所
〃	(曹洞宗)	竜源寺	長保寺殿(今川義忠)菩提所
〃	(臨済宗)	地蔵院	地蔵院殿菩提所
〃	〃	建福寺	美園殿菩提所
〃	臨済宗	竜潭寺	信濃守(井伊直盛)菩提所
位牌所			
遠　江	曹洞宗	普済寺	吉良(義尚)殿位牌所
三　河	(臨済宗)	吉祥院	一色兵部少輔殿位牌所
〃	浄土宗	大聖寺	一色刑部少輔位牌所
開山所			
駿　河	曹洞宗	藤泉院	修善院開山所
祈願所			
国　名	宗派	寺院名	備　考
駿　河	曹洞宗	竜津寺	
〃	〃	先照寺	
〃	(曹洞宗)	東陽院	
遠　江	真言宗	大山寺理養坊	
〃	日蓮宗	妙光寺	

宗派が教線を維持、伸張するのに対して保護を加えていたといえる。

住持の継承

第二の対応としては、領国下の寺院における住持の継承がしばしば紛争の種になっていたことより、その相承について器量の仁という枠をはめて安定した相承をもたらそうとしたということができる。特に、義元時代には、祈願寺の住持相承について規定しているが、後述するように、今川氏、特に義元は、領国内の特定の寺院を菩提所・祈願所・無縁所に指定して特段の保護を加えている（桑田和明「戦国大名今川氏による寺領安堵について—駿河・遠江を中心に—」『駿河の今川氏』一〇、一九八七年）。

浅間社保護

第三には、公事落着の際に生じた知行の没収地の年貢や罰金を浅間社造営に寄附することによって、浅間社を経済的にバックアップしていることである。おそらくこの浅間社とは、富士浅間社と駿府浅間社を指しているであろう。いずれも今川氏代々当主による崇敬が篤く、保護の加えられた社であった。

以上のように、今川氏は、分国法の規定を通じて領国内の寺社の保護と興行をはかっていたのである。

菩提所

今川時代の領国内における史料上確認できる菩提所は、一四か寺数えられる。それら以外に位牌所が三か寺、開山所は一か寺存在した。菩提所は、いずれも殿号の贈られた特定の人物の菩提を弔い、供養する寺院である。その宗派は、ほとんど臨済宗と曹洞宗の禅宗二派であるが、なかには足利尊氏《たかうじ》子の竹若御料《たけわかごりよう》の菩提所である時宗宝樹院や一《いっ》色《しき》氏の位牌所である浄土宗の三河大聖寺《だいしょうじ》（愛知県豊川市）など他宗派の寺院も見られる。おそらくそれぞれが帰依する宗派の寺院に弔われたのであろう。

今川一族の菩提所

今川氏一族の菩提所はいずれも曹洞宗か臨済宗の寺院である。その内、氏親が弔ったと考えられる義忠《よしただ》やその娘の菩提所は曹洞宗であり、氏親が特に曹洞宗寺院を庇護していたことと対応する。それに対して義元が弔ったり新たに菩提所と指定したと思われる寺院はすべて臨済宗である。義元が当主になる以前に出家し修行したのが臨済宗であり、後述するように義元、その師範である雪斎《せっさい》が臨済宗を庇護したことから当然のことといえる。こうした菩提所は、例えば天文二十年に義元が臨済寺（静岡市葵区）に与えた判物（三―二〇五六）に、駿遠両国にわたる九か所の寺領を寄附し、「右、当寺は勅願所として吾が大休国師開闢す。崇敬他に異なるの条、寺領所々諸役諸公事を停止し、不入地として寄附せしむ」と記されているように、物質的に多大の保護を加えている。

祈願所

次に、同じく今川時代の領国内における史料上確認できる祈願所は、駿河・遠江・三河の三か国にわたって一八か所数えられる。祈願所は、朝廷・幕府・大名家などが領国・国家の繁栄と安全を祈願させるために指定し、保護した寺院である。三河の大樹寺《だいじゅじ》

今川氏の祈願所

（愛知県岡崎市）は天皇家の勅願寺でもあり、同国法蔵寺《ほうぞうじ》（同前）は将軍家の祈願所で、残る

一六か所は、今川氏が指定した祈願所といってよいであろう。これらはたまたま残された文書から知られることであって、誰が祈願所として指定したのかは明らかでない。ただ、残されている文書を丁寧に見比べていくとある程度の推測はつく。遠江の大山寺（浜松市西区）の場合、氏親、寿桂尼、氏輝と歴代当主が祈願所として安堵しているが、義元が天文五年十二月十三日に与えた判物（三―一四一三）では、その前年に氏輝が与えた判物（三―一三三八）とほぼ同文であるが、その内の「新祈願所として、武運長久・国家安全の祈念」という文言だけ抜け落ちている。永禄三年二月七日付の氏真の判物（三―二七二七）でも右の文言は記されていない。ということは、義元・氏真は大山寺を祈願所とは指定していなかったと考えられ、祈願所は誰かが一度指定すれば以後変わりなく祈願所として崇敬、保護されたかというと必ずしもそうでなかったことに気づく。

義元と祈願所

ということになれば、一六か所の祈願所の内、義元も指定しているのが一一か所であり、義元の指定が数多いということがわかる。このことは、義元が寺院興行に意をこらしていたともいえよう。義元をはじめ今川氏が何をもって特定の寺院を祈願所と指定したかについては明らかにしがたいが、祈願所寺院の宗派は、必ずしも禅宗二派に限らず真言宗・浄土宗・日蓮宗の寺院も認められる。また、駿河の竜津寺は義忠娘である栄保大姉竜津寺殿の菩提所でもある。大樹寺・法蔵寺と合わせて考えると、祈願所指定の根拠は、宗派にとらわれずにそれぞれの寺院が有する由緒によるものといえよう。

無縁所をめぐる議論

次に、同じく今川時代の領国内における史料上確認できる無縁所が一一か寺ある。無縁所の歴史的性格については、多くの研究者によって種々議論されているが、最初に問題提起をしたのが網野善彦氏で、網野氏は無縁所とは「世俗とは縁が切れている」古寺・古所で、咎人や下人の駆け込みを容認するアジールであり、公権力の及ばない自由な公界の場であると主張された（『無縁・公界・楽』平凡社、一九七八年）。これに対してさまざまな批判・異論が出されているのであるが、その急先鋒に位置するのが安良城盛昭氏の所説である。安良城氏は、網野説を実証的にも理論的にも破綻しているとして、結論的には無縁所には、「荘園領主・在地領主の氏寺・菩提所とは異質な、中世末に新しく発生した『地下《じげ》』の氏寺であって、それは、近世の『村寺』の源流である」タイプと、「荘園領主・在地領主とは血縁関係のない、『無縁の僧』の寺院であった」タイプと二つあったと主張されている（『天皇・天皇制・百姓・沖縄』吉川弘文館、一九八九年）。

今川氏領内の無縁所

これらの議論の前提になっているのは、『日葡辞書《にっぽじしょ》』（前掲）に見える無縁所の説明文である。それによると無縁所とは「所領もなければ檀徒などもない、孤立無援の寺、あるいは、礼拝所」とある。では、今川領国下の無縁所は、実際どのようなものであったのか具体的に見ておきたい。まず、どの寺院も駆け込み寺・アジールといったような表徴を示すような記載は見られない。むしろ今川氏より陣僧・飛脚といった僧侶身分の者に課せられる負担や、棟別・四分一・押立人足《おしたてにんそく》役など門前在家・百姓に課せられる負担などが免除されており、また、寺内山林における竹木見伐の禁止や地頭・代官など武家の綺を停止し、外部からの検断を禁じる不入権が認められている。このように、ほとんどの寺院が手厚い保護を加えられているのである。しかし、それが「世俗と縁が切れている寺」であるからとか「荘園領主・在地領主の氏寺でなく、血縁関係もない地下の寺」であるからとか、「檀徒もない、孤立無援の寺」であるからであろうか。

無縁所の由緒

以下、無縁所と指定された寺院について、わかる範囲でその成り立ちや由緒を見れば次のようである。例えば前述の本興寺はすぐ隣国三河上郷の在地領主鵜殿氏を檀徒とし、また、そこから住持も出ている寺院である。臨済宗竜潭寺（浜松市北区）は遠江国井伊谷の領主井伊氏の菩提所であって、その氏寺であった。曹洞宗春林院《しゅんりんいん》（掛川市）も、同国原田庄の領主原氏が寺地を寄進しているように有力な檀徒であった。駿河国日蓮宗久遠寺は前述したように安房妙本寺の代官寺である。また、その久遠寺を含めて大石寺・北山本門寺は日蓮宗興門派の富士五山に数えられる寺院である。三河の曹洞宗長興寺（愛知県田原市）は、足利尊氏が諸国に安国寺・利生塔《りしょうとう》を建立したとき三河の利生塔がこの寺に置かれている。こうした各寺院の由緒を見ると、世俗と縁が切れたとか、在地領主と関係がないとか、孤立無援の寺とは到底言い難いといえよう。

寺産

では、今川氏はどのような事情で特定の寺院を無縁所と指定したのであろうか。そこで注目されるのが、各寺院の寺産の状況である。今川氏の寺院に対する寄進状や安堵《あんど》状《じょう》では、冒頭の事書に「寺領」という文言が記されているのが一般的であるが、ほとんどの無縁所では、「寺領」という文言はともなっていない。山林・山屋敷・菜園などがわずかに寺産と見なされるものである。中には、久遠寺や北山本門寺のように、百姓職《しき》所持者として地子・年貢負担を請負う百姓身分の性格であった。土地領有の支配原理からいえば、こうした寺院は所領を持たない無足の寺ということになろう。

しかしながら、一方では、本興寺が材木相運船を抱えていたり、長興寺のように門前の人馬に対する公事・棟別が免除され、寺中・門前において牛馬の郷質・国質が免除されているということは既述した。また、牛馬の市が開かれていたといえる。大石寺でも門前市が成立していたことは、長興寺・竜潭寺・春林院などでは祠堂の記載があり金融活動が行われていた。こうして無足の寺院は種々の経済活動によってその存続を維持していたといえる。今川氏はそれなりの由緒はあるが、現実には無足で他の手段によって財政的に維持しているような寺院に対して、無縁所と指定して負担の免除と特権を与えて保護したというのが実際であったといえよう。

本末関係の整備

臨済寺「塔頭・末寺帳」

臨　済　寺
（静岡県立中央図書館歴史文化情報センター提供）

義元は、上述してきたように、歴代の当主にもまして領国内の寺院を今川氏の菩提所あるいは祈願所として保護し、また、無足の寺院を無縁所としてその経済的活動を支えるといったように特定の寺院を指定してその興隆を図ったが、一方で寺院間の本末関係を整備し、本寺を通じて寺院の多くを統制していく方策もとった。

なかでも義元およびその師範であった太原崇《たいげんそう》孚雪斎《ふせつさい》は、自らが帰依する臨済宗妙心寺派の本末関係の創設、整備に力を注いだ。義元は、まず、前当主の氏輝を葬るために自分たちの祖母に当たる北川殿（今川義忠夫人・北条早雲姉）の旧宅であり、義元が住持を勤めていた善得院を臨済寺と改名して、そこを氏輝の菩提寺として創建し、雪斎を初代住持に据え、領国内の臨済宗妙心寺派の総本寺として本末関係を創設していったのである。臨済寺には、年月日は記されていないが義元の印文「如律令」の朱印が紙継目に捺された「塔頭・末寺帳」

（以下、末寺帳とする、三―二七八二）が残されている。そこには直属の塔頭九か寺、末寺が駿遠両国で四八か寺記され、他に塔頭一〇か寺、末寺一七か寺を擁する善得寺《ぜんとくじ》、塔頭四か寺を抱える清見寺《せいけんじ》、遠江河勾庄《かわわのしょう》一四か寺を含めて一七か寺の末寺を抱える定光寺《じょうこうじ》（磐田市か）、塔頭三か寺の長慶寺といった本寺が連なり、さらに本寺のみの一乗寺《いちじょうじ》（静岡市清水区）・承元寺《じょうげんじ》（同前）・今林寺《こんりんじ》（静岡市葵区）・長保寺《ちょうほじ》（不詳）が載せられ、合わせて全一一七か寺におよぶ本末寺院の寺名が載せられている。

本末関係の拡大

なお、永禄元年十二月に義元が駿河国阿野庄大塚郷清源庵《せいげんあん》（沼津市）に対して「善得寺末寺たるの間、年来の如く相拘うべし」（三―二六七〇）と命じているが、この清源庵は末寺帳には見えない。おそらく末寺帳成立後の末寺化であるからであろう。また、天文十七年十一月十九日付で、義元は三河国大津太平寺《たいへいじ》（愛知県豊橋市）に対して「松源派たるに依り臨済寺同門の好みを以て、末寺として山林・田畠・門前在家等を新寄進とす。寺領員数目録別紙に印判を加う、年来の如く相違なく収務せらるべし」（三―一九一五）として寺領などを安堵している。臨済寺の末寺は駿遠両国だけでなく、義元が侵攻し領国化した三河国にも及んでいたことがわかる。ということになれば、臨済寺を頂点とする本末関係はこの末寺帳以上に時期的にも、地域的にもさらに大きなものになりつつあったであろうと思われる。

本末制度の確立

こうした臨済寺末寺帳の記載と関係文書とを関連させていくと、本末関係成立の時期やその背景などが浮かび上がってくる。

長慶寺塔頭

例えば、長慶寺の塔頭として記載されている大沢院《だいたくいん》（藤枝市）と安養院《あんよういん》（同前）について、天文二十年七月十五日付のそれぞれに対する義元判物（三―二〇五七・八）では、いずれにも「只今臨済寺塔頭として引き移らるるの条、宗門繁栄の基い、尤も以て珍重也」と記されており、当初臨済寺の塔頭であったことがわかる。それが、長慶寺の塔頭に変わったのは、弘治二年十一月二十九日付の長慶寺に対する義元判物（三―二四三五）で、「一塔頭安養・大沢両院分の事。但し先判形林際〔臨済〕寺塔頭として領掌せしむと雖も、只今先師遺命に任す也」とあることから、先師とは長慶寺を再興した太原崇孚雪斎のことでありその遺言によるものであったことがわかる。このことから、この末寺帳の成立は、少なくとも雪斎の亡くなった弘治元年閏十月以降ということになる。

末寺帳作成の経緯

次に、末寺帳の臨済寺末寺駿河国賀茂《かも》崎《ざき》寿昌寺《じゅしょうじ》（静岡市清水区）の箇所に「此寺は前々末寺にあらず候、近年当寺の僧宗鶴《そうかく》侍者《じしゃ》相拘え候。（中略）此の旨を以て御印判《ごいんぱん》を申し請けたき事」とあり、新たな末寺を含めて臨済寺がこの末寺帳を作成し、その上で義元の証印を請けて出来上がったものであるという末寺帳作成の経緯も知れる。また、その末寺化は、興津勝林寺（同前）の箇所に「此寺は前々末寺にあらずと雖も、事の次を以て申し候。先地頭由比出羽守《でわのかみ》の内寺に候」とあり、本寺格の一乗寺の箇所にも「是は庵原左衛門私領の内庵に候」とあることをみると、今川氏家臣の内寺・内庵などが末寺とされており、本末関係が、家臣やその一族の精神的紐帯である仏神を包摂することによって家臣との絆を強めるという意味も持っていたといえよう。

寺領の加減

さらに、臨済寺塔頭宝処院《ほうしょいん》（不詳）の箇所には「遠州貫名《ぬきな》称名寺《しょうみょうじ》領、当院領に寄せらる」とあり、貫名称名寺（袋井市）の箇所には「此の寺断絶に及ぶの間、彼寺領を以て院務のため、寺中に宝処院一宇建立す」とある。また、天文十九年夏に相次いで亡くなった義元娘と夫人（武田信虎娘）がそれぞれ隆福院《りゅうふくいん》、定恵院《じょうけいいん》を菩提所として葬られたが、それらの寺院が臨済寺塔頭に加えられ、隆福院では「江尻《えじり》隆福寺領・相良大祥寺《だいしょうじ》領等当院領に寄せらる」とあり、定恵院では「院領御判下方善得寺増分八十貫二百俵、定恵院殿御菩提として御寄進」とあって、寺領の寄進が行われている。さらに本寺今林寺では「本寺領は大岩殿御渡なく候間、纔《わずかに》少分候条、善得寺領の内五十貫文、新規としてこれを寄進し渡す」とあり、本寺・末寺の寺領の意図的な加減が行われており、それらの経済的基盤の整備も進められていたのである。以上のような積極的な本末関係の編成によって、臨済寺を総本寺とする本末制度が成立していたのである。

住持相承

次に、本末関係が成立した寺院間においては、先の今林寺の記述に続いて「鉄叟《てっそう》一世

富士浅間社
（静岡県立中央図書館歴史文化情報センター提供）

の後は、琴渓《きんけい》和尚児孫として、臨済寺より後坊主の事、異見を加うべき事」とあり、住持の相承については総本寺の意向によることが記されており、本末関係のあり方が窺える。このことは、臨済宗寺院のことだけでなく、どの宗派の本末関係でもいえることで、例えば遠江国相良庄の真言宗西山寺（牧之原市）に対して出された天文二十一年二月二十三日付の義元判物（三―二一〇八）では「諸末寺・諸供僧職、前々の如く本寺計たるべし」と記されている。

以上、義元および雪斎は、臨済宗妙心寺派の臨済寺を頂点とする本末関係の編成を軸として、領国内の寺院間の本末関係を整備し、その統制に積極的に取り組んでいたといえる。

浅間社の保護

義元は仏教寺院の興隆、統制だけでなく、神社関係についても積極的な統制と保護を加えた。今川氏は代々駿河国の一宮である富士浅間社およびその新宮である駿府浅間社を崇敬し、保護を加えていた。駿府浅間社には、駿河国の惣社である神部社《かんべしゃ》および産土《うぶすな》神《がみ》である大歳御祖社《おおとしみやしゃ》などが併祀されており、今川館に近接するということから、とくに崇敬が篤かった。そのことは、大永《だいえい》五年（一五二五）十一月十四日に参詣した連歌師宗長が、惣社神主志貴《しき》駿河守泰宗《やすむね》と歓談した際のことを『宗長手記』に「泰宗、ひねもす物かたりして、当社造営由来の事、あきらかに代々守護の敬信、同願文などの事かたりて後、文にいひつかはし侍り」（三―八八七）と記していることからも知られる。

奉納神事

駿府・富士両浅間社には、神主のもとに数多くの社家が従属し、神事や社務を分担して年中行事や日々の祈禱を行っていた。駿府浅間社の特に重要な年中行事としては、年に数回行われる流鏑馬《やぶさめ》の奉納神事があった。流鏑馬とは、疾走する馬上から矢継ぎ早に鏑矢《かぶらや》を的に射る武芸で、武士にとっては、神前で武運を祈り名を挙げるまたとない機会であった。駿府浅間社では、五月五日と六月二十日、八月十五日の三回行われていた。八月十五日のは、山城国石清水八幡社《やましろのくにいわしみずはちまんしゃ》を勧請《かんじょう》した志太郡《しだぐん》青山八幡社（藤枝市）の放生《ほうじょう》会《え》として行われていた。

年中行事の費用

こうした流鏑馬神事を含めた年中行事の費用は郷役として広範囲の庄郷から徴収されていた。天文十八年八月十一日付の義元の印文「如律令」の朱印が紙継目に捺された駿府浅間社社役目録（三―一九三三）には、庵原郡より西の駿河国西部の五〇近い庄郷からの郷役が書き上げられている。富士郡・駿河郡の駿河国東部の庄郷が見えないのは、おそらく富士川以東は富士浅間社に対する負担であったからだと思われる。

郷役負担

目録の記載は、例えば有度郡《うどぐん》内屋郷（静岡市駿河区）は一貫一〇〇文の郷役であったが、「郷司方二年、三年目宮原、四年目朝比奈兵部《ひょうぶ》也、ただし兵部方の時はもんとうにて八百文」とあり、内屋郷は当時郷司・宮原・朝比奈兵部の三氏の給地に分かれていて、それぞれの給地の百姓が四年で一巡するように負担していたことがわかる。三貫二〇〇文を負担した有度郡入江庄（静岡市清水区）では、「渋河《しぶかわ》参貫二百文、長崎弐貫百文、うちかへ〳〵仕候、阿部・舟越は由比彦四郎知行致し候、十三年に一度致し候、壱貫五百文納《なっ》所《しょ》致し候処、近年問答にて百文納所候、同矢部一貫八百文也」とある。ここでは原則として誰の所領であるか不明であるが渋川と長崎の百姓が交代で負担し、一三年に一度由比氏の所領である阿部と船越の百姓が負担をしていたことになる。矢部の百姓の負担頻度は不明である。

流鏑馬役問答

右のように、郷役の負担はきわめてきめ細かく規定されていることがわかり、それゆえ浅間社の存在が多くの庄郷百姓にのしかかっていたといえる。その負担をめぐって上記のようにしばしば問答が行われていたことは、この目録が作成される背景でもあった。

目録作成から一〇日余り後に、義元は流鏑馬奉行である社家村岡大夫に「駿河国府中浅間宮神役の事、右、往古より勤め来るの処、国中社納目録の内、近年所々并びに浅服・沼上郷難渋の間、当年八月十一日彼帳面印判を加え畢」といった判物（三―一九三四）を与えている。そして「浅服・沼上郷難渋」については、目録作成の四日前に次のような裁許状（三―一九三二）を義元が出しているのである。

浅間定めの六月廿日流鏑〔馬脱カ〕銭、村岡と沼上百姓問答裁許の事（印文「義元」）

右、浅服六郷の内五ケ郷は、例年相違なく勤め来るの条、沼上一郷年来無沙汰の間、糾明せしむの処、彼一郷四十年来これを勤めざると云々。村岡は古目録を以てこれを勤め来ると云々。相論《そうろん》不審の条、神慮に任せ清断を遂ぐるの処、百姓の過失現形に依り、当年より相違なく、前々の如く六ケ年に一度宛、卯・酉に相当たる、其の役を勤むべきの旨、沼上百姓等に下知を成すところ也。若猶無沙汰においては、今度の過失罪科に加え、厳科に処すべきもの也。仍って件の如し

天文十八年

八月七日　　清断奉行 光盛（花押）

同 奉行 元秋（花押）

村岡彦九郎とのへ

近世の地誌『駿河志料』では、浅畑七郷（静岡市葵区）として池ケ谷・有永・羽高・南村・北村・東村・浅畑新田の七か村を挙げているが、浅畑新田を除いた六か村が戦国期の浅服六郷であったのであろう。そして先の目録では、浅服郷は三貫二〇〇文の郷役を負担することになっているが「六給打かへ〳〵仕候、此の内南村壱貫六百也」と記されている。問題の沼上は見えないが、近世では浅畑村と東村に接して南沼上村が存在し、北沼上村がないことから、目録の南村が問答の当事者である沼上のことと推察され、沼上百姓は清断奉行による裁許では敗れたことになるが、目録では一貫六〇〇文に減額されており、一定の成果を上げていたことが知られる。いずれにしろ流鏑馬神事のための郷役は、浅間社にとっても負担する百姓にとっても重要事項であったことが窺われる。

問答の裁許

流鏑馬神事の継承

義元が、天文五年花蔵の乱に勝利を得た直後に駿府浅間社の流鏑馬銭徴収を村岡大夫に命じていることは（三一一三八三）、今川氏の守護神である駿府浅間社のとくにその中心的な行事である流鏑馬神事を継承することが、当主の地位に就いたことを示し、それはまた領国内外に宣言したことを意味したのである。

庄郷支配の強化

以上のように、義元は、家督相続とともに今川氏の守護神である駿府浅間社の保護を行い、そのことを通じて領国の庄郷に対する支配を強化していったといえる。

第七　隆盛から没落へ

一　駿甲相三国同盟の成立

武田義信への輿入れ

天文《てんぶん》二十一年（一五五二）十一月二十七日、甲斐国《かいのくに》府中（甲府市）の穴山信友《あなやまのぶとも》邸に輿一二挺、長持《ながもち》二〇竿、女房衆の乗馬一〇〇疋、供の家臣五〇人といった賑々しい行列が到着する。一行は、二十二日に駿府を発ち、駿河国興津《するがのくにおきつ》から内房《うつぶさ》（芝川町）を経て二十四日に甲斐国に入り河内路《かわちじ》を通り南部（山梨県南部町）から下山（同身延町）を経て釜無川《かまなしがわ》の西岸沿いに道中を重ね、この日の日没頃に到着したものである（三―一二四九・五五）。義元の娘の武田晴信《はるのぶ》嫡子義信《よしのぶ》への輿入れの一行であった。

駿甲同盟の再構築

これより二年余り前の天文十九年六月二日に、義元の妻となっていた武田信虎《のぶとら》娘（定《じょう》恵院《けいいん》殿）が亡くなっている（三―一九九三・四）。そこで今川氏と武田氏との同盟関係の絆が切れたことにより、この婚姻はその再構築のために進められたものと考えられる。武田氏は、この直前の六月に「御曹司様ノ対ノ屋御棟上ゲ」（『高白斎記《こうはくさいき》』）を行い、七月から八月にかけて府中の新屋敷を普請しており、これらもこの祝言のためと思われる。今川氏との間では、二月一日に使者が駿府に派遣され、その後双方で誓詞が取り交わされている（三―二〇二・二六）。武田方では、「甲州一家・国人ノキホヒ（キラメキ）言説ニ及バズ候」という状態で八五〇人からの家臣が一行を迎えたということである（三―二一五五）。義信は父晴信と母三条公頼《さんじょうきんより》娘の結婚が天文五年であることから十六歳未満で、義元娘（嶺松院殿《れいしょういんどの》）は父義元と信虎娘との結婚が天文六年であることから十五歳未満ということになる。また、二人はいとこ同士の結婚ということになる。義元三十四歳の時のことである。

北条・武田氏の婚姻

次いで翌天文二十二年正月十七日に北条氏康《うじやす》から武田晴信のもとに誓詞が届けられ、二月二十一日に晴信より氏康のもとに「甲寅《きのえとら》の年（天文二十三年）小田原へ御輿を入れらるべきの由」（『高白斎記』）という誓詞が届けられ、晴信の娘と氏康の嫡男新九郎（のちの第四代当主氏政《うじまさ》）との婚約が調えられる。実際天文二十三年十二月に輿一二挺、長持竿四二、お供の騎馬三〇〇〇騎、人数一万人という行列を連ねて晴信の娘が小田原へ到着している（『妙法寺記《みょうほうじき》』）。北条氏方は遠山・桑原・松田氏といった重臣など五〇〇〇人が出迎えたということである。この時も「甲州《こうしゅう》一家・国人色々様々ノキラメキ、或ハ熨斗《のし》付、或ハカヒラケ（かいらぎ、梅花皮、刀の装飾）、或ハカタ熨斗付、或ハ金覆輪鞍《きんぷくりんのくら》」と大層な風流振りであった（『妙法寺記』）。この時、新九郎は十七歳で、晴信娘（黄梅院殿《おうばいいんでん》）は十二歳であった。

氏康娘の輿入れ

また、これより以前七月には、北条氏康の娘が義元嫡男氏真《うじざね》に輿入れしている。北条氏は、祝言の経費としての六六七貫文と紙八駄を伊豆国西浦《いずのくににしうら》（沼津市）から駿河国清水湊《しみずみなと》まで運ばせたが、西浦御領所舟方中および在郷被官五名に「大事の荷物にて候間、西浦在郷の御被官衆自身、上乗り致し罷り越すべき候、少も無沙汰の儀に付いては、彼の上乗り頸を切るべきもの也」（三―二二三五）と厳重な回漕を命じている。『妙法寺記』にも氏康娘の輿入れは「御供人数ノキラメキ、色々持道具、我々ノ器量ノ程成ラレ候、去ル程ニ見物先代未聞御座有ル間敷候」（三―二二三六）と記されており、その結構振りは隣国甲斐国でも広く知られたようである。その請け渡しは伊豆国三島で行われたということである。氏真は十七歳で、氏康娘（早川殿）の方は新九郎（氏政）より後の生まれならば氏真より少し若かったと思われる。

三国同盟

こうして、これまで敵対していた武田氏と北条氏とが姻戚関係に入り、また、同盟関係から敵対関係に転換し一〇年近く河東一乱《かとういちらん》を戦った今川氏と北条氏とが新たな姻戚関係によって結ばれ、お互いに領国を接していながら戦乱の絶えなかった今川・武田・北条の三者が、それぞれの子女間の婚姻関係を成立させ、いわゆる三国同盟を結んだということになる。義元三十六歳の時のことである。

軍記に描かれた同盟

このようにして成立した駿甲相三国同盟が、北条氏を中心として書かれた各種の軍記物では共通して粉飾が凝らされた一つのフィクションとして描かれている。例えば鎌倉府の滅亡から北条氏の関東制覇に至る兵乱を記した『相州兵乱記《そうしゅうへいらんき》』には、天文二十三年二月に北条氏が再び河東地域に兵を出し、富士郡加島《かしま》・柳島（富士市）で今川氏の同盟者である武田軍と合戦となり、凌ぎを削る戦いの記述に続いて、次のように記されている（三―二二九）。

> 明後日有無ノ勝負ト有ル処ニ、セコ（瀬古）ノ善徳〔得〕寺ノ長老、府中臨斎〔済〕寺ノ長老ハ御兄弟ニテ今川殿ノ御一家ナリ。此ノ両和尚両方へ御扱ヲ入レ玉ヒ、以来トモニ近国ノトリ合セヨシナシトテ、御和談アリテ、然ルベキトテ様々仰セラル程ニ、三大将トモニ善徳寺へ出合イ玉ヒ、和談ノ御祝ヒ御盃トリカハシアリ。則チ盟会ノシルシニトテ、氏康ノ一男氏政ハ晴信ノ聟トナリ、義元ノ家督氏真ハ氏康ノ聟ト約諾アリテ、目出度ク御帰陣ナリ。其ノ後御祝儀ノ使者三方へ往来ス。

善得寺会盟の虚構

そもそも天文二十三年に北条氏が再び河東地域に兵を出したこと自体、他の史料では確かめられない。それに続いて記されている富士郡瀬古《せこ》善得寺長老とは建乗で、府中臨済寺長老とは雪斎であり、二人が兄弟であったことは事実である。しかし、この二人が

「今川殿ノ御一家ナリ」というのは事実に反する。雪斎は前述したように今川氏重臣庵原氏の出である。そしてこの二人が扱いということで今川、武田、北条三氏の間を調停したということであるが、一方の当事者である今川方の者だけで調えられたということも頷けない。

虚構の意義

加えて、三大将が善得寺で会盟したということならば、こうした戦記物だけではなく、文書とか記録といった信頼のおける史料になんらかのことが記されていてもおかしくはないが、そうした史料は存在しない。大体三国同盟の前提となっている三氏の子女間の婚約・結婚自体が上述のように足かけ三年にわたって順次進められたのであって、一度の会盟でことがなったというものでない。ＮＨＫの大河ドラマ『武田信玄』や『風林火山』で繰り返し三大将が富士山を背景としたり雪斎が介在したりして対面するシーンが放映されたが、物語としては格好の題材であるが歴史的事実とは到底考えられない一齣である。しかし、こうしたフィクションが創られたのも、この三国同盟がこの時代の東国社会の動向にとって多大の意義を持っていたからであろう。上野国《こうずけのくに》新田《にった》金山城《かなやまじょう》（群馬県太田市）城主の由良成繁《ゆらなりしげ》が、この三国同盟のことを「駿・相・甲累年鼎の三足の如く相談せられ候」（三―三五七七）と後年記していることを見てもそうしたことがいえよう。

鼎の三足

この後、弘治《こうじ》年間（一五五五～八）から永禄《えいろく》年間（一五五八～七〇）にかけて、この「鼎の三足」と認識された三国同盟は維持されたのであるが、その間、三大名はそれぞれの領国支配を固めつつ外に向けて領国を拡大していくのである。

北条氏の領国拡大

北条氏は、これ以前に鎌倉府以来の関東管領家である扇谷《おうぎがやつ》・山内《やまのうち》両上杉氏を制圧し、天文二十三年には古河公方《こがくぼう》の足利晴氏《あしかがはるうじ》を相模国秦野《さがみのくにはだの》(神奈川県秦野市)に幽閉し、氏康の義理の弟義氏《よしうじ》を養子に入れて家督を継がせている。その後、北条氏は越後国から南下してきた長尾景虎《ながおかげとら》(のちの上杉謙信《けんしん》)の勢力や房総地域に勢力を広げていた里見氏と戦いそれぞれ撃破し、永禄九年(一五六六)から十年にかけて常陸国《ひたちのくに》の小田氏や佐竹氏、下野国《しもつけのくに》の小山《おやま》氏、宇都宮氏、皆川氏、上野国《こうずけのくに》の横瀬(由良)氏、富岡氏などといった北関東の伝統的豪族層を従属させ領国を拡大した。この間、永禄六年には武田晴信と相談の上で武蔵国《むさしのくに》松山城(埼玉県東松山市)を奪回している(『戦国遺文後北条氏編』一―八〇五)。

北条氏の内政

内政面では、永禄二年に一門・家臣等の知行高(軍役高)を書き上げた分限帳ともいうべき「小田原衆所領役帳」を作成し、郷村に対しては撰銭令《えりぜにれい》である代物法度《はっと》を発布している。翌永禄三年には、折からの飢饉に対応して借銭・借米や田畠の年期売りを条件付きではあるが破棄する徳政令《とくせいれい》を出し、家臣統制や農民掌握を一段と進めた。この間、永禄二年には当主氏康が飢饉への対策が充分でなかった責任をとってか隠居し(藤木久志「永禄三年徳政の背景」『戦国史研究』三一、一九九六年)、家督を嫡男氏政に譲っている。もっとも

氏政への家督相続

氏康はその後も「御本城様」として実質的に権力を行使していたと思われるが、このように生前に家督を譲渡することによって死後の家督相続争いが生じないようにという配慮は、後述する義元から氏真への今川氏の家督相続でも見られることである。

武田氏の領国拡大

一方武田氏も、三国同盟後、弘治元年（一五五五）四月晴信・義信父子は義元の援軍とともに北信濃《しなの》に侵攻し、川中島で長尾景虎と二度目の合戦を行う。このたびは、義元の仲介により一旦は和談するが（三―一三〇五・四七）、以後永禄三年、四年、七年と戦い、前後五度にわたって川中島での戦いが行われた。また、信濃国の各地で敵対勢力を制圧して行き、その結果、北信の一部を除いて信濃国のほぼ全域が武田氏の領国に組み込まれる。晴信はまた、北条氏と呼応して再三再四関東に兵を送り、長尾景虎の軍勢や長尾氏に従属する各地の勢力と戦ったが、永禄九年にはその有力な一員であった長野氏の居城である上野国箕輪城《みのわじょう》（群馬県高崎市）を陥落させ、西上野の領有を実現している。

甲州法度

内政面では、天文二十三年には天文十六年に制定した「甲州法度之次第」五五か条に新たに二か条を追加している。その一か条は、田畠質入れの年期に関する条文であり、他の一か条は百姓の隠田《おんでん》について地頭（領主）と相論《そうろん》になった場合「実検使《じっけんし》」を遣わして分明にすることを規定した条文である。公事検地《くじけんち》の実施を目指したものといえよう。

武田氏の領国統治

武田氏の検地は、史料上では永禄六年の恵林寺《えりんじ》（山梨県甲州市）領検地が初見であるが、その後「諸郷一統之御検地」(『戦国遺文武田氏編』五―三五七〇)と隠田摘発の検地が行われていた。他に武田氏の領国統治としては、伝馬制の施行、「信玄堤」と称される築堤事業などが、この時期に行われ出したといってよい。また、黒川金山《くろかわきんざん》(同前)の採掘もこの時期に最盛をむかえたとされている。こうして、武田氏の場合も三国同盟を契機に領国の拡大と統治に勢いがついたといえる。

今川氏の三河国領国化

今川氏も、領国の北と東の境界線が安定することによって、後顧の憂いなく三河国の領国化を押し進め、先述のように天文二十二年には分国法「かな目録追加」と訴訟条目「定」を制定したように、領国支配を強化していったのである。国内的には、東海道筋における伝馬制の施行が進み、検地についても新たに領国化した三河国でも進められ、その領国統治が進展する。

弘治二年の歌会・酒宴

弘治二年十一月十九日に折から駿府に下向していた山科言継《やましなときつぐ》が初めて義元と対面し、歌会が催され贈答のやりとりがあり、そのあと酒宴が開かれた(三―二四二四)。それらの席にはやはり駿府滞在中であった三条実澄《さねずみ》や中御門宣綱《なかみかどのぶつな》も加わり、今川氏一家や家臣の関口・一宮・牟礼《むれ》・斎藤・飯尾《いのお》氏、さらに実澄・宣綱の家司《けいし》なども参列しており、「太守近年の機嫌云々」と記されるほどの盛り上がりであったようである。言継は翌日義元の嫡男五郎(氏真)邸に招かれており、さらにその翌日二十一日には寿桂尼の邸宅に招かれ、酒宴が開かれている。そこには義元をはじめ、三条実澄、言継母黒木《くろき》殿、義元後室奥殿や先の家臣・家司などが参列している。ここでも「太守等近年の機嫌云々」と記されており（三―二四二六）、権力のトップでは平和で和やかな日々が続いていたのである。さしあたりは三国同盟の効果が実を結びつつあったといえよう。

二　桶狭間の敗北

新しい時代

天文年間末年の駿甲相三国同盟の締結によって、領国に訪れた相対的に平和で安定した時を謳歌していた今川氏であるが、戦国の世は新しい時代を迎えようとしていた。

各地の情勢

中央では幕府の権威と権力はさらに衰微し、細川氏の家臣であった三好長慶《みよしながよし》が実権を掌握しつつあり、また、各地の一向一揆《いっこういっき》の頂点にあった本願寺《ほんがんじ》が摂津国《せっつのくに》石山の地で一大勢力を築いていた。西国では、毛利元就《もうりもとなり》が弘治元年（一五五五）に安芸国厳島《あきのくにいつくしま》で大内《おおうち》氏の重臣で主人に取って代わって実権を握っていた陶晴賢《すえはるかた》を破り、同三年には豊後国《ぶんごのくに》の大友氏から入って家督を継承していた大内義長《よしなが》をも破り、巨大な勢力を築きつつあった。一方東国では長尾景虎がたびたび上洛して永禄二年（一五五九）には将軍家から相伴衆《しょうばんしゅう》に取り立てられ、翌々年関東管領職に就任する。また、今川氏と敵対していた織田信秀《おだのぶひで》の嫡男信《のぶ》長《なが》が、美濃国《みののくに》の斎藤道三《さいとうどうさん》を破り、尾張国《おわりのくに》も統一し、永禄二年に最初の上洛を果たしている。戦国の動乱も、各地で台頭してきた地域権力や大名権力が、離合集散・弱肉強食の覇権争いを行っていた段階から、強大な地域国家構築に向けて動き出そうとしていたのである（拙稿「群雄の台頭と戦国大名」、同編『日本の時代史12　戦国の地域国家』吉川弘文館、二〇〇三年）。

今川氏真画像（個人蔵）

氏真への家督譲渡

義元は、こうした状況の中で三国同盟の締結、三河国の領国化、分国法の制定など領国の枠組みと体制を構築した上で、その永続性を願って、今川氏の家督を嫡男氏真に生前譲渡した。ただ、義元から氏真への家督譲渡が何年の何月に行われたのかについては、はっきりと記された史料は存在しない。そうしたことから私を含めて家督の時期についてこれまで種々議論されて来た。

弘治二年説

米原正義氏は弘治三年正月十三日の今川氏恒例の歌会始が氏真邸で行われており（三―二四八八）、前年十一月二十日には駿府滞在中の言継が氏真に竹門（方仁《みちひと》親王）筆自賛歌と百人一首を贈っていること（三―二四二五）などから、弘治二年の段階で氏真が新当主になっていたと早くから言及されていた（米原前掲論文）。私は今川氏の家印と考えられる印

永禄二年説

文「如律令」の朱印を使って氏真が発給した初見は、永禄二年五月二十日付の駿河国沼津西光寺《さいこうじ》宛の禁制（三―二六八八）であり、少なくともその時点で家督を継承していたのではないかと生前譲渡の問題を提起した（「今川義元の生涯」）。

弘治三年説

その後、長谷川弘道氏は永禄元年八月十三日に駿府浅間社に対して流鏑馬《やぶさめ》郷役注文（三―二六四四）を印文「氏真」の朱印状でもって与えており、その文書中に「御屋形様御かまの御祓申し付け」とあることから、発給者が屋形＝当主＝氏真と考えられること。また、前述の歌会始の直前の弘治三年正月四日の『言継卿記』の記述に「屋形五郎殿へ礼に罷り向かい」（三―二四七八）とあることから、弘治三年正月の時点で屋形＝五郎となり、家督継承がなされ、永禄元年八月から文書の発給が開始されたとした（「今川氏真の家督継承について」）。

異例の歌会始

米原氏の指摘された今川氏恒例の歌会始が氏真邸で行われていることについては、同年正月二十九日には義元邸で歌会始が俄に行われていることにも留意すべきである。天文元年から同十七年にかけて駿府などにおける歌会を克明に記録した『為和集』には、正月二十九日に今川邸で歌会始が行われた記述は一度もない。ということになれば、この弘治三年の二度にわたる歌会始はきわめて例外的な催しであったといえよう。このことは、氏真への家督譲渡による措置とも考えられるが、あるいは恒例の正月十三日には何らかの都合により当主義元が出席できなかったことにより、氏真を代理に出席させ、その代わりに同月二十九日に改めて当主義元出席のもとに歌会始が行われたとも解釈できよう。二十九日の歌会始には今川氏一家の瀬名《せな》孫十郎や各和《かくわ》式部《しきぶ》少輔《しょうゆう》なども出席しており、今川氏の歌会始に相応しいメンバーであった。

山科言継の詩歌贈答

また、言継から氏真への贈答についても前日に義元へも勅筆の百人一首と桂蓮院宮尊珍の詩歌が贈られており、これらのことから米原氏の根拠とされている事象から氏真への家督譲渡の決め手とするには弱いといえる。一方、長谷川氏の指摘される「屋形五郎殿」という『言継卿記』の記述は、その翌日言継は義元邸と氏真邸の両方を訪れており、「屋形五郎殿」は「屋形（義元）・五郎殿（氏真）」とも解することができ、これも決め手には

氏真の初見文書

ならない。また、氏真の初見文書は永禄元年閏六月二十四日付の遠江国河匂庄《かわわのしょう》老間村（浜松市南区）の寺庵中宛の安堵状であり（三―二六三二）、右の駿府浅間社への流鏑馬郷役注文が初見ではない。

家督継承時期の指標

以上のことから、弘治三年正月十三日の氏真邸における歌会始を重視するか、または永禄元年閏六月二十四日付の氏真の初見文書の発給を重視するか、あるいは同年八月十三日付の今川氏の崇敬した駿府浅間社に対する氏真朱印状の文言を重視するか、さらには今川氏の家印である「如律令」印による同二年五月二十日付の西光寺宛の禁制の発給を重視するか、そのいずれかということになる。いずれも家督継承の指標の一つと考え

ることはできるが、決定打とはいえないであろう。一方では今川氏滅亡後の元亀《げんき》四年（一五七三）十一月二十日付の岡部長教《ながのり》宛武田家朱印状（四―七〇六）に「義元隠居屋敷」とあり、義元が氏真に家督を譲り「隠居」の形を取ったことは明らかである。ということで、ここでは何年何月ということは留保し、弘治三年から永禄二年の間に義元から氏真へ家督が生前譲渡されていたとしておきたい。

相続争いの抑止

では、義元はなぜ生前に家督を譲渡し、隠居の形を取ったのであろうか。それには次の二つの思惑があったと考えられる。一つは、義元自身が家督を継承した際に、前述したように国を二分するような対立抗争の花蔵《はなぐら》の乱を経験したこと、また、それ以前においても今川氏は、氏親の家督継承においても文明《ぶんめい》の内訌と呼ばれる相続争いを経験し、さらに家史を遡れば、五代範忠が当主となった際にも永享《えいきょう》の内訌と呼ばれる相続争いが引き起こっている。こうした家督継承に際しての苦い経験を積み重ねていることから、自らの権威が確保され権力を発揮できる生前に家督譲渡を行って、相続争いの起こる余地のないようにしたいと考えたからであると思われる。

義元と三河国

第二に、義元は家督を譲渡し隠居したからといって、いわゆる隠遁あるいは隠棲したというわけではない。家督譲渡したと思われる時期以降も、義元は判物《はんもつ》、印判状《いんばんじょう》を発給している。印文「如律令」の朱印状は、弘治三年十二月十二日付の松平玄番允《げんばのじょう》宛に出されたのが終見（三―二六〇二）であるが、その後は印文「義元」の矩形《くけい》印や同「調」の八角形印が使用されている。前述の氏真の初見文書が発給された時点から義元が桶狭間《おけはざま》で敗死するまでの間にそれぞれ発給した文書の種別と、宛所や内容から判断した国別を表示したのが別表である。ここから読みとれることは、氏真は、三河国に関しては一通の文書も発給していないことであり、逆に義元は、その六割近くが三河国に関するものである。これは、三河国侵攻と平定を義元に代わって行っていた太原崇《たいげんそう》孚《ふ》雪斎《せっさい》が弘治元年閏十月十日に死没したことにより（三―二三九八）、義元自身が三河国支配とその後の

義元から氏真への家督継承前後における発給文書の比較

	義元発給文書				
	判物	印文「義元」朱印状	印文「調」朱印状	小計	割合（%）
駿河国	2	1	3	6	18
遠江国	5			5	15
三河国	13	3(1)	2	18(1)	55
その他	2	1	1	4	12
合計	22	5(1)	6	33(1)	

	氏真発給文書				
	判物	印文「氏真」朱印状	印文「如律令」朱印状	小計	割合（%）
駿河国	10	3	6	19	59
遠江国	10	1		11	34
三河国					
その他	2			2	6
合計	22	4	6	32	

注１．「その他」とは，駿遠三の３か国に及ぶもの，また，３か国以外のもの，国別が判別できないものである．

注２．（　）内の数字は，印文の確定できない印判状の数で，外数である．

軍事行動の先頭に立ち、専念するようになり、そのため氏真に家督を譲ったのではないかということである。

義元の三河国支配

義元は、弘治三年六月二十六日に、三河国設楽《したら》郡《ぐん》作手《つくで》領（愛知県新城市）の国人領主奥平定勝《さだかつ》に対して、一族の逆心を抑えた功により額田《ぬかた》郡《ぐん》日近《ひちか》郷《ごう》（同岡崎市）を宛行《あてが》い（三―二五六八）、十月九日には、重臣三浦元政《もとまさ》に対して三河国幡豆《はず》郡《ぐん》西尾《にしお》城《じょう》の在城費用として三〇〇貫文の所領を宛行っている（三―二五八九）。また、十一月十五日には渥美《あつみ》郡《ぐん》野依《のより》郷《ごう》（同豊橋市）の代官職を畔田《くろだ》氏に安堵している（三―二五九四）。ついで十二月三日には、尾張国鳴海《なるみ》の東宮大明神社（同名古屋市緑区）禰宜《ねぎ》に神田の安堵を行っている（三―二六〇二）。翌年二月には今川氏に抵抗する三河国加茂郡寺部《てらべ》城《じょう》（同豊田市）の鈴木重治《しげはる》を攻略し（三―二六〇九・一一・一七）、五月には織田方の同郡名倉《なぐら》船戸《ふなど》橋《はし》城《じょう》（同設楽町）を攻撃している（三―二六二五・七）。八月には宝飯《ほい》郡《ぐん》御油《ごゆ》宿《じゆく》（同豊橋市）に伝馬法度を与え（三―二六四五）、碧海《あおみ》郡《ぐん》中嶋郷崇福寺《そうふくじ》（同岡崎市）に五か条の寺内法度を命じている（三―二六五〇）。十一月には八名《やな》郡《ぐん》和田郷藤社大明神（同豊橋市）の造営の地頭を勤め（三―二六六五）、翌永禄二年五月には、宝飯郡財賀寺《さいがでら》（同豊川市）と額田郡桜井寺（同岡崎市）との間における白山先達《せんだつ》職《しき》をめぐる相論に裁許を下している（三―二六九〇）。

三河国平定に専念

以上のように、義元は短期間の間に、三河国のほとんど全域で所領の宛行や、軍事行動、寺社の興行、流通・交通政策といった大名権の発動を行い、三河国の領国固めに邁進しているのである。嫡子氏真に家督を譲渡して、自らは三河国平定に専念する条件を形つくったことによって初めてなしえたことではないかといえる。

桶狭間へ

こうして義元は、駿河・遠江国の統治を嫡男氏真に委ね、自らは三河国の領国化を達成して、次の目標である尾張国への軍事行動に着手するのである。義元は、永禄三年（一五六〇）五月、二万五〇〇〇人（『北条五代記』）とも四万五〇〇〇人（『信長公記《しんちょうこうき》』）ともいわれる軍勢を催して駿府を発し、遠江・三河を通って尾張国桶狭間に陣をしき、さらなる前進を企図した。

尾張侵攻をめぐる諸説

この義元の軍事行動について、通説では当面の敵信長を破り上洛の道を確保して、衰えた足利将軍家に代わって天下に号令を下そうとする意図をもったとする上洛説が唱えられてきた（小島広次『今川義元』など）。しかし、近年では平定しつつあった三河の領国を安定させようとして、尾張との国境争いを制するためのであったという三尾国境確定説が出されている（藤本正行『信長の戦国軍事学』JICC出版局、一九九三年、久保田昌希「戦国大名今川氏の三河進攻」『駿河の今川氏』三、一九七八年など）。あるいは尾張国へ領国を拡大しようとする尾張領国拡大説（小和田哲男『今川義元』）も出されている。また、義元の意図は尾張のみならず伊勢国《いせのくに》や志摩国《しまのくに》といった東海地域全体を制圧するものであったという東海地域制圧説（長谷川弘道「永禄三年五月の軍事行動の意図」『戦国史研究』三五、一九九八年）も出されている。果して実際のところはどうであったのか、なるべく信頼の置ける史料から考えてみたい。

中央の状況

まず、当時の中央の状況であるが、永禄元年十一月、近江《おうみ》に逃れていた将軍足利義輝《よしてる》が、三好長慶と和睦して京都に戻り、諸大名としきりに通交を交わし政権の安定化をはかっていた。その一つともいえるのが、長年にわたる武田晴信と上杉謙信《けんしん》（長尾景虎）との対立を収めることであった。義輝は、彼らの上洛を促し、また使者を派遣して和議をはかり、永禄二年暮れには和談が調いその工作は一応成功する。そして翌年三月に、義

義元と将軍義輝

輝は、晴信や北条氏康などに、義元と相談して晴信と景虎との和睦が実現したことを賞する御内書《ごないしょ》を送っている（三―二七三四・五）。このことは、駿甲相三国同盟が中央を含めて一般的に認知され、効力をもっていたことを示しているとともに、義元と将軍義輝との信頼関係が生まれていたことを示しているであろう。その前年には、謙信や斎藤義竜《よしたつ》をはじめ、当面の敵対者である織田信長などがあいついで上洛して義輝に謁しており、こうしたことから、義元が中央政治との結びつきを強めようと思い立っていたと考えてもあながち突飛なことではないであろう。義元は、永禄三年五月八日付で三河守に叙任されており（三―二七四七・八）、朝廷工作も実を結んでいた。

三河国内の軍事動向

一方、軍事的には、永禄元年二月二十六日に、義元は、三河国寺部《てらべ》城《じょう》（愛知県豊田市）

に取出《とりで》を築き攻撃を仕掛けている匂坂長能《さぎさかながよし》に対して「来年未《ひつじ》三月中迄に彼城落居なく相支え」（三―二六〇九）と命じていることから考えて、翌年三月には義元自身なんらかの軍事行動を予定していたと考えられる。また、同年閏六月二十日付で朝比奈泰朝《やすとも》が三河大樹寺（同岡崎市）に対して「何様来秋必ず参陣せしむべき条、面上を以て申せしむべき候」と書き送っており（三―二六二八）、翌年秋の陣参を予定していることが判明する。

今川氏の軍法

そして、永禄二年三月二十日に、検討の余地のある文書ではあるが七か条からなる今川氏の軍法が出され（三―二六八三）、五月十六日には、松平元康《もとやす》（のちの徳川家康）がやはり七か条の家臣宛の掟書を出している（三―二六八七）。そこには公事裁許などの平時における規定もみられるが、第三条、四条では、陣番奉公や寄親寄子《よりおやよりこ》制《せい》の遵守などが規定されており、差し迫った軍事行動をひかえての対応と考えられる。

物資・人員の調達

一方、義元は、八月八日には、駿府の皮革職人大井氏に対して、急用により来年分の滑皮・薫皮の納入を命じている（三―二七〇三）。続いて、同月二十一日には、朝比奈泰能に尾張大高城（名古屋市緑区）在城を命じ（三―二七〇五）、同十月には奥平氏や菅沼氏に対して同城への軍勢・兵粮の運び込みを行なわせている（三―二七一〇・一一）。そしていよいよ永禄三年に入って、三月三日に、駿府浅間社に舞楽《ぶがく》装束を、久能寺《くのうじ》に灌頂《かんじょう》道具《どうぐ》を、それぞれ寄進しており（三―二七三一・三二）、おそらく戦勝祈願を命じたものと思われる。

戦勝祈願

尾張進発

三月二十日付の奉行人関口氏純《うじずみ》の伊勢神宮外宮作所三神主宛の書状では「近日義元、尾州境目に向かい進発候」と記されている（補―二三五）。四月十二日には、水野十郎左衛門尉に「夏中進発せしむべく候条、其の以前尾州境取出の儀申し付く」と書き送っており（三―二七四〇）、自身の出馬を公表している。そして、五月八日に三河守となり、三河支配についての権威と名分を手に入れたあと、十日ごろには駿府をたち、十七日に東海道の宿駅尾張国池鯉鮒《ちりゅう》（愛知県知立市）に陣を置いたのである。

義元の出陣

以上の永禄元年以降の経緯をたどれば、当初予定したと思われる時期より一年近く後にずれているとはいえ、着々と準備を重ね、相当の決意をもって、出陣していることがうかがえる。『信長公記』によれば、先述したように義元は、大高城際の黒末《くろすえ》（天白）川口に、伊勢湾奥の鯏浦《うぐいうら》（同弥富《やとみ》町）の服部水軍を呼び寄せていたということであり、陸海両面から尾張攻略を考えていたといえる。単に三尾国境地域における衝突を解決するためのものとは到底考えがたい。そこに具体的に明確な目的があったとみるのが妥当であろう。しかし、そのことを特定できるような史料は残念ながら残されていない。

尾張侵攻の目的

ただ、一つの仮定として次のようなことが考えられる。それは、尾張の那古野城《なごやじょう》（名古屋市中区）およびその支配領域の奪還・回復であったのではないかということである。

尾張那古野今川氏

尾張那古野今川氏については下村信博氏（下村信博「近世名古屋城築城以前の尾張那古野につい

て」など）の一連の研究があり、以下その成果に学びながら考えていきたい。

尾張那古野（名児耶）氏は、同国愛知郡那古野庄を出自とする領主で、鎌倉末の頃今川氏始祖二代目基氏の妹が嫁ぎ、さらに聟も今川氏に養子に入ったことから今川那古野氏とか那古野今川氏と称され、今川氏の一家となったものと思われる（巻末「今川氏一家略系図」参照）。今川了俊《りょうしゅん》が著した『難太平記《なんたいへいき》』では、建武《けんむ》二年（一三三五）の駿河国手越河原《てごしかわら》の戦いで「今川名児耶三郎入道」が守護今川氏初代範国《のりくに》に従って参戦し討ち死にしたことを記している（二―一八〇）。その後、那古野今川氏は、いつの頃からか那古野庄内に城を構え、応永《おうえい》六年（一三九九）の大内義弘《よしひろ》が将軍足利義満《よしみつ》に背き和泉国《いずみのくに》堺城に立て籠もった応永の乱の際には幕府奉公衆の一人として参陣し討ち死にしている（二―一二六〇・一）。

また、永享三年（一四三一）七月には、尾張国の幕府直轄領である山田庄（名古屋市）の百姓逃散《ちょうさん》事件に際して、逃亡する百姓の処罰についての幕府の奉行人連署奉書が「那古野今川左《さ》京亮《きょうのすけ》殿代」らに伝えられている（『愛知県史』資料編9中世2、史料番号一三八七）。今川氏の家督争いの永享の内訌が一応決着がつき新当主の範忠が駿河国守護に補任され下国する際、『満済准后日記《まんさいじゅごうにっき》』には「今河民部大輔《みんぶのたいふ》方へ力者福一を下し遣わし、今夕罷り上り了、尾張那古屋今河下野守領にて追い着くと云々」（二―一八一一）と記されており、この前後の同日記にもたびたび今川下野守のことが見え、那古野今川氏の下野守が在京し今川氏後継問題で仲介役を勤めていたことが知られる。その後、文安《ぶんあん》年間（一四四四〜九）から明応年間（一四九二〜一五〇一）にかけての幕府番帳にも奉公衆として那古野今川氏の名前が載せられており、一四世紀から一五世紀の南北朝から室町期にかけて那古野城を拠点として那古野今川氏がそれなりの地歩を築いて盤踞していたことがわかる。

室町期の尾張国

室町期の尾張国は知多《ちた》・海東《かいとう》二郡の守護は一色氏が、他の六郡の守護は斯波《しば》氏が勤めていたが、応仁・文明の乱により両氏の勢力は衰え、斯波氏の守護代であった織田氏が岩倉《いわくら》系と清洲《きよす》系に分裂して競い合っていた。その後清洲三奉行が台頭し、中でも勝幡《しょばた》城（愛知県稲沢市）の織田弾正忠《だんじょうのじょう》の家が進出していた。一方那古野今川氏は引き続いて那古野城にあって勢力を維持しており、大永《だいえい》から享禄年間（一五二〇年代）に後継者がいなかったのか、同族ということで駿河の今川氏親の末子、義元からいえば末弟の氏豊《うじとよ》が養子に入ったとされる。氏豊はこの時わずか数歳であった。

氏親と尾張

氏親は先述したようにすでに遠江守護であった斯波氏を尾張に退却させ、三河にも侵攻していた。そうしたことから尾張にも地歩を築こうとし、一方、那古野今川氏も氏親が駿遠両国の大名として東海道筋に名を轟かせつつあったことより、その係累を迎えることによって家を維持しようとし、両者の企図が一致してこうした養子縁組が成立したのではないかと考えられる。

那古屋今川氏豊

天文二年（一五三三）七月に、勝幡城主であった織田信秀が、京都から山科言継と蹴鞠《けまり》の名手として名高い飛鳥井雅綱《あすかいまさつな》を招いて勝幡城で蹴鞠の会を催した時に、那古野に在住する今川竹王丸が蹴鞠門弟になったことが『言継卿記』（七月二十三日条）に記されている。

織田信秀

また、記載年次には問題があるが、近世前期に真田増誉《さなだぞうよ》によって著された一種の武将伝である『明良洪範《めいりょうこうはん》』には、「今川左馬介《さまのすけ》氏豊と云う者、尾州名古屋の城に住せしに、織田備後守《びんごのかみ》（信秀）も同国庄幡に在て連歌の友也」とあり、さらに、近世初期に書かれたと思われる軍記物の『名古屋合戦記』にも氏豊と信秀が一緒に連歌会を楽しんでいたことが記されている。このように、那古野今川氏に養子に入った氏豊は若年ながら織田信秀と親密な交流を重ねていたのである。近世中期に成立した『将士伝《しょうしでん》』（「国記叢」徳川林政史研究所蔵）所載の「今川氏豊旧臣分布図」によれば、氏豊の支配地域は尾張国愛知郡から春日井郡南部にまで及んでいたと見られる。ところが、天文七年頃に信秀による那古野城攻略が行われ（奥野高広他編『織田信長事典』出自の項〈新井喜久夫執筆〉、新人物往来社、一九八九年）、氏豊が没落する。

義元と信秀

その後那古野城は、織田信光《のぶみつ》や信秀の重臣林通勝《みちかつ》が守備していたが、上述したように義元が三河攻略を進めた際、それに立ちはだかったのが織田信秀であり、義元は、各地で戦闘を繰り返し信秀を尾張に追いやり三河国を領国化したのである。

義元と氏豊

一方、弘治三年（一五五七）三月、駿府に滞在していた山科言継が、帰洛する際に駿河国藤枝で「今朝、今川那古屋殿へ隼人《はやと》（沢路）を遣わす、太刀にて礼を申し候了、所労と云々」と書き記している（三―二五四四）。二十数年前にともに蹴鞠を楽しんだ仲であることから言継が見舞いの使者を遣わしていると思われ、この那古野殿は氏豊であると見て間違いないであろう。そして那古野今川氏の当主であった氏豊が、兄義元のもとに抱えられていたことを考えれば、義元が、同族であり末弟氏豊が支配していた旧領および那古野城の奪還を意図していたとも考えられるのである。

那古野今川氏の旧領回復

義元の脳裏には、領国の西端においてしばしば進攻してくる織田勢を抑え、三河の領国支配を安定させ、那古野今川氏の旧領を回復して尾張に領国を拡大し、あわよくば上洛して幕府や朝廷との関係を緊密にして、その権威や支援によって領国全体の安定化と拡大を図りたいという目途があったと推測してもあながち的外れではないように思える。ただ、後世に作り出されたように、上洛のあかつきに将軍足利氏に代わって天下に号令しようといった野望をもっていたとまでは、想像をたくましくすることはできない。しかし、少なくとも、この時の義元の軍事行動が、単なる国境争いに決着をつけるだけのものであったとするには、その準備や規模からいっても納得しがたい。桶狭間への道は、上洛に通ずる道ではあったかもしれないが、天下取りの道というわけではなかった、というのが今の段階で考えられるところである。

桶狭間の戦い

永禄三年（一五六〇）五月十九日、今川義元は、尾張国桶狭間の地（愛知県名古屋市緑区・豊明市）で、織田信長《おだのぶなが》とのわずか一度の衝突で、思わぬ敗北を喫し自らも討ち死にする。この桶狭間の合戦については、古来、義元が、田楽狭間《でんがくはざま》の狭い窪地に陣幕をはり、戦勝を祝して朝から酒宴を催していたところ、俄に篠突く風雨にあい、そこを二〇〇〇人ばかりの小勢の信長軍による裏山からの奇襲を受けて、周章狼狽し、あえない最期を遂げたとされてきた。そして、義元は暗愚の将の典型として語り伝えられ、一方で信長の決死の奇襲戦法が勝利の戦法と称揚されてきた。たしかに、この合戦が、信長を天下人としておしあげる契機となったし、今川氏が滅亡してゆく第一歩となったことには違いない。しかし、果して義元の側に言われているほどに驕りや戦法上の間違いがあったのであろうか。また、信長の奇襲戦が勝利の方程式であったのであろうか。それらについて、近年藤本正行氏によって学問的に見直されつつある（前掲書）。

奇襲戦ではなかった

信長側近の一人であった太田牛一《おおたぎゅういち》が著し、この合戦を記した軍記物としてはもっとも信頼のおける『信長公記』によれば、義元が人馬を休めていたのは、「おけはざま山」であり、信長勢が攻撃をはじめたのは「空晴るるを御覧し」てと記されている（三一―一七五三）。この合戦に参戦したものから直接聞き取ることができたと思われる徳川家康の家臣大久保忠教《おおくぼただのり》の著した『三河物語』（第二中）では、信長勢は高いところに向って攻撃をしかけたということであり、古来の語り伝えとは随所で食い違っている。こうしたことから、信長の戦いは正面攻撃であり、決して奇襲戦ではなかったと藤本氏は述べられている。

義元と信長の対決構図

　では、義元と信長との対決はどのように展開したのか、その戦況を改めてたどると以下のように推測される（三―二七五一～六）。諸種の軍記物などを照合して確実なところは、東海道を上ってきた義元は、五月十八日に、池鯉鮒《ちりゅう》から沓掛城《くつかけじょう》（愛知県豊明市）に入ったようである。この沓掛城は、鳴海・大高城などとともに、これより以前（天文二十二年頃という）信長の家臣であった山口教継《のりつぐ》・教吉《のりよし》父子が信長を裏切り今

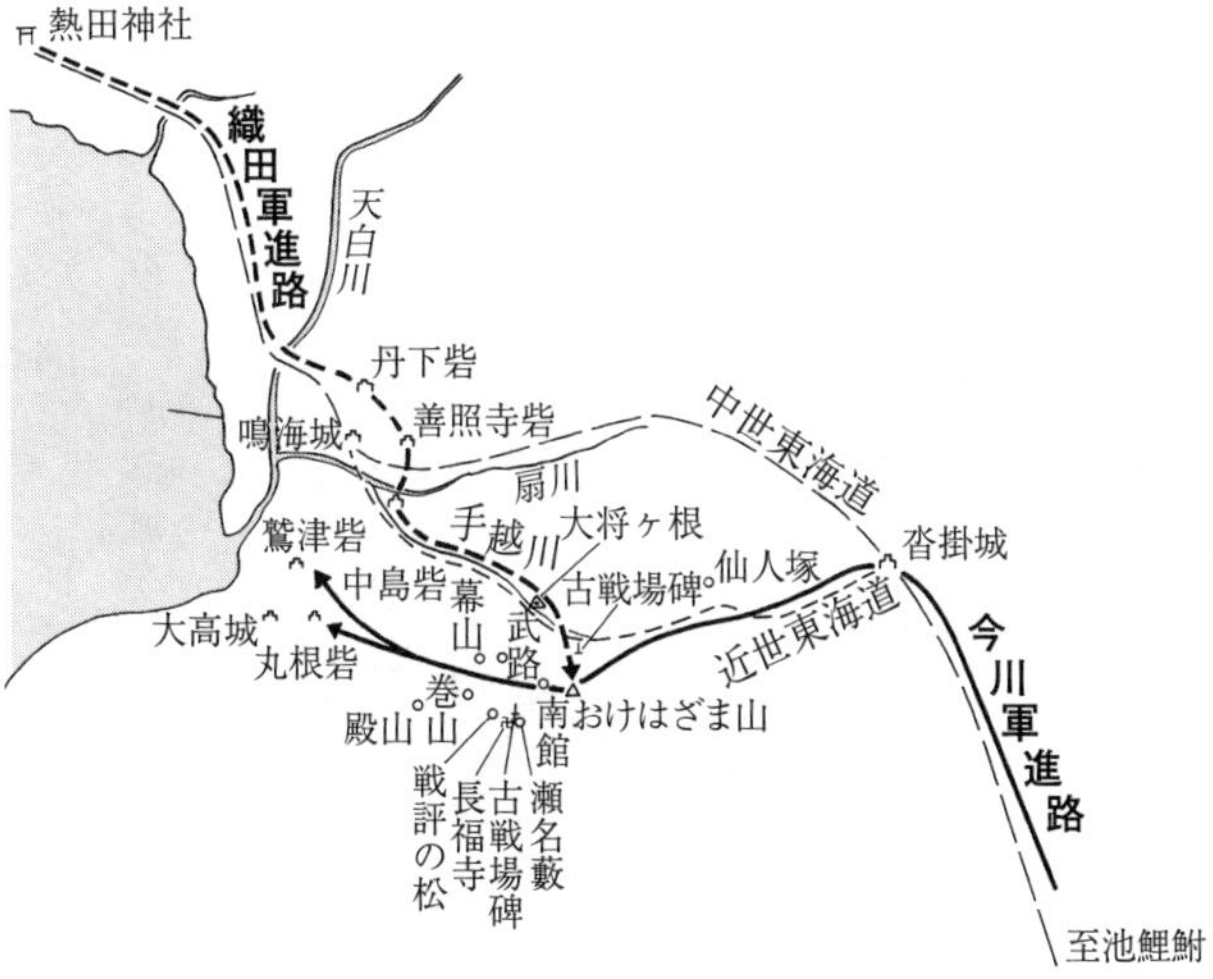

桶狭間合戦展開推定図

注　『静岡県史』通史編２中世掲載図３-14の転載.

川方に与したことによって（三―一二八八）、今川方の支配下に入った諸城とされているが、大高城は、前述したように前年の八月に朝比奈泰能が在城し、十月には奥平氏や菅沼氏が軍勢・兵粮を運びこんでいる。『三河物語』によれば、鳴海城を岡部元信に、大高城を鵜殿長持に守らせ、尾張攻めの最前線としていたということである（三―一七五二）。これに対して織田方は、『家忠日記増補追加』によれば、鳴海城を取り囲む丹下《たんげ》砦《とりで》（名古屋市緑区）に水野帯刀《たてわき》らを、善照寺《ぜんしょうじ》砦（同前）に佐久間信盛《さくまのぶもり》らを、中島砦（同前）に梶川高《かじかわたか》秀《ひで》を入れ、大高城に対しては、鷲津《わしづ》砦（同前）に織田秀敏《ひでとし》らを、丸根《まるね》砦（同前）に佐久間盛重《もりしげ》を入れ守らせていたということである（三―一七五二）。

複雑な勢力配置

　これら両者が対決した諸城砦の地理的関係をみたとき、決して一本の線引によって分けられる単純な対決の構図といったものではなく、お互いに入り組んだ関係にあったことがわかる。これは、この地域の地勢が海岸線や河川・丘陵地などによって複雑に入り組んでいることによろうが、それだけでなくいずれの拠城も持続的に安定して確保されていたのではなく、その時々の状況によって、たびたび攻守が入れ替わっていたことから、このような勢力配置となったのではないかと考えられる。

今川方の緒戦勝利

　そして、十九日には、今川方の本隊が、東海道筋から離れて、小さな川（手越川《てごしがわ》）沿いに形成された狭間筋（近世の東海道）を越えて南側の桶狭間に移るとともに、鷲津砦と丸根砦に対する攻撃が行われ、逸早く今川方に属する。とすれば、天白（黒末）川の左岸（南側）一帯は今川方の手に入ったということであり、それまで、孤立していた鳴海城との連絡も可能となり、織田方に対する守備体制も強固になったということになる。それゆえ緒戦の勝利に気をよくした義元が、「おけはざま山」で休息を取っていたとしても無理からぬところであろう。

しかし、諸本にみえるところでは、信長勢は、どうやら丹下砦から善照寺砦を通り、中島砦に入ったようである。すなわち、岡部氏の守る鳴海城を迂回したわけである。これは海に近く潮が満ちる時刻であったがためともいわれているが、おそらく軍勢の彼我の開きによる正面衝突を避けた決断であったろう。そして、東に転じて先の小さな川沿いの狭間筋か、あるいはその北側の尾根伝いを通って、大将ケ根辺りから「おけはざま

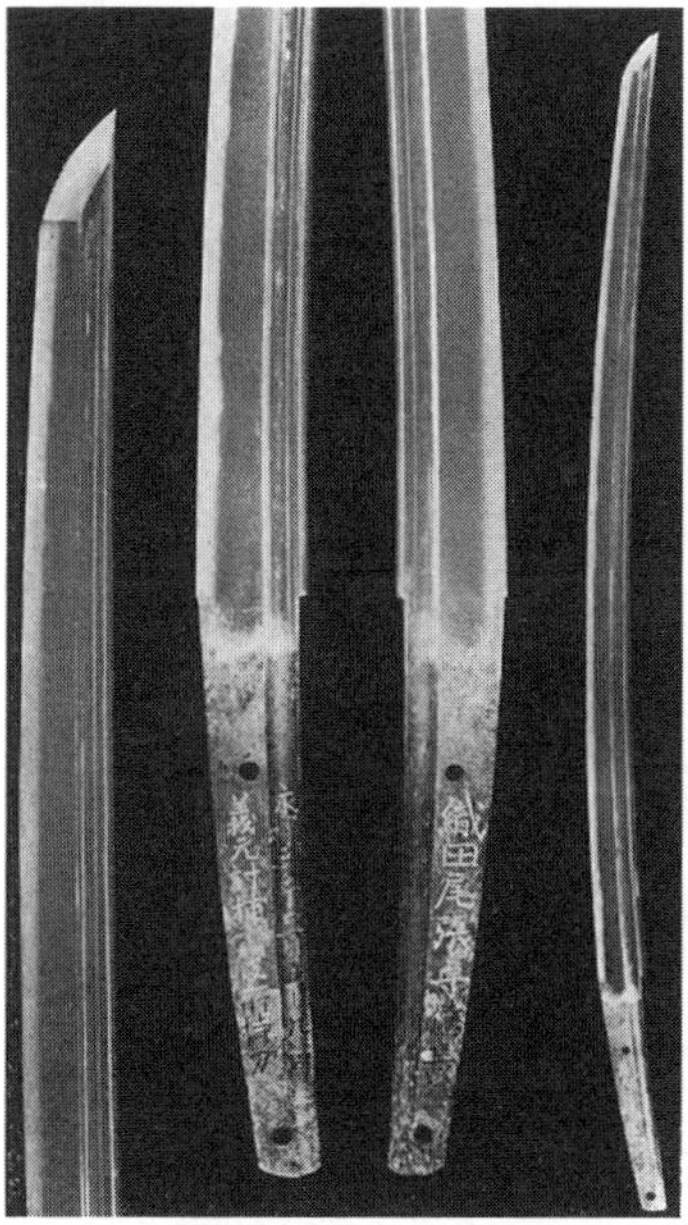

今川義元使用の刀（建勲神社蔵）

山」の義元の本隊を直接に攻撃をしたと思われる。

信長の義元本陣側面攻撃

この時に、今川方の軍勢がどのように展開していたかが問題となる。もし桶狭間から直接鳴海城へ前進するとなると、この小さな川沿いを西へ通ることとなり、信長勢と正面衝突ということになる。しかし、それならば、義元の本隊の前に今川勢が展開していたわけで、信長勢は本隊を直接攻撃することはできなかったであろう。考えられるのは、今川方は早朝から鷲津・丸根砦を攻撃し、大高城へ兵粮を入れていたことである（三―二七五二・三）。すなわち、沓掛城から東海道を離れて桶狭間に進軍したのは、大高城をめざしたためと考えられるのである。もし今川勢がそのように展開していたならば、信長勢と正面衝突にならず、信長勢は、義元の本隊を側面から攻撃することができたのである。今川方の軍勢が山間の道に伸びており、義元の陣営が本隊のわりには手薄な状態であったと思われ、そこを突くという作戦をとったと考えられる。信長勢は、大将ケ根から一旦山を下り狭間筋（近世の東海道）を横切って、『信長公記』の記すように「おけはざま山」に陣取る義元本隊を下から攻撃したのである。

義元方の総崩れ

今川方としては、思わぬ方面からの攻撃であったがために、対応できず敗北するという結果におわった。勝敗を分けたのは、今川方が山間の道に隊列が延びていたのに対して、信長勢が側面から手薄な本隊を攻撃したことによるととらえるのが妥当なところで

義元討死

あろう。こうした作戦なり攻撃の方法は、彼我の軍勢に開きがある場合に当然考えられる戦法であり、それを予期していなかった今川方にはやはり油断があったといわざるをえないし、信長の一か八かの作戦が図にあたったということになる。今川方は、義元をはじめ多くの有力家臣が討ち死にし総崩れとなり、離散した。なお、現在、今川軍が敗北し、義元が討ち死にした地としては、名古屋市緑区有松町桶狭間と豊明《とよあけ》市《し》栄町南館との二か所が比定されている。両者はいずれも近世の東海道の南側に位置し、わずか三〇〇メートル前後の距離しか離れていず、その中間辺りの南に標高五〇メートル前後の複雑に入り組んだ丘陵地が存在する。おそらくその丘陵地が「おけはざま山」であろう。義元がいずれで討ち死にしたか定かでないが、おそらく、今川勢は散《ち》り散《ぢ》りになって戦闘をし、討ち死していったのであろう。義元

桶狭間古戦場田楽坪

桶狭間近辺の地名

今川義元木像
（名古屋市　長福寺蔵，静岡県立中央図書館歴史文化情報センター提供）

四十二歳であった。

付近には、大将ケ根・殿山・幕山・巻山・武路・瀬名藪・戦評の松（以上名古屋市緑区）・仙人（戦人）塚・南館（以上豊明市）といった古戦場にふさわしい地名などが残っている。しかし、現況は、まったくといってよいほど市街地化しており、当時の景観を思い浮べることはできない。わずかに有松町桶狭間の方の小字田楽窪に長福寺という寺刹が存在し、義元の木像などが祀られているのが、当時と現在を結びつける唯一ともいってよい接点である。

三　今川氏の滅亡

今川方の損失

桶狭間での敗北による今川方の損失は、当主義元の討ち死にとどまらず、『家忠日記増補追加』によれば「大将命ヲ殞スノ間、駿州ノ兵猶敗亡ス。信長勝ニ乗ジテ是ヲ追撃スル事凡二千五百余人、駿州ノ精兵三浦左馬助《さまのすけ》・斎藤掃部助《かもんのすけ》・庵原左近太夫《さこんのたいふ》・同姓庄二郎・朝比奈主計頭《かずえのかみ》・西郷内蔵助《くらのすけ》・富塚修理亮《しゅりのすけ》・松平摂津守《せっつのかみ》・富永伯耆守《ほうきのかみ》・四宮右衛門八〔ママ〕・井伊信濃守・松井兵部少輔《ひょうぶのしょうゆ》・油《ゆ》井《い》蔵人《くろうど》・松平治右衛門尉等皆死ス」(三―二七五四)と記され、『信長公記』には「山田新右衛門と云ふ者、本国駿河の者なり、義元別して御目を懸けられ候、討ち死にの由承り候て、馬を乗り帰し討ち死に、寔《まこと》に命ハ義ニ依リテ軽シト云ふ事、此節なり。二俣の城主松井五八〔郷〕郎(宗信《むねのぶ》)、松井一門・一党弐百人枕を並へて討ち死になり。爰《ここ》にて歴々其数討ち死に候なり」(三―二七五三)と記されている。まさに総崩れという状況であった。

岡部元信

こうした中で唯一鳴海城を守備していた重臣岡部元信が、信長から義元の頸を貰い受け、駿河国への帰途三河国苅屋城を守備する織田方の水野信近《のぶちか》らを籌策《ちゅうさく》をもって討捕、城内に火を放ち帰国し、「鳴海城堅固に持ち詰める段、甚だ以て粉骨の至りに候」と氏真から賞されたのが(三―二七九六)、唯一積極的な働きとして評価されているぐらいである。

氏真の対応

ただ、生前に家督を譲渡され、駿府にあって留守を守っていた氏真らの対応も素早いものがあった。義元討ち死にの三日後の五月二十二日付で、三浦正俊《まさとし》が松井宗信の父貞《さだ》宗《むね》に「去十九日に尾州口において、不慮の御仕合是非なき次第に候、（中略）此の上の儀、御城の段、御油断有間敷く候、尚以て左衛門佐殿（宗信）御事、日下〔目か〕は聞□〔得〕ず候。今度の儀は、真に是非の申し事なく候。爰元の儀、涯分油断なく仰せ付けられ候。御心安かるべく候。境目の儀人質などの事、仰せ付けられ候ば、御内儀これ有るべく申し候」（三―二七八七）と、子の宗信の生死を案じつつ、留守を守る二俣城の守備に油断のないように命じ、「境目の儀人質などの事」についても氏真の意向を伝えている。また、氏真自身が同月二十五日付で遠江国犬居城《いぬいじょう》主天野景泰《かげやす》に対して、「然らば当城の儀、堅固に申し付けるの由喜悦候。軈《やが》て出馬すべく候。猶三浦左馬助（正俊）申すべく候」（三―二七八八）と、自身の出陣すら考えていたことがわかる。この二通の書状に見える三浦正俊は今川氏重臣であるとともに、氏真の幼少の頃に守衆頭人《もりしゅうとうにん》を勤めていた者で（三―一四八四）、氏真側近といってもよく、こうしたことから義元の尾張国出陣に際しては、出陣勢と留守居の勢力とを分けてそれなりに編成していたと思われる。

義元の葬儀

こうして不慮の出来事に対する応急の処置を講じた上で、六月五日義元の葬儀が臨済寺で営まれた。今川氏に縁故のある臨済宗僧侶などによって、鎖龕《さがん》・掛真《かしん》などの禅宗の様式にしたがって盛大に執り行われている（三―二七九五）。義元には、「天沢寺殿四品前《てんたくじどのしほんさきの》礼部侍郎秀峰哲公大居士《れいぶじろうしゅうほうてつこうだいこじ》」という法名が授けられ、その後、菩提寺として臨済寺に隣接して天沢寺が創建された。同寺は最盛期には七か院の塔頭と四か寺の末寺を擁し、駿遠両国の各所に合計米方一〇〇石、代方三〇〇貫文弱の規模の寺領を有していた。ただ、その後幕末に仏殿が取り壊され、明治二十四年（一八九一）に廃寺となっている（『安東村誌』安倍郡教育会刊行「安倍郡町村誌」第三二冊、一九一三年）。

敗戦処理

敗戦処理は、葬儀後の六月十二日より翌年二月にかけて、合戦で戦功のあった鵜殿十郎三郎（三―二七九八）、梁瀬《やなせ》九郎左衛門尉（三―二七九九）、平野鍋松《なべまつ》（三―二八〇七）、菅沼久助（三―二八三三）、松井宗恒《むねつね》（三―二八六〇）、後藤亀寿《かめじゅ》（三―二八六六）、尾上《おのうえ》彦太郎弟（三―二八八八）ら諸士に感状《かんじょう》を与えたり、恩賞を給与して、一応終結している。

氏真の領国統治

敗戦処理と並行して氏真は、駿遠両国のみならず三河国に対しても寺社や家臣に対して「天沢寺殿判形の旨に任せて」との名目を述べ、義元の継承者として所領安堵や相論裁許を行い、かつ検地実施など領国統治に専心する。また、北条氏康・氏政父子の要請により上杉謙信（長尾景虎）の武蔵国河越城《かわごえじょう》攻撃に対する籠城戦に、武田氏とともに軍勢を送り込み、駿甲相三国同盟の維持に軍事的にも応えている（三―二九〇二他）。一方では三河においても松平元康（のちの徳川家康）方と思われる軍勢と戦うなど領国の維持に腐心するのである。

領国支配の衰退

以上の桶狭間敗戦後の半年余りの氏真による領国統治や軍事行動の状況を見ると、義元討ち死にという不慮の出来事にもかかわらず、領国の崩壊にはいたらず、駿遠両国のみならず三河半国を持ちこたえている。このことは、家督をすでに生前譲渡して駿遠領国の支配を氏真に委ね、自らは三河国の統治と尾張国への侵攻に専念するという二頭政治体制を築き、当主氏真を駿府に残したという義元の布石の結果といってよいであろう。この後、三河国における松平元康の独立、永禄六・七年の「遠州錯乱」（三—三二三七）、「遠州忩劇」（三—三三九三）などによって、その領国支配は衰退するものの、とにもかくにも永禄十一年末の武田氏の駿河国侵攻と徳川家康の遠江国侵攻によって滅亡するまでの九年間領国を維持し得たのもそのことに依るところが大きかったといえよう。

松平元康の自立

元康は、桶狭間の合戦においては大高城を守備していたが、義元の敗死を聞くと逸早く旧地岡崎城にとって返し、旧臣を糾合して西三河を勢力下におきながら今川氏からの自立を図る。永禄四年六月には氏真が「松平蔵人（元康）逆心」（三—二九三七）と表明しており、翌五年正月には元康と信長の間で同盟関係が成立し、六年七月には義元の諱《いみな》を捨てて家康と改名し、今川氏から完全に独立することとなる。その後、家康は三河国内で引き起こった一向一揆平定に奔走することとなるが、それを終えたあと東三河の平定に取りかかり、永禄七年六月今川方にとって三河国の最後の砦ともいうべき吉田城（愛知県豊橋市）を開城させた（三—三二一八）。こうして今川氏は三河から全面撤退を余儀なくされ、同国は家康の領国となる。そして同九年には家康は勅許により徳川と改姓する。

遠州錯乱

一方、遠江国においては、永禄六年（一五六三）十二月頃から犬居城の天野氏や引間《ひくま》城の飯尾《いのお》氏、見付《みつけ》の堀越《ほりこし》氏などが相次いで今川氏に反旗を翻し、「遠州錯乱」とか「遠州忩劇」といった状況になり、同国の支配も揺るぎ出す。これには三河からの家康の働きかけや南信濃からの武田信玄の働きかけがあったとされており、氏真は窮地に陥ってゆく。

領国支配の新たな段階

その後、氏真は数年駿河から遠江にかけてまがりなりにも領国を維持しているが、永禄十一年になって新たな段階を迎える。この年二月には家康が家臣松平家忠に対して遠江宇津山城（湖西市）への移動を命じており（三―三四四二）、『家忠日記増補追加』によれば四月には同国二俣城主の二俣氏や久野《くの》城主久野氏が家康の味方になっており（三―三四六〇）、八月には「遠州忩劇」で宗家から離反して、依然として今川氏に与していた犬居城の天野氏の一族藤秀《ふじひで》に対して家康が内通するように働きかけており（三―三四七二）、領国西部からの圧力が強まりつつあった。

武田家との同盟解消

そうした状況の中で、二月には武田義信に縁付いていた氏真妹が親元に帰され（三―三四四四）、武田氏と今川氏との同盟関係は解消される。同年三月には、氏親以降今川氏四代にわたってその盛衰の様を体験してきた寿桂尼が死没している。

武田氏の駿河侵攻

武田氏の駿河侵攻は同年十二月六日に始まり、薩埵山《さったやま》で最初の戦闘が行われるが、一方、信玄と家康との間には大井川を境として今川領国を二分してそれぞれ領国とするという密約が交わされていたと伝えられている（三―三四九六）。こうして今川氏は東西から挟み撃ちを受けることとなり、今川氏を支えていた一門や有力家臣である瀬名氏や駿河朝比奈氏、三浦氏、葛山氏などが形勢不利と判断したのか、武田氏に内応することとなる（三―三四九七・三五〇六他）。そして、ついに氏真は十二月十三日に駿府を放棄し遠江朝比奈氏が居城とする懸河城に敗走する事態となる（三―三五〇九～一一）。懸河城では家康の軍勢に包囲されるがしばらく籠城して持ちこたえる（三―三五四六）。この間、今川氏と

北条氏の加勢

なお同盟関係を維持していた北条氏は、家臣の大藤政信《だいとうまさのぶ》や清水康英《やすひで》を派遣し（三―三五二二）、船便で三〇〇名あまりの加勢を送り込んでいる（三―三五五七）。また、北条氏の主力は駿河郡から富士郡に進出し、富士大宮城に楯籠もる浅間社大宮司富士信忠《のぶただ》に同心して馳走することを伝えている（三―三五二四・五）。『北条記』によれば、翌年正月十八日には氏康・氏直父子が小田原を出馬し駿河国三島に本陣を構え、船三〇〇余艘で軍勢を三保か崎（静岡市清水区）まで送り込んでいたようである（三―三五八四）。一方、氏真は上杉謙信に武田氏を牽制する軍事行動を要請している（三―三五三七）。北条氏も上野国の国人由《ゆ》良成繁《らなりしげ》を通じて上杉氏に情報を逐一伝えており（三―三五四五）、正月二日の上杉氏家臣に

氏真の敗走

宛てた氏康書状では応援を要請するとともに、氏真らが懸河城に敗走した際に「愚老息

女乗物を求めえざる体、此の恥辱雪ぎがたく候」と書き送っており（三—三五五二）、いかに氏真の敗走が難行で哀れなものであったかが窺われる。同じく四月二十七日の氏康書状では、「遠州の儀、兵粮然《しか》と断絶候、来る上旬踏み越す間敷きの由、使者共見届け候」と懸河城の籠城が末期的状況になっていることを伝えている（三—三七二二）。

今川氏の滅亡

そして、ついに氏真は永禄十二年五月六日に家康との和談によって懸河城を開城し、天竜川の河口懸塚湊から北条氏の用意した船で駿河東部の戸《と》倉城《くらじょう》（清水町）に落ちてゆくこととなる（三—三七三二）。同年閏五月三日には、氏政が今川氏の名跡が嫡子氏直に渡されたことを諸氏に告げており（三—三七六一～三）、ここに戦国大名今川氏は滅亡した。

氏真の流浪

氏真はその後、小田原に移り北条氏の庇護を受けるが、元亀二年（一五七一）に夫人の父である氏康が亡くなり、北条氏は武田氏と接近することもあって、氏真は小田原に留まることができず、元亀三年五月十九日に、相模国久翁寺《くおうじ》（神奈川県小田原市）で父義元の十三回忌仏事（四—四八一）を執り行って程なく、家康のもとに身を寄せるようになったと思われる。家康は織田信長と同盟して対武田氏との抗争に当たっていた。この間、氏真は駿河国の諸氏や寺社に対して所領の宛行や寺社領の安堵などの判物・印判状を発給しているが、これらは氏真の意思によるものとはいえず北条氏や徳川氏の意向によったものと思われる。

上洛と信長との対面

その後、時期は明確でないが氏真は京都に上洛したようで、天正《てんしょう》三年（一五七五）には京都近郊の名勝を遊覧して歌を詠み、総数四二八首の歌集「今川氏真詠草《えいそう》」（『今川氏と観泉寺』吉川弘文館、一九七四年）を残している。そして同年三月十六日に、父義元の仇敵織田信長に対面して蹴鞠を演じている（『信長公記』）。無念の思いを胸に秘めて演じたことであろう。

氏真と家康・信長

その後氏真は同年五月に引き起こった尾張国長篠《ながしの》（愛知県新城市）の合戦において家康の配下として三河国牛久保《うしくぼ》（同豊川市）に出陣し参戦しているが、その間に五首の故郷駿河国の名勝などを読み込んだ和歌を詠んでいる（「今川氏真詠草」）。その詞書に「廿七日駿河筋動き、所々放火其のひま〳〵に」とあり、後詰で戦いらしい戦いもせず詠歌で心を紛らわしていたのであろう。同四年三月に信長方が陥れた遠江諏訪原城《すわはらじょう》を牧野城《まきのじょう》（島田市）と改名して氏真を城主に据えるが（四―九七三）、わずか一年足らずで解任されている。それにより家臣海老沢弥三郎に暇《いとま》を出しており、それが残されている氏真の発給文書としては最後のものであり、法名宗誾《そうぎん》の名で出されている（四―一〇四二）。

氏真衆

その後しばらく氏真は家康の浜松城近辺で過ごしていたようで、家康家臣松平家忠の『家忠日記』にその動静が断片的に見える。また、同日記には「氏真衆蒲原《かんばら》助五郎越され候」とか「氏真衆岡部三郎兵所江ふる舞候て越し候」といった記載があり、この段階でも氏真には「氏真衆」と呼ばれる家臣が同伴していたのである。その人数や兵力の多少は不明であるが、家康や信長が氏真を武将として取り立てようとしたのは氏真本人の利用価値ではなく、こうした付き従う家臣の存在にあったのではないかと思われる。

江戸幕府と氏真

しかし、氏真が武将として名をとどめるのは牧野城主が最後で、時代が移り変わり新しい幕府が開かれて以後は京都に滞在して歌や蹴鞠の世界に明け暮れていた。そうした生活にも不安を覚えたのか、慶長《けいちょう》十七年（一六一二）四月十四日に駿府城で大御所家康に対面していることが記録されている（『駿府記』）。それがきっかけになったのかどうか判然としないが、その後、近江国《おうみのくに》野洲郡《やすぐん》長嶋村（滋賀県野洲市）で旧知五〇〇石を家康から安堵され、江戸品川に屋敷を貰っている（『寛政重修諸家譜《かんせいちょうしゅうしょかふ》』・「略譜」）。旧知五〇〇石ということについては、氏真の次男澄存《ちょうそん》が住持を勤めていた京都聖護院《しょうごいん》の院家若王子《にゃくおうじ》乗々院《じょうじょういん》の寺領を割いて得たものが安堵されたとされている（『甲子夜話続編《かっしやわぞくへん》』）。いずれにしろ、こののち孫の範英《のりひで》が江戸幕府高家《こうけ》に列せられるが、その前ぶれともいってよい処置である。

氏真の死

翌慶長十八年二月十五日に氏真夫人の早川殿が亡くなっており、氏真も翌年十二月二十八日に、夫人を追うように七十七歳で江戸で没し、牛込万昌院《うしごめばんしょういん》（東京都中野区）に葬られた。その後、井草村《いぐさむら》の観泉寺《かんせんじ》（同杉並区）に改葬され、現在夫人とともに同寺に墓が存する。

氏真の子供の内嫡子範以《のりもち》は父より早く慶長十二年に没したので、その子の範英が家を継ぎ加増されて千石の幕府高家となっている。次子高久《たかひさ》はすでに慶長三年に徳川秀忠《ひでただ》に出仕し、上野国碓氷郡《うすいぐん》内で千石を与えられ高家となっているが、宗家をはばかって屋敷地名から品川氏と称していた。この今川氏と品川氏の二筋が江戸時代を通じて幕府の儀式・典礼などを司る室町時代からの名家を遇した高家として続く。

今川氏と品川氏

今川氏と義元の事跡

以上、鎌倉時代の中頃に足利氏一門として三河国の今川の地に発祥した今川氏は、有為転変を重ねながらも江戸時代末まで連綿として続いていたのである。その間、鎌倉幕府御家人足利氏の一門として、続いて室町幕府の有力守護家として、さらには戦国の動乱期にあっては東海道筋の駿河・遠江・三河国の国主として、華々しく歴史の表舞台に立ち続けていたといってよい。本書の主人公義元はその流れの中で最盛期をもたらした人物であった。天下人信長の前に一敗地にまみれたにしても、その名はその事蹟とともに長く世に語り継がれていくことであろう。本書がそのことに少しでも役立つとするならば幸いである。

今川氏一家略系図（丸数字は駿河国守護代数）

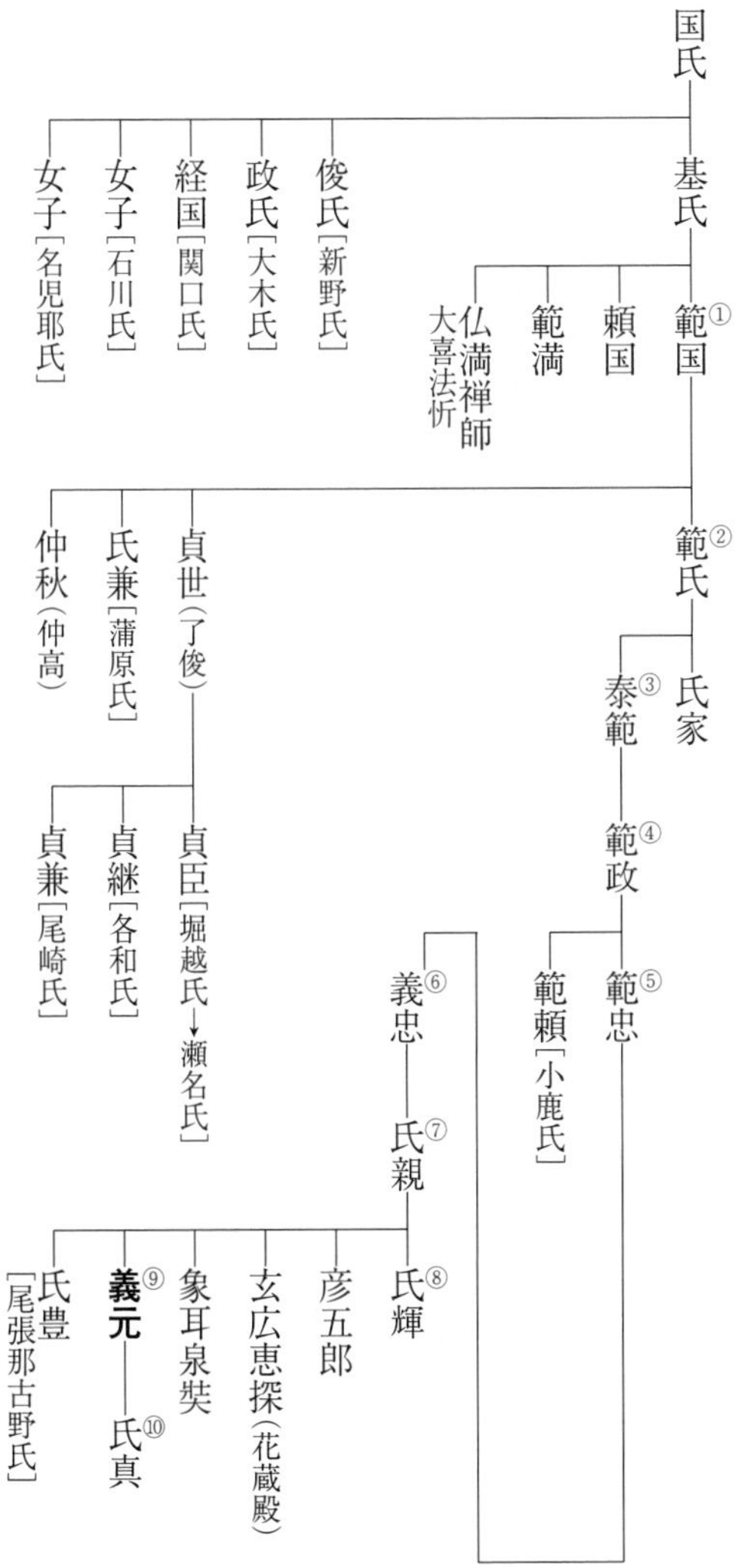

今川・北条・武田氏姻戚関係略系図

（アラビア数字は北条氏当主代数、丸数字は駿河国守護今川氏代数、漢数字は武田氏歴代当主順序を示す）

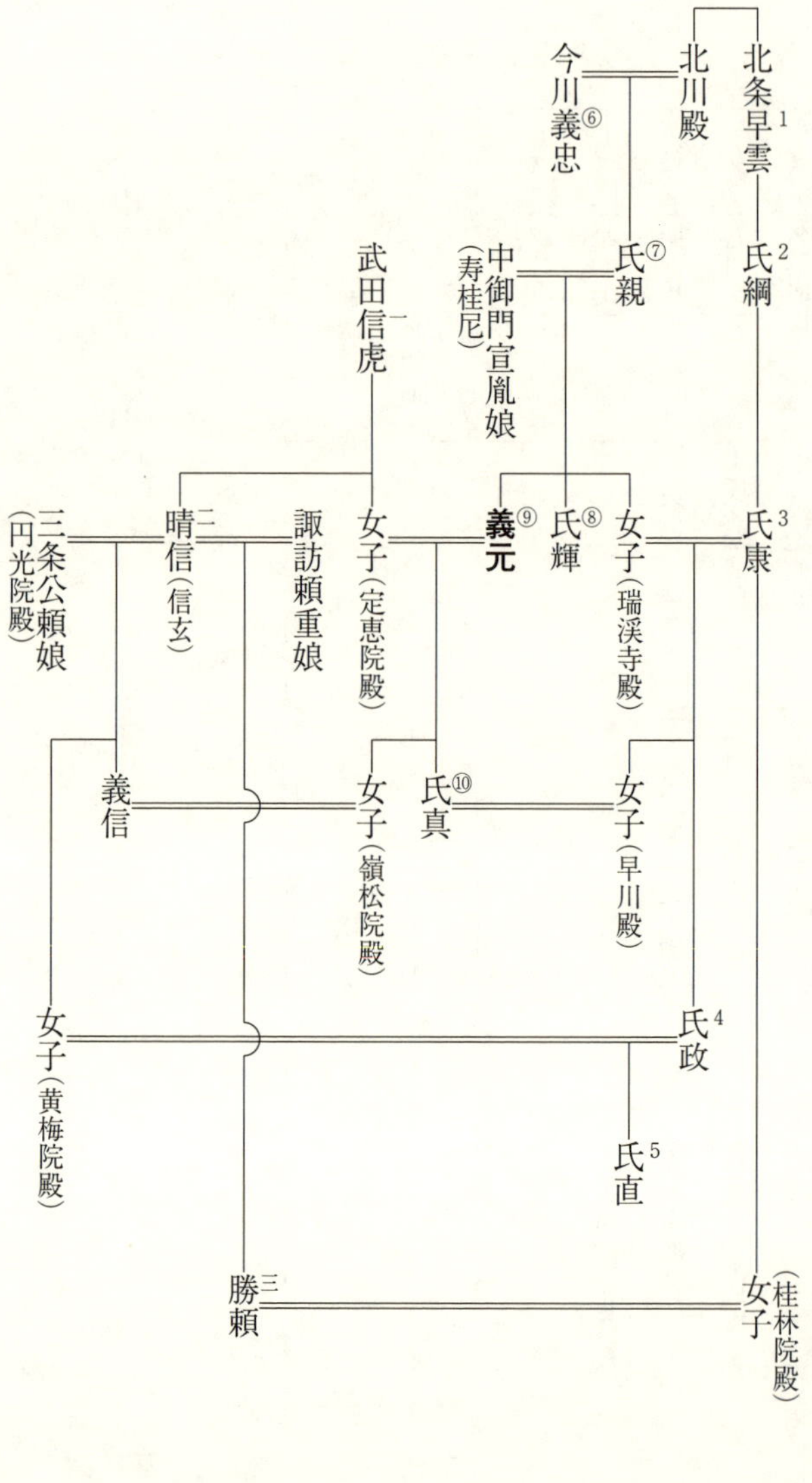

略年譜

年次	西暦	年齢	事績	参考事項
永正一六	一五一九	一	この年、今川氏親五男として誕生。母中御門宣胤娘（寿桂尼）。幼名方菊丸	八月一五日、北条早雲死没
大永　元	一五二一	三	二月、一一月、今川勢、甲斐国に侵入するも敗走する	三月七日、将軍足利義稙、和泉国堺を経て淡路国に出奔○一二月二五日、足利義晴、将軍となる。これ以降、中央の政治情勢はますます混迷する
三	一五二三	五	この頃、駿河国富士郡善得寺に入り、仏道修行をする。師範は九英承菊（太原崇孚雪斎）	五月、明の寧波で、大内・細川氏の遣明使争う
五	一五二五	七	一一月二〇日、長兄龍王麿元服。氏輝と名乗る。	一一月一七日、中御門宣胤死没
六	一五二六	八	四月一四日、父氏親「今川かな目録」三三か条を制定○六月二三日、氏親死没○七月二日、駿河国安倍郡増善寺で執り行われた氏親の葬儀に参列	三月、博多商人神谷寿禎、石見銀山で採掘始める○一二月二日、京都に土一揆蜂起
七	一五二七	九		三月二二日、三好元長、足利義維・細川晴元を奉じて阿波国より堺に進出（堺幕府の成立）
享禄　三	一五三〇	一二	この頃、得度剃髪して、承芳と号す	三月三日、三条西実隆、駿府で二〇

享禄 四	一五三一	一三		〇〇軒余りが焼失したことを聞く 閏五月、加賀一向一揆分裂
天文 元	一五三二	一四	夏、京都建仁寺月舟寿桂より道号梅岳の字説を受ける	三月六日、連歌師宗長、駿府で死没〇八月二四日、本願寺、山城国山科より摂津国石山に移る〇この年より、北条氏、相模国鶴岡八幡宮寺の造営を始める
二	一五三三	一五	正月二二日、入寺の駿府善得院で歌会を催す。冷泉為和、指南する〇冬、駿河国志太郡長閑寺で、京都仁和寺尊海・九英承菊らと和漢の歌を詠む	この頃、京都で法華一揆成立
三	一五三四	一六	この頃、九英承菊に従って上洛し、建仁寺・妙心寺などで修行	この年、紀伊惣国一揆成立
四	一五三五	一七	五月二〇日、善得院で師琴渓承舜七回忌仏事を執り行う。導師常庵竜崇〇七月から八月、今川勢、甲斐国に侵入し武田勢と戦う。北条氏、今川方に加勢	一二月五日、松平清康、家臣に殺害される（守山崩れ）
五	一五三六	一八	二月五日、氏輝、相模国小田原での北条氏歌会に参列する〇三月一七日、氏輝と次兄彦五郎死没〇四月二七日、三兄玄広恵探（花蔵殿）との家督争い起こる（花蔵の乱）〇五月三日、足利義晴より家督相続を認められる〇同月二四日、母寿桂尼、	四月一四日、伊達稙宗、「塵芥集」を制定〇七月、延暦寺衆徒ら、京中の法華寺院を焼く（天文法華の乱）

			花蔵殿に同心する○六月九日・一〇日、印文「承芳」の黒印状を発給する○同月一四日、花蔵殿自害○七月、『甲陽軍鑑』によれば、義元の斡旋により武田晴信（信玄）と三条公頼娘とが結婚したという○八月一〇日、三条西実隆に家督相続の礼物を贈る（義元名・花押の初見）○同月三〇日、富士郡須津庄八幡宮に社領を安堵する（判物の初見）○一〇月二日、印文「義元」方形印の印判状を発給する（朱印状の初見）○一一月三日、岡部親綱に花蔵の乱における戦功を賞する感状を与える。そこに、寿桂尼が重書を携え花蔵方に出かけたことが見える	
六	一五三七	一九	二月一〇日、武田信虎娘と結婚。北条氏綱、駿河国東部に侵入し、富士川以東を占領する（河東一乱）○四月二八日、北条氏と結びついた遠江国磐田郡見付端城の堀越氏を攻める。北条氏、遠江・三河国攻略を画策する	一〇月三日、三条西実隆死没
七	一五三八	二〇	この年、嫡男竜王丸（氏真）誕生	一〇月七日、北条氏綱、下総国国府台で里見氏らを破る
八	一五三九	二一	正月一日、三浦内匠助を竜王丸の守衆頭人とする○二月八日、遠江国浜名郡頭陀寺に法度を下す	五月、大内義隆、石見国大森銀山攻略

天文　九	一五四〇	二二	（官途名治部大輔の初見）○七月、駿河国庵原郡蒲原城で北条勢と戦う	五月、武田信虎、信濃国佐久郡に侵入し、攻略する
一〇	一五四一	二三	四月、駿河国安倍郡臨済寺住持に明叔慶浚を迎える○六月一四日、甲斐国を追放された義父武田信虎を駿府に迎える。	七月一九日、北条氏綱死没
一一	一五四二	二四	三月一七日、明叔慶浚、氏輝七回忌仏事を執り行う	六月、伊達晴宗、父稙宗を幽閉（伊達氏洞の乱）
一二	一五四三	二五	七月二三日、内裏修理料を献上○一〇月一五日、三河国渥美郡東観音寺に禁制を下す（三河国への発給文書初見）	八月、種子島に鉄砲伝来
一三	一五四四	二六	一一月一八日、遠江国引佐郡大福寺、寺領目録を作成○一二月、東国下向途中の連歌師谷宗牧と対面する	一一月、毛利元就の子隆景、安芸国竹原の小早川氏を継ぐ
一四	一五四五	二七	七月、般若心経配布のために東国下向中の京都聖護院道増、今川氏と北条氏との和与を取り持つが、不調に終わる○同月二四日、駿府を出陣し、善得寺に着陣○八月一一日、善得寺で武田晴信と対面、誓詞を取り交わす。その後、富士郡吉原に出陣○九月一六日、晴信と対面○同月二〇日、駿河郡長	九月二〇日、織田信秀、三河国安祥城を攻囲する松平広忠を破る

			久保に陣所をおく○一〇月二四日、関東管領上杉憲政・北条氏康と誓詞を交わし、仲介の晴信に提出○同月二七日か、北条方と休戦、河東地域の領有を回復する○一一月二六日、印文「如律令」方形印の朱印状を発給する（初見）	
一五	一五四六	二八	一一月、今川勢、三河国渥美郡今橋（吉田）城の戸田宣成を敗る	四月二〇日、北条氏、武蔵国河越城で古河公方足利晴氏らを破る○一二月二〇日、足利義藤（義輝）、将軍となる
一六	一五四七	二九	六月一三日、雪斎、義元を大檀那として三河国渥美郡牛頭天王社神輿を造立○九月、今川勢、三河国渥美郡田原合戦で戸田宗光を敗り、義元、戦功のあった諸氏に感状を与え、天野景泰提出の手負注文に証判を加える○この頃、今川方へ人質として送られた松平広忠の息竹千代（徳川家康）、織田方に奪われ、尾張国愛知郡熱田に人質となる	六月一日、武田晴信、「甲州法度之次第」を制定
一七	一五四八	三〇	三月一七日、臨済寺で、氏輝十三回忌仏事を執り行う○同月一九日、今川勢、三河国額田郡小豆坂で織田信秀勢と戦う○四月、京都妙心寺大休宗休を招き臨済寺住持とする。宗休、義元に秀峰宗哲の法名を授ける○八月、遠江国大福寺、寺領田地	二月一四日、武田晴信、信濃国上田原で村上義清に敗れる○一二月、長尾景虎（上杉謙信）、家督を嗣ぎ、越後国春日山城に入る○この年、織田信長、斎藤道三娘と結婚

			注文を作成	
天文一八	一五四九	三一	二月一三日、朝廷より従四位下に叙せられ、礼銭などを献上○同月二八日、駿河郡阿野庄井出郷興国寺敷地に城郭を構える○七月七日、雪斎、三河国渥美郡太平寺領を検地し、義元、寺領目録に証印を加える○八月三日、将軍家に尾張国（織田氏）との仲介をもとめる○同月七日、駿府浅間社の流鏑馬銭について裁許を下し、次いで同社社役目録に証判を加える○一一月、三河国額田郡安祥城を攻め、織田信秀息信広を捕らえ、松平竹千代と交換し、竹千代を駿府に人質とする	三月六日、松平広忠、家臣に殺害される○七月一〇日、冷泉為和、駿府で死没○同月二二日、フランシスコ・ザビエル、鹿児島に上陸（キリスト教の伝来）
一九	一五五〇	三二	三月二九日、雪斎、妙心寺の住持となり、後奈良天皇より紫衣をうける○五月二六日、義元娘死没○六月二日、義元正室（武田氏）死没○一一月一七日、三河国渥美郡新神部郷神明社社殿を造営○一二月一一日、雪斎、「今川家諸宗礼式」を記す○この頃、後奈良天皇、今川氏と織田氏の和睦を雪斎に命ずる	七月一五日、武田晴信、信濃国砥石城の村上義清に破れる
二〇	一五五一	三三	三月二七日、駿河・遠江・三河三か国の宿宛に伝馬手形を出す（伝馬手形の初見）○七月一五日、氏輝菩提所臨済寺に寺領などを寄進	三月三日、織田信秀死没。息信長、家督を嗣ぐ

二一	一五五二	三四	二月六日、武田晴信使者と対面○四月一日、晴信の誓紙届く○一〇月二二日、義元娘、武田家に輿入れのため駿府を発つ○一一月二七日、義元娘、晴信息義信の正室となる	一二月一二日、古河公方足利晴氏、義氏に家督を譲渡
二二	一五五三	三五	二月一四日、駿府友野座の掟書を定め、友野二郎兵衛尉を駿府商人頭とする○同月二六日、「かな目録追加」二一か条を制定。また、同時期に、訴訟条目「定」一三か条を制定○八月二三日、駿河国志太郡長慶寺周辺寺領図に証印を加える	八月、武田晴信と長尾景虎（上杉謙信）、信濃国川中島で戦う。秋、景虎、参内
二三	一五五四	三六	正月二四日、織田信長、尾張国村木城の今川勢を攻める○正月、善得寺楽全軒建乗、駿河版『聚分韻略』を刊行○七月、北条氏康娘（早川殿）、義元嫡男氏真の正室となる○一一月、雪斎、駿河版『歴代序略』を刊行○一二月、武田晴信娘、北条氏康息氏政の正室となる。これによって、駿甲相三国同盟成立	一一月七日、北条氏康、古河公方足利晴氏らを相模国波多野に幽閉
弘治元	一五五五	三七	三月、松平竹千代、元服して義元より偏諱を与えられ、元康と改名○閏一〇月一〇日、雪斎死没○同月一五日、義元の仲介により晴信と長尾景虎（上杉謙信）との和談成立	二月七日、相良晴広、「相良氏法度」を制定○五月、明人王直ら倭船七〇余隻、朝鮮全羅道達梁浦等を襲う○一〇月、毛利元就、安芸国厳島で陶晴賢を破る

弘治 二	一五五六	三六	一〇月四日、氏真とともに駿河国安倍郡湯山で湯治の母寿桂尼らを見舞う○一一月一九日、駿府滞在中の山科言継らを始めて招き和歌会を催す。翌日、言継、氏真と始めて、翌々日寿桂尼と対面する○この頃、「臨済寺本末寺帳」作成され、証印するか	一一月二五日、結城政勝、「結城氏新法度」を制定
三	一五五七	三九	正月一三日、今川家歌会始が始めて氏真邸で催される○同月一五日、駿府で火事があり、一〇〇軒焼失○同月二九日、義元邸でも歌会始が催される○二月一二日から一五日にかけて、駿府新光明寺で女房狂言が演じられ、多数の観衆が集まる○同月一四日・一五日、言継ら、久能寺・三保松原・清見寺など駿府近郊の名所を見物する○三月二日、帰京する言継、駿河国志太郡藤枝で今川那古屋殿へ使者を遣わし、太刀を贈る	正月一五日、松平元康、今川氏家臣関口義広娘（築山殿）と結婚○八月、武田晴信と長尾景虎、信濃国上野原で戦う
永禄 元	一五五八	四〇	二月、松平元康、三河国加茂郡寺部城合戦に初陣として参戦○六月、今川勢、三河国加茂郡名倉船戸橋で織田勢と戦う○閏六月二四日、氏真、遠江国長下郡老間村寺庵中に検地免除の判物を与える（氏真発給文書の初見）○八月一三日、氏真、駿府浅間社郷役目録に印文「氏真」の証印を据える	九月一日、木下藤吉郎（豊臣秀吉）、織田信長に仕官

			（印章使用の初見）〇同月一六日、三河国宝飯郡御油宿に伝馬の法を定める〇一二月、印文「義元」矩形印の朱印状を発給する（初見）	
二	一五五九	四一	五月一六日、松平元康、公事や軍事に関する定書を下す〇同月二〇日、氏真、印文「如律令」の朱印状を発給する（初見）。この頃までに、今川家家督を氏真に生前譲渡する〇八月八日、駿府革職人大井掃部丞に急用により来年分の革製品の納入を命ずる（印文「調」八角形印の初見）〇一〇月、今川勢、尾張国大高城に合戦の末、人数・兵粮を運び入れる	二月二日、織田信長、上洛して将軍足利義輝に謁見〇同月一二日、北条氏、「小田原衆所領役帳」作成〇三月、信長、尾張国をほぼ統一〇四月二七日、長尾景虎、将軍義輝に謁見
三	一五六〇	四二	三月三日、駿府浅間社に三月会舞楽装束を、久能寺に灌頂道具を寄進する〇四月二四日、氏真、駿河国有度郡丸子宿に伝馬の法を定める〇五月八日、三河守に任じられる〇同月一二日、駿府を出陣〇同月一八日、尾張国沓掛城に着陣〇同月一九日、同国桶狭間で、織田信長勢の攻撃を受け敗死〇六月五日、駿府臨済寺で葬儀が営まれる。この後、臨済寺に隣接して菩提寺として天沢寺が創建される	正月一七日、三好長慶、幕府御相伴衆に列する

主要参考文献

一 史料

静岡県『静岡県史』資料編5〜8 中世一〜四 一九八九〜九六年
『中世資料編補遺』(同上『静岡県史』資料編8 中世四付録1) 一九九六年
「静岡県中世史料 追補」(『静岡県史研究』一四) 一九九七年
静岡県『静岡県史料』全五輯 一九三二〜四一年
愛知県史編纂委員会『愛知県史』資料編11 織豊1 二〇〇三年
豊橋市史編集委員会『豊橋市史』五巻 古代・中世史料編 一九七四年
新編岡崎市史編集委員会『新編岡崎市史』6史料 古代・中世 一九八三年
佐藤進一他編『中世法制史料集』第三巻武家家法Ⅰ 岩波書店 一九六五年
「今川仮名目録」「かな目録追加」「定(訴訟条目)」所収
佐藤進一他校注『中世政治社会思想』上(日本思想大系21) 岩波書店 一九七二年
勝俣鎮夫校注「今川仮名目録」「かな目録追加」「定(訴訟条目)」所収
続群書類従完成会『続群書類従』第二十一輯上 続群書類従完成会 一九二三年

「今川家譜」「今川記（富麓記）」「今川記」所収
続群書類従完成会『続群書類従』第五輯上（復刻）　続群書類従完成会　一九七九年
「今川系図」所収
静岡古文書会『駿河古文書会原典シリーズ』（3）　一九七四年
静岡市増善寺所蔵「今川家略記」「今川家系図」所収
東京大学史料編さん所所蔵「浅羽本系図」

二　地誌・地名辞典

『駿河記』（桑原藤泰著　文政元年成立）上・下巻〈復刊〉　臨川書店　一九七四年
『駿河志料』（中村高平著　文久元年成立）全四巻〈復刊〉　歴史図書社　一九六九年
『修訂駿河国新風土記』（新庄道雄著　天保五年成立）全二巻〈復刊〉　国書刊行会　一九七五年
『遠江国風土記伝』（内山真竜著　寛政元年成立）〈復刊〉　歴史図書社　一九八〇年
『三河志』（渡辺政香著　天保七年）〈復刊〉　歴史図書社　一九六九年
『角川日本地名大辞典』
「22静岡県」　角川書店　一九八二年
「23愛知県」　角川書店　一九九一年
『日本歴史地名大系』

「23愛知県の地名」　平凡社　一九八一年
「22静岡県の地名」　平凡社　二〇〇〇年

三　研究書

川添昭二『人物叢書　今川了俊』　吉川弘文館　一九六四年
小島広次『今川義元』　人物往来社　一九六六年
観泉寺史編纂刊行委員会編『今川氏と観泉寺』　吉川弘文館　一九七四年
小和田哲男『戦国大名今川氏の研究と古文書』　駿河古文書会　一九七四年
今川氏顕彰会編『駿河の今川氏』〈今川氏十代の歴史と文化〉　一九七五年
今川氏研究会編『駿河の今川氏』二～一〇　静岡谷島屋　一九七七～八七年
小和田哲男『駿河今川一族』　新人物往来社　一九八三年
静岡県教育委員会文化課編『駿府城跡内埋蔵文化財発掘調査報告』　静岡県文化財保存協会　一九八四年
有光友學編『戦国大名論集11　今川氏の研究』　吉川弘文館　一九八四年
富士市教育委員会編『善得寺の研究―調査報告書―』　一九八九年
静岡県地域史研究会編集・発行『シンポジウム今川氏研究の成果と課題』Ⅰ・Ⅱ　一九九二・九八年
小和田哲男編『今川義元のすべて』　新人物往来社　一九九四年

有光友學『戦国大名今川氏の研究』 吉川弘文館 一九九四年
長倉智恵雄『戦国大名駿河今川氏の研究』 東京堂出版 一九九五年
戦国大名今川氏を学ぶ会編『今川氏研究』創刊号 一九九五年
静岡県『静岡県史』通史編2 中世 一九九七年
戦国史研究会『戦国史研究』三五号「特集 今川氏 領国と家臣」 一九九八年
小和田哲男『小和田哲男著作集』全七巻 清文堂 二〇〇〇〜〇二年
小和田哲男『今川義元』 ミネルヴァ書房 二〇〇四年
久保田昌希『戦国大名今川氏と領国支配』 吉川弘文館 二〇〇五年

四 研究論文（右記の研究書に所収されている論文は除く）

勝俣鎮夫「今川義元」（『〈人物・日本の歴史6〉戦国の群雄』） 読売新聞社 一九六五年
坂本勝成「中世的寺社権力の否定過程について」（『立正史学』三〇） 一九六六年
下村效「戦国大名今川氏の検地」（『国史学』七九）〈のち同『戦国・織豊期の社会と文化』吉川弘文館、一九八二年に収録〉 一九六九年
新行紀一「今川領国三河の支配構造」（同『一向一揆の基礎構造』） 吉川弘文館 一九七五年
米原正義「駿河今川氏の文芸」（同『戦国武士と文芸の研究』） 桜楓社 一九七六年
桑田和明「戦国大名今川氏領国における臨済寺本末について―二冊の『書立』

を中心に―」（『日本仏教』四七）　一九七九年
山中恭子「中世の中に生まれた『近世』―戦国大名今川氏の場合―」（『史学雑誌』八九―六）　一九八〇年
大久保俊昭「『河東一乱』をめぐって」（『戦国史研究』二）　一九八一年
下村効「知行の概念と知行の沽却」（同『戦国・織豊期の社会と文化』）　吉川弘文館　一九八二年
有光友學「今川義元―氏真の代替わりについて」（『戦国史研究』四）　一九八二年
鶴崎裕雄「東海地方国人一揆の諸様相―宗牧『東国紀行』を史料として―」（有光友學編『戦国期権力と地域社会』）　吉川弘文館　一九八六年
上野史朗「寄親・寄子制と訴訟―戦国大名今川氏を中心に―」（『法学ジャーナル』四六）　一九八六年
前田利久「戦国大名今川・武田氏の駿府浅間社支配」（『駒沢史学』三九・四〇合併号）　一九八八年
大久保俊昭「戦国大名文書にみる『禁制』の研究―今川氏を事例として―」（戦国史研究会編『戦国期東国社会論』）　吉川弘文館　一九九〇年
前田利久「『花蔵の乱』の再評価」（『地方史静岡』一九）　一九九一年
長谷川弘道「今川氏真の家督継承について」（『戦国史研究』二三）　一九九二年

平野明夫「今川義元の家督相続」（『戦国史研究』二四）一九九二年
有光友學「今川義元の生涯」（『静岡県史研究』九）一九九三年
所　理喜夫「戦国大名今川氏の領国支配機構―天文・弘治期における三河国の事例―」（永原慶二編『大名領国を歩く』）吉川弘文館　一九九三年
大久保俊昭「戦国大名領国下における在地領主層の相続―今川領国下を事例として―」（永原慶二編『大名領国を歩く』）吉川弘文館　一九九三年
藤本正行「桶狭間合戦―迂回・奇襲作戦の虚実―」（同『信長の戦国軍事学』）JICC出版局　一九九三年
臼井　進「戦国大名今川氏の内徳安堵について―百姓への安堵状の分析から―」（『日本歴史』五五〇）一九九四年
下村信博「近世名古屋城築城以前の尾張那古野について」（『年報中世史研究』二〇）一九九五年
下村信博「今川那古野氏再考」（『名古屋市博物館研究紀要』一九）一九九六年
長谷川弘道「戦国大名と伊勢神宮―今川氏を例として―」（『国史学』一六〇）一九九六年
有光友學「戦国前期遠駿地方における水運」（『横浜国立大学人文紀要』Ｉ類四二）一九九六年
今枝愛真「戦国大名今川氏と禅宗諸派」（『静岡県史研究』一四）一九九七年

綿貫友子「遠江・駿河国における湊津と海運」（同『中世東国の太平洋海運』）東京大学出版会　一九九八年
有光友學「戦国大名今川氏の権力機構」（本多隆成編『戦国・織豊期の権力と社会』）吉川弘文館　一九九九年
久保健一郎「戦国大名検地の構造」（同『戦国大名と公儀』）校倉書房　二〇〇一年
長谷川弘道「戦国大名と寺院―寺院の武力的側面を中心に―」（『国史学』一七五）二〇〇二年
糟谷幸裕「今川領国下の遠州鵜津山城」（『戦国史研究』四六）二〇〇三年
有光友學「今川氏の印章・印判状」（同編『戦国期印章・印判状の研究』）岩田書院　二〇〇六年
臼井進「戦国大名今川氏の家臣団統制―時間的経過とその対応の変化について―」（『史叢』七五）二〇〇六年
尾崎晋司「今川領国下の分限帳と給人検地」（『戦国史研究』五五）二〇〇八年

著者略歴

一九四一年生まれ
一九六八年大阪大学大学院文学研究科博士課程中退
元横浜国立大学教授
二〇一二年没

主要著書
戦国大名今川氏の研究　今川氏の研究〈戦国大名論集11〉(編著)　戦国期の権力と地域社会(編著)　戦国期印章・印判状の研究(編著)

人物叢書　新装版

今川義元

二〇〇八年(平成二十)八月一日　第一版第一刷発行
二〇一七年(平成二十九)二月十日　第一版第二刷発行

著　者　有《あり》光《みつ》友《ゆう》學《がく》
編集者　日本歴史学会
　代表者　笹山晴生
発行者　吉川道郎
発行所　株式会社 吉川弘文館
東京都文京区本郷七丁目二番八号
郵便番号一一三―〇〇三三
電話〇三―三八一三―九一五一〈代表〉
振替口座〇〇一〇〇―五―二四四
http://www.yoshikawa-k.co.jp/
印刷＝株式会社 平文社
製本＝ナショナル製本協同組合

ISBN978-4-642-05247-4

『人物叢書』（新装版）刊行のことば

人物叢書は、個人が埋没された歴史書が盛行した時代に、「歴史を動かすものは人間である。個人の伝記が明らかにされないで、歴史の叙述は完全であり得ない」という信念のもとに、専門学者に執筆を依頼し、日本歴史学会が編集し、吉川弘文館が刊行した一大伝記集である。

幸いに読書界の支持を得て、百冊刊行の折には菊池寛賞を授けられる栄誉に浴した。

しかし発行以来すでに四半世紀を経過し、長期品切れ本が増加し、読書界の要望にそい得ない状態にもなったので、この際既刊本の体裁を一新して再編成し、定期的に配本できるような方策をとることにした。既刊本は一八四冊であるが、まだ未刊である重要人物の伝記についても鋭意刊行を進める方針であり、その体裁も新形式をとることとした。

こうして刊行当初の精神に思いを致し、人物叢書を蘇らせようとするのが、今回の企図である。大方のご支援を得ることができれば幸せである。

昭和六十年五月

日本歴史学会

代表者 坂本太郎